KB025909

역사
e
SEASON 3

EBS 〈역사채널ⓔ〉 지음

북하우스

〈설중향시雪中向市〉, 이형록傳, 국립중앙박물관

prologue

우리는 지금 제대로 가고 있는가

이상범 〈역사채널ⓔ〉 PD

자고 일어나면 최신 기술이 개발되는 시대. 첨단과학의 정점에 서 있다고 자부하며 스스로를 '현대인'이라 부르는 우리의 사고와 지혜로 만들어낸 것들이 과연 우리 선조들이 이루어낸 것보다 더 뛰어나다고 확신할 수 있을까? 우리 선조들 또한 당대에 가장 앞선 문화를 누리고 있다고 자부했을 것이다. 그렇다면 '옛날 사람들은 어떤 생각을 하며 살았을까?'

〈역사채널ⓔ〉를 제작하는 내내 이 질문이 머릿속을 맴돌았다. 질문의 행간에는, 그들은 우리와는 근본적으로 다른 사고방식을 갖고 있으리라는 편견이 작용한다. 흔히 고지식한 사람을 '조선시대 사람'이라 부르듯 '옛 사람'들에 대해 폄훼하는 마음이 나 또한 없지 않았다.

그러나 프로그램이 4년이 되어가면서 그 생각이 얼마나 그릇된 것이었는지, 내가 역사에 대해서 얼마나 편견에 사로잡혀 있었는지를 깨닫게 되었다. 방송을 제작할 때마다 느낀 사실은 역사 속 인물들과 지금의 나 사이에는 차이점보다 오히려 공통점이 더 많다는 것이다. 그들이 갖고 있던 생각도, 삶에 대처하는 자세도 지금의 우리와 전혀 차이가 없었다.

조선시대에도 신분상승의 통로였던 과거시험에 합격하기 위해 속성 과외에 매달렸고, 이름난 스타강사에게 수업을 받기 위해 치열한 사교육 경쟁이 펼쳐지기도 했다. 예나 지금이나 결혼을 앞둔 자녀의 혼수문제로 골머리를 앓는 부모들의 고민은 밤늦도록 이어졌고, 양인 남자라면 누구나 가야 하는 군역(군대)을 면제받기 위해 온갖 기상천외한 방법이 동원되기도 했다.

나라의 포상으로 벼락부자가 될 것을 꿈꾸며 전 국민이 호랑이 사냥에 나서 호랑이의 멸종을 가져왔고, 왕의 정책에 반대하며 학생들은 시위에 나서기도 했다. 크리스마스라는 새로운 경험 앞에서 트리 대신 연등을 달아 우리 고유의 것과 조화를 이뤄내려고도 했다. 외국인 노동자들이 이 땅에 정착하듯 당시에도 귀화한 외국인이 있었다. 이쯤이면, '세상 사는 모습 다~ 똑같다'는 말이 절로 나올 법하지 않을까? 수천 년의 역사 속에서도 시대가 달랐을 뿐 새로운 것을 받아들이고 더 나은 것을 추구하며, 미래를 향해 나아가고자 하는 열망은 예나 지금이나 마찬가지였다.

교과서에 등장하는 역사는 왕조의 기록이다. 당대를 알기 위해선 사료에 기록된 내용을 보는 것도 중요하지만, 그렇게만 역사를 바라봐서는 당시의 숨결을 그대로 느낄 수 없다. 기록 사이사이, 그 행간에서 숨 쉬며 살았던, 우리가 발 딛고 있는 거리를 정처 없이 걸어다녔던 민낯의 선조들을 제대로 만날 수 없다. 역사를 가장 잘 이해하고 느낄 수 있는 방법은, 타임머신을 타고 이동해서 당시의 사람들과 함께 생활한다고 상상해보는 것이다. 그들과 함께 이 거리를 다시 걸어보는 것이다.

후세에 자신들이 어떻게 평가되든 간에, 우리 선조들은 자신들의 방식대로 인생의 소용돌이에 대처하고 삶의 굴곡을 수없이 넘나들었다. 명징한 신분제도 속에서 그 시절의 제도나 시스템에 동승하기도 하고, 항거하기도 하고, 중도에 포기하기도 하는 그들의 모습은 오늘날 우리의 그림자와도 겹쳐 보인다.

역사는, 지금 내가 저지르고 있는 어리석음과 오류와 과오를 돌아보게 한다. 이에 대한 따끔한 지침을 주고 제대로 된 방향을 제시한다. 〈역사채널ⓔ〉의 타이틀인 '내가 두려워하는 것은 역사뿐이다'라는 연산군의 말은 손바닥으로 해를 가릴 수 있다고 믿는 사람들에게 꼭 전하고 싶은 말이자 역사가 우리에게 전하는 말이다. 우리는 지금 제대로 가고 있는가.

1부 피어나다

2부 교류하다

3부 나아가다

1부

피어나다

01 호랑이 나라

"경상도에서 작년 겨울부터 금년 봄까지
죽은 사람이 수백 명입니다."

–『태종실록』, 1402년(태종 2년) 5월 3일

"강원도에서 6, 7년 동안 다친 이가
3백여 명이나 되었다."

–『숙종실록』, 1701년(숙종 27년) 12월 23일

"여름부터 가을까지 죽은 사람이
모두 1백 40명이었다."

–『영조실록』, 1734년(영조 10년) 9월 30일

한반도를 휩쓴 재앙의 실체

호랑이

〈맹호도〉

"호랑이를 신으로 섬기며 제사를 지내는 민족."

–「동이전」,『후한서後漢書』, 5세기

기원전 7천 년부터 20세기 초반까지
수천 년 동안 한반도에 살았던 호랑이

그중에서도 호환虎患이 잦았던 조선

"일 년의 반은 조선 사람이
호랑이를 잡으러 다니고 나머지 반년은
호랑이가 조선 사람을 잡으러 다닌다."

– 중국 속담

강가를 경작하고 숲을 베며
호랑이의 서식지를 침범한 인간

"호랑이가 사람을 해쳤으므로,
착호갑사捉虎甲士 및 겸사복兼司僕을 거느리고
잡아오게 하였다."

–『예종실록』, 1469년(예종 1년) 4월 16일

착호갑사

호랑이 포획을 위해 설치한 최정예 특수부대

겸사복

조선시대 기병 중심의 친위부대

착호인捉虎人

지방 군현에서 선발된 호랑이 사냥 전문가

착호장捉虎將

면 단위의 호랑이 사냥 반장

심종장尋蹤將

리 단위의 호랑이 발자국 추적자

"호랑이를 잡는 즉시 상을 주어
백성들의 믿음을 잃지 말게 하라."

–『성종실록』, 1470년(성종 1년) 4월 29일

부역을 면제받고
벼슬까지도 얻을 수 있는
인생 역전의 기회!

나라에서 주는 포상과
호랑이 발톱과 뼈를 판 돈으로
벼락부자가 되는 길

임진왜란 이후에는 조총이 도입되어
호랑이 사냥이 더욱 활기를 띠었고

조선 초기
호피 한 장당
면포 30필이던 가격이
면포 400필을 주어야 할 만큼 치솟았다

"호랑이는 제 굴에서 쫓겨나
그 수가 훨씬 적어졌다."

–「한국천주교회사」, 1874, 샤를 달레 신부

그리고
일제강점기

한반도 호랑이의 마지막 숨을 끊어버린
일제의 해수구제害獸驅除 정책

해수구제

: 해로운 짐승을 박멸하다

1915~1924년
총 89마리

1933~1942년
총 8마리

생태환경을 고려하지 않은 남획으로
한반도의 호랑이는 빠르게 사라져갔다

1917년 11월 12일

스무 명의 일행을 거느리고

떠들썩하게 경성에 나타난

일본의 억만장자 사업가

야마모토 다다사부로 1873~1927

그가 조선팔도 이름난 포수들을 모아

창설한 호랑이 군대

정호군 征虎軍

세 명씩 여덟 반으로 구성되어

함경도, 경상도, 전라도로 파견된

이들에게 내려진 특명

"조선의 호랑이를 모조리 잡아라!"

"호랑이로 인한 피해에 시달리던 마을 사람들은
흰 천을 흔들며 우리를 변두리에 있는
작은 시냇가까지 배웅해주었다."

야마모토 다다사부로가 남긴
충격적인 조선 호랑이 사냥 기록
정호기征虎記

"(포수 최순원이) 시험 삼아 한 발 쏘았더니
운 좋게 등에 명중했다."

"호랑이는 격렬한 아픔에 포효했고,
그 소리는 온 산을 뒤흔들었다."

"첫번째 총탄을 등에, 두번째 총탄을 복부에
세번째 총탄을 거듭 맞추어 쓰러뜨렸다."

한 달 후
두 마리의 호랑이를 비롯
표범, 반달가슴곰, 노루 등
다양한 전리품을 갖고 돌아온 정호군

"이미 호랑이를 보는 사람들로 역 앞이 붐볐다.
환영 인파 속에는 폭죽과 조선악대도 있었다."

–『정호기』

1917년 12월 20일

야마모토 주최로 도쿄 제국호텔에서 열린 성대한 만찬

일본의 유명인사
200여 명이 참석한 가운데
조선의 식재료로 차려낸
진귀한 요리들이 줄지어 등장한다

이날의 메인요리는
토마토소스를 곁들인
함경남도 호랑이의 차가운 고기

그리고 호화로운 연회 중
연단에 오른 야마모토가 밝힌

호랑이 사냥의 '진짜' 이유

"센고쿠 시대1467~1590의 무장은
진중의 사기를 높이기 위해
조선의 호랑이를 잡았습니다만,
다이쇼 시대1912~1926의 저희들은
일본의 영토 안에서
호랑이를 잡아왔습니다."

일제의 야욕을 노골적으로 드러낸
정치적 이벤트 '호랑이 사냥'

일제강점기 이후
남한 영토의 한국 호랑이는 멸종된다

그리고 2009년 일본 교토
일본의 한 고등학교를 찾은 국내 연구진은
야마모토 다다사부로가 기증한
호랑이 박제를 발견한다

"표본을 볼 때마다 눈시울이 뜨거워졌다.
왜 자신들이 이곳에 있어야 하는지…
고향 땅에서 마음껏 뛰어다니던 시절을
그리워하는 것 같았다."

– 방문 당시 국내 연구진의 기록

두려운 존재이면서도 가장 친숙한 동물
수많은 이야기와 속담, 민화에 등장했던
한국의 호랑이

〈운포필호도〉

한반도에서 자취를 감춘 한국의 호랑이는
현재 러시아 연해주 지역에
약 400여 마리가 생존하는 것으로 추정된다

친근하면서 무섭기도 한 호랑이

호랑이는 우리 역사와 언제나 함께했다. 단군신화에는 곰이 호랑이를 제치고 사람이 된 것으로 나오지만, 우리 역사에 자주 등장한 동물은 곰보다 호랑이였다.

우리 민족은 호랑이를 좋아했다. 할머니가 들려주던 옛날이야기들은 대부분 '옛날 옛적에 호랑이가 담배 피우던 시절에'로 시작한다. 육당 최남선은 "중국의 용, 인도의 코끼리, 이집트의 사자, 로마의 이리처럼 조선에서 신성한 동물로 첫째가는 것이 호랑이"라고 말하면서, 조선을 '호담국虎談國(호랑이 이야기의 나라)'이라 불렀다. 호랑이가 등장하는 우리나라 전설이나 민담은 600여 종이 넘는다. 우리 이야기에 등장하는 호랑이는 은혜를 입으면 보답할 줄 알고 사리에 밝다. 가끔 용맹함만 믿고 어리석은 짓을 저지르기도 하지만 이 또한 밉다기보다 친근하다.

호랑이는 옛 그림의 단골 소재이기도 했다. 호랑이는 선사시대 사람들이 남긴 울주 반구대 암각화에 처음 등장한 이래, 고구려 고분벽화의 수렵도, 각종 민화, 사찰 산신각 등에서 자주 그 모습을 드러냈다. 표정도 다양했다. 익살스러운 듯하면서 엄해 보이고, 멍청한가 싶으면서도 신령스러웠다. 민속신앙에서 호랑이는 산신령과 같은 종교적인 존재로서 숭배의 대상이었다.

그러나 현실에서 호랑이는 인간을 잡아먹는 맹수였다. 그 공포가 어느 정도였는지는 '호환 마마'란 말에서 짐작할 수 있다. 호환虎患은 호랑이에게 물려가는 것을, 마마媽媽는 천연두에 감염되는 것을 뜻한다. 호랑이에게 물려 죽거나 피해를 입는 일은 누구나 시시때때로 겪을 수 있었다. 사람들은 말이 씨가 되어 호랑이가 나타날 것을 염려해 산에서는 '호랑이'란 말조차 입 밖으로 꺼내지 않았다. '호랑이도 제 말 하면 온다'는 속담이 괜히 나온 게 아니었다.

1392년 태조 즉위 때부터 1863년 철종 때까지 기록된 『조선왕조실록』을 살펴보면 호랑이가 등장하는 대목이 940여 군데에 이른다. 그 중 한 대목을 살피면 태종 때 충청, 경상, 전라 지역으로 파견을 갔던 한 관리가 조정에 호랑이 피해를 보고하는 내용이 나온다.

"경상도에 호랑이가 많아, 지난해 겨울부터 금년 봄에 이르기까지 호랑이에게 물려 죽은 사람이 거의 백 명입니다. 연해 지역은 피해가 커서 사람들이 길을 잘 갈 수 없사온데, 하물며 밭을 갈고 김을 맬 수 있겠습니까?"

– 『태종실록』, 1402년(태종 2년) 5월 3일

중국 사신들도 조선에 들어와 밤길을 가야 할 때면 횃불을 든 사람 이외에 조총으로 무장한 군대도 보내달라고 요청했다. 심지어 영조 때에는 호랑이가 궁궐에 세 번이나 출몰했다. 몸길이 3미터에 무게 250킬로그램 이상 되는 거대한 동물의 습격에 왕도 백성도 모두 공포에 떨었다. 조정은 호랑이 퇴치에 온 신경을 곤두세울 수밖에 없었다.

호랑이를 잡아라 – 착호갑사

서울에 호랑이가 출몰했던 것은 조선시대만이 아니다. 『고려사』에는 공양왕이 잠시 수도를 개경(지금의 개성)에서 한양(지금의 서울)으로 옮겼다가 호랑이 피해가 너무 커서 개경으로 다시 돌아와야 했던 이야기가 기록되어 있다. 하지만 불교를 숭상하고 인간과 호랑이가 모두 자연의 일부라고 인식했던 고려시대에는 함부로 호랑이를 살상하지 않았다.

호랑이 사냥에 본격적으로 나선 것은 조선시대에 들어서부터다. 호랑이를 잡는 부대의 이름은 착호갑사. 중앙의 특별부대인 착호갑사는 조선 초기 40명으로 편성되었다가 시간이 흘러 15세기에는 440명으로 정원이 대폭 늘어났다.

착호갑사가 되기 위해서는 뛰어난 무예 실력을 기본적으로 갖춰야 했다. 180보 거리에서 활쏘기, 말 타고 활쏘기 등이 착호갑사가 되기 위해 거쳐야 하는 시험 과목이었다. 하지만 활쏘기가 전부는 아니었다. 호랑이의 호령에 담담하게 버틸 수 있는 담력이 필수였다. 호랑이를 잡을 당시에 누구의 창이나 활이 명중했는지, 잡은 숫자는 얼마인지를 꼼꼼하게 기록했고 병조는 이 보고서를 본 뒤 성적순으로 채용했다. 착호갑사의 보수는 두둑했고 출세도 보장됐다. 하지만 위험부담이 컸기 때문에 지원자가 별로 없었다. 하는 수 없이 지방에서는 절도사가 군인과 향리, 역리, 노비 중에서 착호인을 뽑아 써야 했다. 농민들은 정기적으로 한양 인근에서 열리는 무예 강습에 참여해 호랑이 사냥기술을 익혔다. 맨손으로 호랑이를 때려잡는 용맹스러운 사람은 일약 영웅이 되었다.

조정은 호랑이 포획 기술을 개발하고 보급하는 데에 공을 들였다. 조총이 도입되자 호랑이 사냥에 더욱 열을 올렸고, 호랑이와 표범을 잡아온 군사와 백성에게 상을 내렸다. 조정이 호랑이를 잡은 사람에게 적병을 베는 것에 버금가는 상을 주면서 호랑이 사냥은 출세의 지름길이 됐다. 오죽하면 정3품 이상의 벼슬을 뜻하는 당상관이 되려면 호랑이를 잡아야 한다는 얘기가 나왔을까.

하지만 호랑이가 인간들이 사는 세상으로 자꾸 내려올 수밖에 없었던 데에는 그만한 사정이 있었다. 조선시대에 이르러 인구가 급격히 늘어나고, 식량을 얻기 위한 농경지가 많이 필요해짐에 따라 수많은 숲이 논밭으로 개간됐다. 그 과정에서 호랑이는 보금자리를 빼앗겼다. 『조선왕조실록』에서 호랑이 피해가 가장 많이 언급되던 시기는 영조 때로 무려 105건에 이르는데, 이는 경작지가 급격히 증가하던 시기와 맞물린다. 더욱이 병자호란 전후에 발생한 우역牛疫(바이러스로 발생하는 소의 전염병)은 소와 같은 우제류(짝발굽동물)인 사슴에게도 치명적이었다. 주요 먹잇감인 사슴의 개체수 감소는 호랑이의 생존을 위협했다. 보금자리와 먹잇감을 잃은 호랑이가 대낮에도 인가를 침입해 해를 끼치는 사고가 잦아지자 나라에서는 호랑이 사냥에 나섰다. 이후 호랑이 개체수는 급격히 줄어들었고, 남은 개체들도 한반도를 등지고 시베리아로 떠나갔다.

한반도에서 호랑이가 사라지다

최남선은 1908년 잡지 『소년』 창간호에 호랑이를 등장시켰다. 일본의 지리학자 고토 분지로가 한반도를 연약해 보이는 토끼에 비유하자, 이에 대응하여 보란 듯이 한반도 형상을 포효하는 호랑이로 그린 그림을 실은 것이다.

일제는 대한제국을 강점한 1910년부터 '해수구제'라는 명목하에 호랑이 잡기에 나섰다. 가축에게 피해를 주는 호랑이, 표범, 곰, 늑대 등 소위 '해로운 짐승'을 퇴치해 세상을 편안하게 하겠다는 뜻이었다. 조선총독부의 무분별한 포획정책으로 한반도의 호랑이는 멸종되어갔다. 일본 헌병은 조선의 백성과 포수가 사냥한 호랑이들을 가로채 자신들의 공으로 상부에 보고했고, 포획한 호랑이 가죽은 일본 왕가에 충성의 표시로 바쳤다.

아예 한반도에 와서 호랑이 사냥에 열을 올렸던 일본인도 있었다. 선박사업으로 엄청난 부자가 된 야마모토 다다사부로가 그런 인물 중 하나였다. 무사의 용감함을 한껏 과시해 이름을 날리고 싶었던 그에게 호랑이 사냥은 절호의 기회였다. 그는 1917년 겨우내 포수 20여 명을 비롯해 총 150여 명을 동원해 함경남북도, 금강산, 전라도 등지를 샅샅이 뒤졌다. 야마모토는 당시의 사냥일지를 『정호기』라는 책으로 엮어냈다. 책 속에는 처음 호랑이를 잡던 당시의 상황이 이렇게 적혀 있다.

"조선 제일의 호랑이 사냥꾼 백운학과 사냥꾼 3명은 오후 4시에 함경북도 성진에 있는 남운령에 도착했다. 이들은 산 정상에서 갈라섰다. 산에는 인적이 거의 없었다. 눈이 많이 쌓여 있었다. 몰이꾼 십여 명이 산 밑에서 호랑이 몰이를 시작했다. 갑자기 산허리 나무숲에서 호랑이 한 마리가 나타났다. 예상대로 호랑이는 산 정상을 향해 질주하려고 했다. 백운학은 호랑이와 40보 정도 거리를 유지했다. 그는 소총 세 발을 연달아 쏘아 호랑이 숨통을 끊어놓았다."

이어서 함경남도 단천의 호랑이굴에서도 호랑이를 쏘아 죽였고, 호랑이를 비롯해 표범, 멧돼지, 산양, 늑대 등 조선 땅에서 잡은 사냥감들을 기차 화물칸 한 칸에 몰아넣었다. 그리고 그해 12월 20일, 야마모토는 도쿄의 제국호텔에 일본인 유명인사 200여 명을 초청해 특별한 파티를 연다. 그날의 메뉴판에는 이전에는 없었던 독특한 메뉴들이 추가돼 있었다.

1. 함경남도 호랑이의 차가운 고기(푹 익히고 토마토케첩을 곁들임)
2. 영흥 기러기 수프
3. 부산 도미 양주 찜(국물과 함께)
4. 북청 산양 볶음(야채를 곁들임)
5. 고원 멧돼지구이(크랜베리소스와 샐러드를 곁들임)
6. 아이스크림(작은 과자를 곁들임)
7. 과일과 커피

독특한 음식들에 신기해 하는 손님들을 보며 야마모토가 입을 열었다.

"센고쿠 시대의 무장은 진중의 사기를 높이기 위해 조선의 호랑이를 잡았습니다. 다이쇼 시대의 저희들은 일본 영토 안에서 호랑이를 잡아왔습니다. 여기에 깊은 의미가 있다고 생각합니다."

임진왜란 때의 전설적인 장수 가토 기요마사가 호랑이를 잡은 이야기를 빗대어 대한제국이 일본의 식민지가 되었음을 말한 것이다. 35년간의 일제강점기는 식민지에 사는 사람에게나 동물에게나 똑같이 고통스러운 시간이었다. 한반도의 호랑이들은 일제의 총칼에 하나둘 쓰러져갔다. 조선총독부가 작성한 통계연표에 따르면, 1919년부터 23년간 잡힌 호랑이 수는 97마리, 표범은 무려 624마리다. 통계에 포함되지 않은 수치를 고려하면 실제로는 더욱 많은 호랑이들이 포획되었을 것이다.

한반도에서 마지막으로 호랑이가 포획된 곳은 경주 대덕산. 1921년 10월, 추석을 앞두고 경주 대덕산에서 나무를 베던 주민이 호랑이의 습격을 받고 이 사실을 주재소에 신고했다. 때마침 일본 왕실의 귀족이 경주를 방문할 예정이어서 주재소는 비상이 걸렸다. 이 기회에 공을 세우자고 마음먹은 일본 순사는 길을 닦고 있던 한국인 수백 명을 동원해 호랑이 사냥에 나섰다. 산등성이로 쫓기던 호랑이는 포수의 총탄 두 발에 거꾸러졌다. 호랑이의 가죽은 일본 왕실에 진상됐다. 그때 호랑이를 잡아 바친 일본 순사 미야케 요로우는 일본 왕실에 대한 충성심을 강조하기 위해 각색된 이야기의 주인공으로 일본 초등학생들이 배우는 교과서에도 등장했다.

한민족의 문학적 상상력의 원천, 호랑이

오늘날 동물원에서 볼 수 있는 호랑이는 한반도의 토종 호랑이가 아니다. 그럼에도 이 땅에서는 어느 누구도 '왜, 어떻게 이 땅에서 호랑이가 자취를 감췄을까?'라는 질문을 던지지 않았다. 의문을 갖고 이에 대한 답을 추적해나선 사람은 일본인 동물작가 엔도 키미오다. 그는 "호랑이 멸종 뒤편에 일제의 무서운 폭력과 무자비함이 있었다는 사실에 대해 일본인으로서 진심으로 사죄를 하고 싶었다"면서 한국 호랑이 멸종의 역사를 추적하게 된 동기를 설명했다. 그는 서울대학교 도서관과 남산 국립도서관의 옛 자료를 뒤져 어떤 한국인도 하지 못한 '한국 호랑이 멸종사'를 정리해낸다. 그 결과, 1986년 『한국 호랑이는 왜 사라졌는가?』라는 한 권의 책을 펴낸다. 이 책에는 1908년 전남 영광 불갑산에서 잡혀 현재 우리나라의 유일한 박제로 남아 있는 한국 호랑이와 1921년 경주 대덕산에서 마지막으로 잡힌 호랑이 이야기가 담겨 있다.

이제는 밤길 가는 나그네의 심장을 오그라들게 하던 호랑이도, 떡 하나 주면 안 잡아먹겠다던 호랑이도, 효자를 등에 태우고 헤엄쳐 강을 건너가던 호랑이도 모두 자취를 감췄다. 다행스러운 것은 백두대간을 포효하던 한국 호랑이의 맥이 아예 끊기지는 않았다는 사실이다. 북한에는 아직 호랑이가 살고 있다고 한다. 호랑이를 '조선범'이라고 부르는 북한에서는 백두산조선범(천연기념물 제357호), 자강도 와갈봉조선범(천연기념물 제123호), 강원도 추애산조선범(천연기념물 제205호) 등 3개 지역의 호랑이를 천연기념물로 보호하고 있다.

호랑이의 존재 여부와 상관없이 우리는 여전히 호랑이와 함께 살고 있다. 멀게는 단군신화부터 가깝게는 1988년에 개최된 서울 올림픽의 마스코트 호돌이까지, 호랑이는 한국과 한국인을 상징하는 영물이었다. 시인 고은은 우리 민족의 긴 역사를 보여주는 동물로 호랑이를 꼽으며 시 「호랑이 등」을 짓기도 했다. 호랑이가 없었다면 우리의 옛이야기와 민화는 얼마나 초라했을까? 호랑이는 우리 민족의 문학적 상상력의 원천이었다.

冊

십이지신 호랑이 이어령 편, 생각의나무, 2009

정호기 야마모토 다다사부로 저, 이은옥 역, 엔도 키미오 외 해제, 에이도스, 2014

조선의 9급 관원들 김인호, 너머북스, 2011

한국 호랑이 김호근 편, 열화당, 1991

한국 호랑이는 왜 사라졌는가? 엔도 키미오 저, 이은옥 역, 이담북스, 2009

02 청자 기와의 전설

화려한 듯하지만, 화려한 그 속에는
여전히 따뜻하고 고요한 맛…
청자는 고려인의 '파란 꽃'이다

–『고려청자』, 고유섭

1157년 봄
고려궁 후원에 연못을 팠다
거기에 정자를 세우고
그 이름을 양이정養怡亭이라 했는데
양이정에 청자를 덮었다
–『고려사』, 1157년(의종 11년) 4월

1933년
개성국립박물관장으로 취임한
미술사학자 고유섭

고려청자의 우수성을 알리기 위해
노력하던 그가 애타게 찾던 보물
청자 기와

전설처럼 내려오던 청자 기와의 흔적을 찾아
고려시대 고분이 밀집된
개성을 중심으로 집중 수색

그러나 1944년 4월
급성간경화로 세상을 떠난다

이후 제자 최순우에 의해 이어진
청자 기와 찾기 프로젝트

1963년
고려청자의 흔적을 찾아 도착한 곳
전라남도 강진

조사를 하던 최순우와 정양모 앞에
소쿠리를 들고 온 아주머니

"우리 집 마당에서 아들이 주운 거예요.
아들이 팔지 말라고 했는데 하도 돈이 급해서…"

청자의 비색을 뽐내며 빛나던
고려시대 청자 기와 파편들

아주머니가 살던 초가집 마당에서
청자 기와 발굴이 시작된다

1964년 강진군 대구면 사당리에서 발견된

500편 이상의 청자 기와 파편과
완전한 형태에 가까운
청자 기와 10여 개

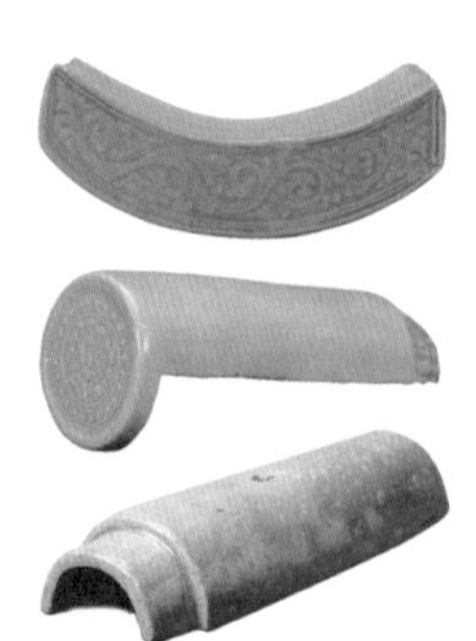

국권 피탈 이후 일본인과 도굴꾼의 손길이
한바탕 쓸고 지나갔고
조선총독부가 『청자 유적 보고서』를 작성할 당시에도
드러나지 않았던 그곳에
마치 기다리기라도 한 것처럼 나타난

거대한 고려청자 가마터

"청기와, 900년 만에 베일을 벗어"

– 경향신문, 1964년 10월 8일

"'청자의 고향' 전남 강진군 대구면"

– 경향신문, 1965년 10월 6일

고려청자 가마터의 발견을 통해
베일을 벗은 고려시대 청자문화

"당시 역사 기록에 나오는 청자 기와의 실물을 보고
가슴이 뛰어 말이 안 나왔습니다…
우현(고유섭) 선생님,
이제야 선생님이 주신 숙제를 했습니다."

– 최순우, 미술사학자

이후 강진을 중심으로
188개에 이르는

고려청자 가마터가 발견된다

청자 기와, 베일에 싸이다

"양이정에 청자를 덮었다."

『고려사』에 적힌 이 구절은 오랫동안 국내 미술사학자들의 가슴을 두근거리게 만들었다. 정자의 지붕을 청자로 덮는 게 가능했을까? 청자 기와는 어떻게 생겼을까? 궁금증은 샘솟았다. 제아무리 청자 생산이 활발했던 시기였다고 해도, 정자의 지붕을 청자로 만드는 것은 사치 중의 사치였기 때문이다.

『고려사』의 기록은 거짓이 아니었다. 개성박물관이 소장하고 있는 작은 청자 기와 파편이 하나 있었기 때문이다. 개성박물관은 일제강점기에 '국보급 청자의 보고'라 불릴 정도로 보물 같은 고려청자들을 소장하고 있었다. 고유섭 개성박물관장은 그중에서도 고려의 궁궐터인 개성 만월대에서 어렵사리 발견한 청자 기와 파편이야말로 개성박물관을 대표하는 유물이라고 자랑했다. 미술사학자 최순우 선생의 전기를 기록한 책 『혜곡 최순우, 한국미의 순례자』에는 고유섭 관장의 말이 다음과 같이 적혀 있다.

"청자를 만들 수 있는 나라는 한국과 중국뿐이었습니다. 중국에서는 청자 기와로 덮은 건물이 있었다는 기록도, 청자 기와도 발견되지 않았습니다. 그러니 세계적으로 아주 귀한 유물이지요. 그런데 이렇게 깨진 것만 보존돼 있는 게 너무 아쉽습니다. 또 어디서 이것이 생산됐는지 아무도 몰라요."

고유섭과 그의 제자 최순우는 청자 기와와 가마를 찾기 위해 개성을 샅샅이 뒤졌다. 하지만 온전한 청자 기와는커녕 깨진 기왓장 한 조각도 보이지 않았다. 가마는 더더욱 생각할 수도 없었다. 학계에서는 청자 기와를 두고 '세기의 수수께끼'라고 표현했다. 1944년 4월 26일, 조선문화재 관련 논문을 150편이나 발표할 만큼 활발하게 활동하던 고유섭 관장이 급성간경화로 쓰러져 39세의 나이에 세상을 떠난다. 스승이 유명을 달리하자 제자 최순우는 공무원 생활을 청산하고 개성박물관으로 들어갔다. 스승이 생전에 못다한 일을 마무리 짓기 위해서였다.

세월이 흘러 해방이 되었고, 시대는 일제강점기에서 한국전쟁(6·25전쟁)을 지나 개발독재로 힘겹게 이어졌다. 전통 따위에는 관심을 두지 않는 사회 분위기였지만 이런 가운데에서도 최순우는 문화유산을 찾아내고 지키는 데 몰두했다. 청자 기와를 향한 변함없는 애정을 간직한 그의 곁에는 이제 스승 대신 당시 학예관보였던 정양모가 함께 있었다. 두 사람은 나침반과 지도만 들고 과거 도요지陶窯地(가마터)로 추정되는 언덕을 수없이 올랐다. 마을 주변을 기웃거리다가 간첩으로 오해받아 경찰서에 끌려가는 등 수많은 어려움에도 불구하고 청자 기와를 찾으려는 열정은 수그러들지 않았다.

1963년 5월 어느 날, 두 사람은 그날도 어김없이 강진군 대구면 사당리 일대를 돌고 있었다. 이때 한 아낙이 소쿠리 하나를 들고 달려왔다. 그 안에는 깨진 도자기들이 들어 있었다. 청자 기와였다. 당시의 심정을 최순우는 이렇게 회고했다.

"역사 기록에 나오는 청자 기와의 실물을 보고 가슴이 뛰어 말이 안 나왔다. 당시 조사단에는 지방대학의 실습학생들도 많이 참가하고 있어 청자 기와 발견 사실이 알려지면 조사에도 지장이 있지만, 고가의 귀중한 청자 기와가 흩어질 염려가 있어 정양모 씨와 둘이서만 알고 서울로 올라올 때까지 비밀로 했던 일은 잊지 못할 유쾌한 추억이다."

– 경향신문, 1975년 5월 10일자

소쿠리에 청자 기와 조각들을 모아두었던 사람은 군을 제대하고 집에서 농사짓던 한 청년이었다. 청년은 어느 날 집 뒷산에서 도자기 파편 한 점을 주웠고, 이 조각이 그저 깨진 그릇조각이 아닐 거란 직감에 파편을 모아두었다고 했다. 이 조각들이 든 소쿠리를 들고 온 시골아낙은 이 청년의 어머니였다. "색이 좋고 그림이 그려져 있는 사기조각들이 집 마당을 파보면 많이 나온다"는 촌부의 말을 듣고 두 사람은 곧장 사당리 117번지로 허겁지겁 달려갔다. 초가집으로 들어서서 살펴보니 부엌 바닥과 안마당, 담 등 집안 곳곳에 청자 파편이 박혀 있었다. 온 집안이 청자 파편의 보고라 할 만했다.

두 눈이 휘둥그레진 두 사람은 다음날부터 곡괭이로 땅을 파기 시작했다. 서울에서는 긴급히 발굴조사단이 꾸려졌다. 한 달여 동안 진행된 1차 발굴조사 결과 수키와, 막새기와 등이 쏟아져나왔다. 최순우가 25년 전 개성박물관에서 보았던 청자 기와 파편의 비밀이 풀렸다. 동시에 최순우의 두 눈에서도 눈물이 흘러내렸다.

"고유섭 선생님, 이제야 선생님이 주신 숙제를 했습니다."

청자 기와, 그 정체가 드러나다

청자는 9세기 신라 말, 중국에서 청자 제조 기술이 유입되면서 서해안과 일부 남해안 지역에서 제작되기 시작했다. 중국의 영향을 받았지만, 고려청자는 독자적인 색깔을 띄기 시작해 11세기 중엽에는 청자에 구름과 학이 함께 어우러진 독특한 문양(운학문雲鶴紋)이 나타났고, 11세기 후반경 초기 상감형태가 선을 보였으며, 왕실이 청자 제작을 전폭적으로 지원하던 12세기 중엽에 이르러서는 상감청자가 전성기를 맞이했다. 의종이 양이정이라는 정자의 지붕에 청자 기와를 올린 것도 이즈음이었다.

청자 기와는 1300도의 고온에서 굽고 유약 처리를 했기 때문에 내구성이 뛰어났다. 온도 변화에도 뒤틀림이 없고 빛깔도 영구적이었다. 고려청자의 멋은 바로 이 빛깔에 있었다. 보는 이마다 고려청자만의 은은한 푸른 빛깔에 빠져들었다. 고려의 문장가 이규보는 『동국이상국집』에서 청자 빛깔의 아름다움을 이렇게 노래했다.

나무를 베어내니 남산이 빨갛게 물들었네
불 피워 연기가 해를 가렸지
푸른 자기잔을 구워내
열에서 우수한 하나를 골랐구나
선명하게 푸른 옥 빛나니
영롱하기는 수정처럼 맑고
단단하기는 돌과 맞먹네
이제 알겠네 술잔 만든 솜씨는

하늘의 조화를 빌려왔나 보구려

고려청자의 비색은 비취빛을 뜻한다. '비밀스러운 색깔'이란 뜻을 가진 중국의 '비색秘色'이란 단어와 달리 우리는 '비취색 비翡' 자를 사용했다. 고유섭은 그 빛깔을 '오월신록五月新綠, 우후청천雨後晴天(비온 뒤 갠 하늘)의 미'라고 극찬했다. 최순우는 '고려인의 근심과 염원과 애환을 섞은 듯한 푸른색'으로 비색을 묘사했다. 정양모는 같은 청자지만 고려청자와 중국 청자의 색깔 차이를 이렇게 설명했다.

"우리 청자의 비색이 산곡을 흐르는 맑은 물이나 모시발이라면, 중국 청자의 색깔은 깊은 웅덩이의 물이거나 비단발과 같다. 하나는 맑고 은은하면서 투명하고, 하나는 진하여 불투명하고 두꺼운 장막을 드리운 것과 같다."

한 시대를 풍미했던 고려청자. 하지만 13세기 말 이후 화려했던 시절은 서서히 쇠퇴한다. 원나라의 간섭을 받는 동안 고려청자의 실용성은 강화됐지만 빛깔은 탁해졌다. 왜구가 쳐들어오자 고려는 해안에서 50리 이내에 백성들이 살지 못하게 했고, 강진 가마와 부안 가마는 결국 문을 닫아야만 했다.

이후 청자 기와는 600~700년 동안 땅속에 묻혀 있었다. 청자에 다시 관심을 갖기 시작한 것은 일본 사람들이었다. 일제강점기이던 1913년, 강진군 대구면의 주재원이던 일본인이 가마터를 발견해 신고하자 조선총독부는 일본인 전문가를 파견해 현지조사를 시작했고, 이후 수집된 청자 파편을 연대별로 구분해 일본으로 반출했다.

해방 후 청자는 다시 사람들의 관심에서 멀어졌으나 1964년, 최순우를 중심으로 발굴이 진행되면서 500편이 넘는 청자 기와 파편과 완성품에 가까운 10여 개의 청자 기와가 그 모습을 드러냈다. 보통의 기와처럼 평평한 암키와와 둥근 수키와, 지붕 끝에 얹어 비가 들이치지 않도록 하기 위해 만든 막새기와가 수십 편 발견되었다. 발굴된 청자 기와에는 음양각 기법으로 다양한 문양이 장식돼 있었다. 수키와에는 음각으로 꽃무늬가, 지붕 끝에 얹는 암막새에는 넝쿨무늬가, 수막새에는 탐스러운 모란꽃무늬가 새겨져 있었다. 지붕의 위치를 가리키는 글자나 제작연대를 알 수 있도록 정해丁亥, 임신壬申, 갑신甲申 등의 한자가 새겨진 조각도 나왔다.

누군가가 죽으면 그릇을 넣어주던 풍습 때문에 청자는 주로 무덤 속이나 그 주변에서 발견됐다. 사람들은 무덤에서 나온 청자를 가까이 하려 하지 않았다. 이처럼 찬밥신세였던 청자가 수백 년 만에 다시 생명을 얻기 시작하면서 일간지 사회면에는 '햇빛 보게 된 불멸의 문화재' '청자의 갖가지 수수께끼와 속 모습을 해결' '밝혀진 청자의 진실' '청기와 900년 만에 베일 벗어' 등등의 헤드라인을 단 기사들이 큼지막하게 실렸다.

청자 기와 발굴의 기적은 1968년 이루어진 제4차 발굴에서도 이어졌다. 생각지도 않았던 청자 타일이 대량으로 쏟아진 것이다. 청자 기와에 이은 두번째 '대발견'이었다. 청자 타일은 청자 기와만큼이나 희귀한 유물이었다. 학계에서는 고려시대에 건물 바닥에까지 섬세한 청자를 사용했다는 사실에 대해 놀라움을 감추지 못했다. 청자 타일에는 불교문화를 상징하는 연꽃무늬가 음각돼 있었다.

청자 기와와 청자 타일이라는 역사적 유물을 찾아냈으나 발굴단에게 여전히 수수께끼 하나가 남아 있었다. 이 청자 기와와 청자 타일을 구운 가마는 어디에 있는 것일까? 발굴단이 청자 기와와 청자 타일이 발견된 강진 주변을 샅샅이 뒤졌지만 가마는 모습을 드러내지 않았다. 그사이 발굴작업은 사람들의 관심에서 멀어져갔다. 강진군이 1965년 군립도서관에 청자자료전시실을 마련하기도 했으나 고려청자 가마터 발굴사업은 박정희 정권의 주요 시책에서 밀려났다.

청자 파편이 돈이 된다는 사실을 알게 된 주민들은 청자 파편을 모아 관광객에게 팔아넘기는 일들도 벌어졌다. 때로는 골동품상들이 트럭에 청자 파편을 잔뜩 싣고 가기도 했다.

그로부터 10여 년 후인 1973년, 가마의 비밀이 밝혀졌다. 청자 기와 조각을 모아두어 청자 기와 발견에 큰 기여를 했던 사당리 117번지의 청년은 어느 날 집 앞의 논에 물을 대다가 물이 자꾸 한쪽 귀퉁이로 흘러들어가는 것을 발견했다. 이를 이상하게 여긴 청년은 그곳을 파보았다. 가마터였다. 그는 곧바로 국립중앙박물관에 이 사실을 신고했고, 1973년 11월 정양모 당시 국립중앙박물관 미술과장을 단장으로 한 본격적인 발굴조사가 시작됐다. 조사단은 인근의 논밭 등 네 개의 장소를 40센티미터 깊이의 직사각형으로 파가다가 가마의 벽을 찾아냈다. 고려청자의 산실이 900여 년 만에 베일을 벗는 순간이었다.

가마 발굴을 기점으로 강진군은 청년의 집이 있는 사당리 117번지 일대 20만 평을 보호구역으로, 이중 중요한 지역을 특별보호구역으로 지정했다. 1964년 시작된 청자 기와 발굴 프로젝트가 마침표를 찍은 것은 1982년 가을, 최순우와 정양모를 중심으로 한 발굴단이 청자 기와 조각을 세상 밖으로 선보인 지 18년 만의 일이었다.

고려청자, 한 점을 얻기까지

도자기의 생산지가 되기 위해서는 세 가지 조건이 맞아야 한다. 좋은 흙을 구할 수 있어야 하고, 불을 때기 위한 연료가 풍부해야 하며, 편리한 교통로를 갖춰야 한다. 이런 조건들을 가장 잘 갖추고 있던 곳은 고려의 수도였던 개성, 그리고 개성과 가까운 중부 서해안 지방이었다. 황해남도 봉천군 원산리, 경기도 시흥시 방산동, 용

인군 서리 등에 도요지가 있는 이유다. 그런 까닭에 어느 누구도 고려청자가 전라남도 강진에서 생산됐을 것이라고는 생각하지 못했다. 발굴단이 줄곧 발굴작업을 진행했던 곳은 개성이었다. 서해안 지방에서 문을 연 청자 가마들은 정확한 원인은 알 수 없으나 고려청자를 완성하지 못한 채 문을 닫고 말았다. 그뒤 고려청자를 굽던 가마는 전라도 강진과 부안 등 남서부 해안지방으로 옮겨졌다.

강진이 최고급 청자의 생산지가 될 수 있었던 것은 천혜의 자연환경 덕분이다. 퇴적층이 발달해 점토가 풍부하게 매장되어 있었고, 땔감으로 쓸 수 있는 소나무가 군락을 이루고 있었으며, 바다를 끼고 있어 해로를 이용해 청자를 안전하고 빠르게 옮길 수 있었다. 지금까지 전국적으로 발견된 400여 기의 가마터 중 절반에 가까운 188기가 강진에 있다. 강진은 9세기부터 14세기까지 고려시대 전반에 걸쳐 청자를 집중적으로 생산해냈다. 현재 전국 각지의 박물관에 소장된 국보 및 보물급 고려청자의 80퍼센트는 강진에서 만들어진 것이다.

도공은 하나의 청자를 빚어내기 위해 70여 일간, 무려 24단계의 공정을 거치며 깊은 정성을 기울인다. 흙을 고르고, 모양을 빚고, 자기를 완전히 건조시키기에 앞서 무늬를 음각하거나 찍고, 그 자국에 백토나 적토를 메워 상감문양을 새긴다. 그뒤 초벌구이를 하고, 유약을 바른 뒤 1300도에서 재벌구이까지 마쳐야만 비로소 청자 한 점을 얻을 수 있었다.

제작 과정이 복잡한 만큼 청자는 누구나 가질 수 있는 물건이 아니었다. 강진에서 제작된 비취색의 고려청자는 왕실로 납품되었다. 고려왕실에서는 이 청자를 귀족들에게 하사하면서 관계를 돈독히 유지해나갔다. 귀족들은 하사받은 청자를 향로나 접시, 술잔 등으로 다양하게 활용했다. 이런 배경이 있었기에 청자 기와와 청자 타일을 건축에 이용하는 것도 가능했다.

고려청자의 맥을 잇다

고려 이후 이 땅에서 청자의 맥은 수백 년간 끊겼다. 1350년쯤 청자가 사라지고 분청사기와 백자가 등장했고, 조선시대에 이르러서는 청자라는 단어조차 사라졌다. 그로부터 550년 뒤인 일제강점기, 청자는 역사의 무대 위에 다시 올랐다. 1905년 을사늑약이 강제 체결될 무렵 서울과 의주를 잇는 경의선 철도를 건설할 당시, 고려 무덤에서 청자가 출토된 것이다. 오늘날 우리가 볼 수 있는 고려청자는 대부분 근현대에 들어와 무덤에서 발굴되었거나 바다에서 건져올린 것들이다.

하지만 안타깝게도 고려청자의 제작 비법은 전수되지 않았다. 자기 제작 방식은 보통 도제식으로 이루어졌기 때문에 장인 외에는 아무에게도 전해지지 않았을뿐더러 고려청자 제작이 줄어들면서 16세기 이후에는 비법조차 전수될 수 없었다. 간간이 청자를 구워내는 이들이 있었지만 박물관에서 볼 수 있는 국보급 청자들과는 격이 달랐다. 그러던 중 1978년 고려청자와 비슷한 비색이 '청자의 고향' 강진에서 재현되었다. 고려청자의 비색을 거의 완벽하게 재현해낸 이는 바로 청자 파편을 모아두었던 사당리 117번지의 청년, 이용희다.

이용희가 청자와 맺은 인연은 독특하다. 1964년 봄, 어느 날부터인가 최순우, 정양모 등 문화재계의 대가들이 그의 집을 들락거렸다. 그의 집 뒤뜰에 발굴현장사무소가 차려졌다. 그는 잡부로 발굴에 참여하며 학자들의 대화를 귀동냥했다. 청자 이야기는 들으면 들을수록 흥미를 불러일으켰다. 그는 스스로 청자를 빚어보리라 결심했다. 이 씨는 이후 30년 가까이 고려청자 재현에 매달렸고, 비밀의 색깔, 비색을 기어이 되살려놓았다.

현재 강진에는 청자의 과거와 현재를 한눈에 볼 수 있는 박물관이 있다. 1997년 9월에 개관한 강진청자자료박물관은 국내 유일의 청자 박물관이다. 고려청자의 체계적인 보존과 연구를 위해 설립한 이 박물관 입구에는 네 평 남짓한 '계룡정'이란 정자가 있는데, 햇볕이 좋은 날이면 반짝반짝 빛난다. 지붕에 청자 기와를 얹었기 때문이다. 계룡정은 고려시대 개경의 대궐 별궁에 있던 양이정을 본떠서 2004년 지어졌다. 서울에서도 2009년 국립중앙박물관 개관 100주년을 기념해 연못 한쪽에 정자를 짓고 청자 기와를 올린 뒤, '청자정'이라 이름 지었다.

전라남도 강진에서 청자는 박물관에 진열된 옛 유물이 아니라 사람들과 함께 호흡하는 오늘날의 문화가 되었다. 1977년 고려청자 재현사업 추진위원회가 구성됐고, 전통가마 '강진요'가 착공돼 이듬해 천연유약을 사용해 만든 첫번째 청자를 생산했다. 40회 넘게 이어져 온 강진청자축제 기간에는 청자를 제작하는 전 과정을 관광객들이 직접 체험할 수도 있다.

冊

너그러움과 해학 정양모, 학고재, 1998
박물관에서 찾아낸 옛사람의 지혜 정인수, 주류성, 2010
우리 과학의 수수께끼 신동원 편, 한겨레출판, 2006
유물로 읽는 우리 역사 이덕일·이희근, 세종서적, 1999
혜곡 최순우, 한국미의 순례자 이충렬, 김영사, 2012

03 종묘사직을 생각하소서

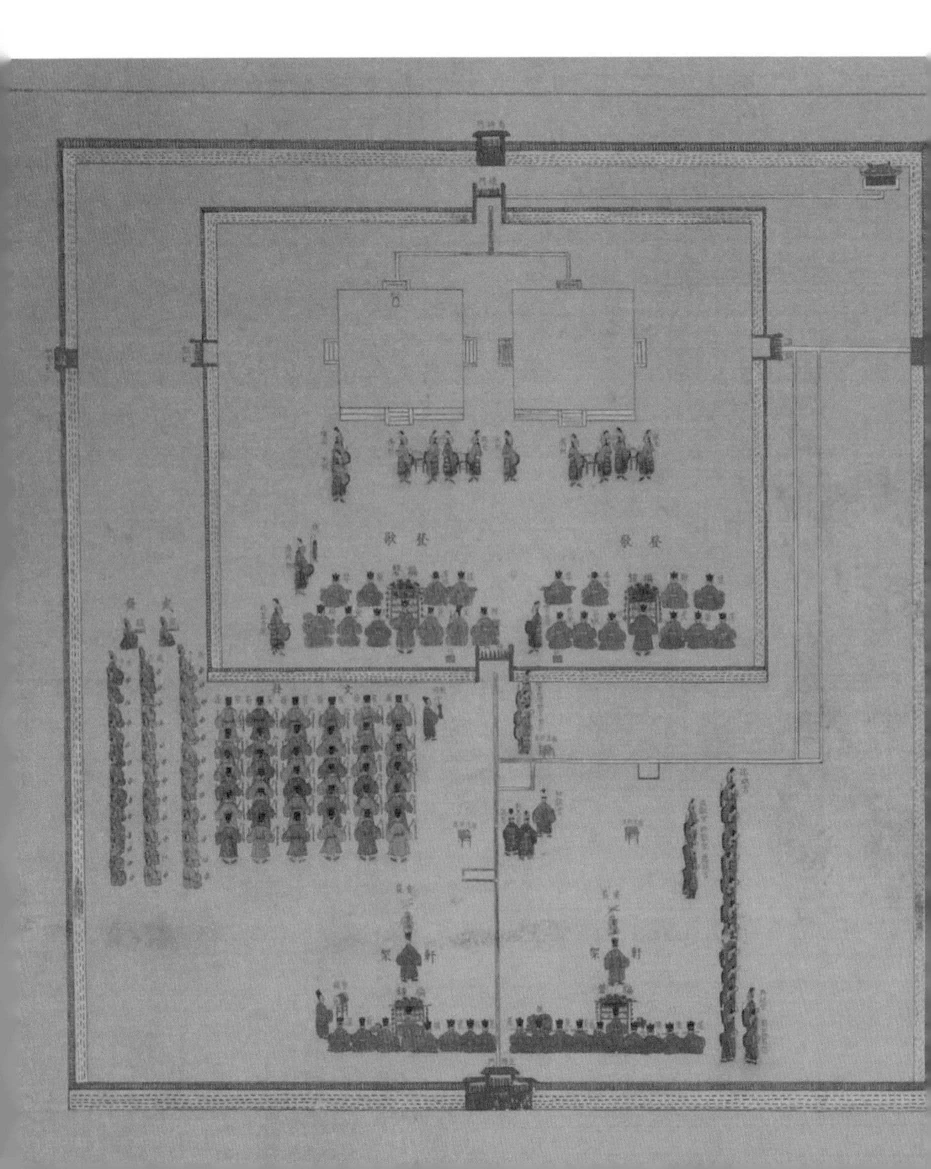

"개성에 놓고 온 것이 있습니다!"

대신들이 '그것'을 고하자
임금은 소스라치게 놀랐고
사람들이 주저앉아 울부짖기 시작했다

1636년 병자호란
수도 한성을 압박해오는 청나라 군사

"'그것'을 안전한 곳으로 모셔라!"

촌각을 다투는 전란 중
임금보다 더 중요했던 그것

조선왕조 500년 동안
단 두 번 옮겨진
종묘와 사직의 신주

나라가 위기에 처했을 때나
임금이 잘못된 결정을 내리려 할 때면
신하들이 외치던 소리

"종묘사직을 생각하소서!"

선왕의 신주를 모시는 종묘宗廟

토지의 신과 곡식의 신에게
풍년을 기원하던 사직社稷

"좌묘우사左廟右社"
나라를 세우면 도성의 궁문 밖 왼쪽에는 종묘를
오른쪽에는 사직을 세워야 한다
–『주례周禮』

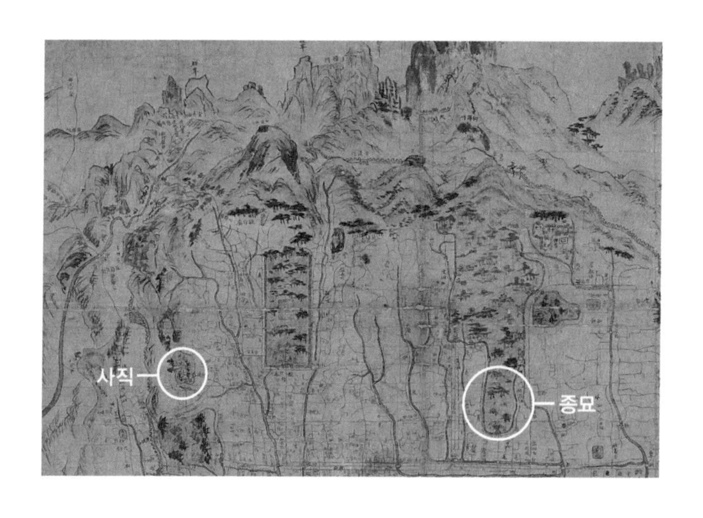

민생과 직결되는 농사의 풍요를 기원하는
조선의 가장 중요한 국가 제례

그러나
1910년 국권 피탈
대한제국의 멸망과 더불어 사직단 제례가 폐지된다

1923년 사직공원을 개장하며 사직단에 본격적으로 손대기 시작한 일제

大正十五年二月一

社稷公園에 植櫻 庭球場도 二個所設置

사직단공원의 금년도사업 決議

동위원회는동일창립총회가끗난후동여덜시에 시내북해루에서 다시 중앙집행위원회를열고중앙상무집행위원(中央常務執行委員)주준식(朱駿植)소병덕(蘇秉喆)김덕영(金德泳)박래화(朴來華)뎡인곤(鄭寅琨)씨등을다시선뎡하는동시에 다음과가튼 결의가잇섯다더라

칠만륙천오십원의 예산으로 수개년계획사업인사직단(社稷壇)공원의 십오년도사업은 작년도예산이 천팔백사십원보다 일천팔백사십원이 만흔 사천륙백칠십원의예산으로 개울곳치는 것과 나무심으는것과 도로의 일부분을개수하는것과 다리몃군데 놋는것과 테니쓰코트 만드는것과 면동가설 공동변소건축등이 주

1924년 5월 공원 주위 도로 확장 및 연장

1924년 11월 공원 내 산책로와 벤치 설치

1926년 개울공사 및 벚꽃과 단풍나무 식수

1931년 도로 필지 분할 시작

1933년 매동공립보통학교 준공

만백성을 위해 제사를 올리던

가장 신성한 제단을

놀이터로 만든다

1945년 8월 15일

나라를 되찾았지만

사직단은 그대로 공원으로 남았고

도시 개발에 밀려

그나마 남은 자리도 내주고 만다

사직단의 옛날 모습

1980년대 후반
아시안게임과 올림픽 개최국이 되면서
1988년 9월
종묘제례 예능보유자 이은표 선생의 주도로
사직대제 고증 및 재현
2000년 10월 19일
사직대제가 중요무형문화재 제111호로 지정된다

"나라에는 하루라도
종묘와 사직이 없어지면 안 됩니다."

–『선조실록』

유네스코 세계문화유산에 등재된 종묘와 달리
오랜 시간 소외되었던 사직단은
이제 부활을 꿈꾸고 있다

종묘와 사직 – 조선을 떠받친 두 기둥

조선은 유교국가였다. 유교의 정신적 바탕 위에 나라를 세운 조선의 도읍지에는 반드시 궁궐, 종묘, 사직, 이 세 가지를 세워야 했다. 태조는 이중에서 종묘를 가장 먼저 지으라고 명했다. 그다음은 사직과 궁궐 순이었다. 조선왕조 역대 왕과 왕비 및 추존된 왕과 왕비의 신주를 모신 유교 사당인 종묘는 단순한 건축물이 아닌 조선왕조의 상징이었다.

1395년(태조 4년) 태조는 경복궁 동쪽에는 종묘를, 서쪽에는 사직단을 설치했다. 태조가 국가의 중요한 일들을 결정짓는 궁궐보다 선왕의 신주를 모시는 사당과 땅의 신과 곡식의 신에게 제사를 지내는 사직단을 먼저 지으라고 명한 까닭은 나라의 운명을 좌우하는 것이 왕실의 조상과 사직신이라고 생각했기 때문이다.

조선시대에 '종사를 보존한다'는 말은 곧 '나라를 지킨다'는 뜻이었다. 여기서 '종사'가 바로 종묘와 사직이다. 종묘는 '뿌리 깊은 나무는 바람에 아니 흔들린다'는 국가의 정체성을 확립하는 곳이었고, 사직은 영토를 지키고 풍성한 곡식으로 민생을 안정시키는 곳이었다. 때문에 나라를 세운 다음 곧바로 궁궐의 동쪽에는 종묘, 서쪽에는 사직단을 짓고 제사를 올렸다.

지금으로부터 3500년 전인 중국 상나라 때부터 존재했던 종묘사직은 고구려를 통해 한반도로 전해졌고, 이후 신라와 고려를 거쳐 조선까지 이어져 우리의 고유한 문화가 되었다. 중국을 비롯한 동아시아 국가의 종묘 제례는 명맥이 끊겼지만 한국의 종묘제례만은 2천 년 넘게 그 명맥이 유지돼왔다.

종묘는 무덤이 있는 곳이 아니라 제사를 모시는 곳, 즉 혼을 모시는 장소다. 종묘의 한자에 '무덤 묘墓'자가 아닌 '사당 묘廟'자를 쓰는 이유다. 왕실에서는 세자나 왕비를 뽑는 것과 같이 중요한 결정을 하고난 뒤에 꼭 그 사실을 종묘에 고했다. 나라에 좋지 않은 일이 계속될 때에도 종묘에 도와달라고 빌었다. 조상의 영혼이 깃든 종묘를 잃는 것은 나라를 잃는 것이요, 종묘가 불타는 것은 나라가 불타는 것과 다름없었다.

1426년(세종 8년) 2월 15일, 한양에 큰 불이 있었다. 조정은 비상이었다. 당시 강원도로 군사훈련을 간 세종 대신 소헌왕후는 서울에 있는 모든 신하들에게 알린다.

"화재가 일어났다 하니, 돈과 식량이 들어 있는 창고는 구제할 수 없게 되더라도 종묘와 창덕궁은 힘을 다하여 구하도록 하라."

—『세종실록』

도성 안이 불바다가 된 참혹한 상황에서도 소헌왕후는 종묘를 가장 먼저 걱정했다. 곡식을 쌓아놓은 창고도 아니요, 나라의 행정을 하는 관아도 아니었다. 모든 군사와 백성이 불 끄기에 나섰다. 급보를 들은 세종 또한 불 끄기에 전력을 다하라고 지시했다. 도성에 돌아온 뒤 세종이 발표한 소방대책 역시 종묘가 중심에 있었다.

1592년 4월 14일, 왜군이 파죽지세로 밀고 올라오면서 열흘도 안 되어 한성은 함락 위기를 맞았다. 선조는 부리나케 피난길에 올랐다. 그러다가 돌연 신하들을 멈춰 세웠다. 종묘의 위패를 두고 온 것을 깨달은 것이다. 선조는 위험을 무릅쓰고 위패를 모셔오도록 명했다. 국가의 존망이 달린 선왕들의 위패를 왜구가 훼손하게 할 수는 없었던 것이다.

다행히 위패는 난을 피할 수 있었지만 위패를 모시는 건물인 종묘는 임진왜란으로 인한 화마를 피해갈 수 없었다. 선조는 피난길에서 돌아온 후 종묘를 제일 먼저 세워 올려 국가 재건의 의지를 뚜렷하게 보여주었다.

광해군 때에 와서도 종묘의 시련은 끊이지 않았다. 종묘가 재건된 지 얼마 되지 않은 1623년 3월 12일, 궁궐에는 또 한 번 불길이 치솟았다. 이 소식을 들은 광해군은 종묘가 불타는지를 우선 물었다. 이 질문에는 종묘의 안전에 대한 염려와 함께 또다른 함의가 있었다. 왕실이 아닌 다른 세력에 의한 반역이면 종묘를 불태웠을 것이고, 왕족이 계획한 반정이라면 종묘는 놔두었을 것이라고 판단한 것이다.

종묘에는 태조부터 순종에 이르기까지 27대에 걸쳐 518년이란 긴 세월을 이어온 조선왕조의 역사가 스며 있다. 종묘 안으로 들어서면 정전正殿과 영녕전永寧殿이라는 두 건물과 마주하게 되는데, 정전은 우리나라 목조건축물 중 가로 길이가 가장 긴 건물로 맞배지붕을 올려 장엄한 분위기를 자아낸다. 정전은 총 35칸의 규모로 19개의 방이 있고, 그 안에 49위의 신주를 모시고 있다. 세월이 흐르면서 왕과 왕비의 위패가 늘어나 정전 안에 다 모실 수 없게 되자, 영녕전 16개 방에 34위의 신위를 모시기로 했다.

현재 종묘에는 총 34명의 임금과 47명의 왕후, 그리고 조선의 마지막 황태자인 고종의 아들 이은과 황태자비의 신위가 모셔져 있다. 그런데 조선왕조의 역사를 헤아려보면 실제 임금은 스물다섯 명에 불과하다. 나머지 아홉 명은 실제로 임금 역할을 하지는 않았지만 죽은 뒤에 격상된 추존 임금이다. 반면 실제로 임금으로 재위했지만 종묘에는 모시지 않은 왕도 있다. 바로 광해군과 연산군이다. 왕실의 정통성을 상징하는 종묘에 모시려면 공덕이 평가되어야 하는데 이 정치적 판단은 사후에 이뤄졌다. 16세기 초 인조반정으로 왕위에서 내쫓긴 광해군의 사후 평가를 서인이 주도했기에 좋을 리 없었다. 오늘날 많은 학자들이 광해군에 대해 당파 싸움을 막으려 노력했으며 자주외교를 펼친 왕이었다고 평가하고 있지만, 애석하게도 광해군의 신주는 종묘에 없다. 숙종 대에 중전이었던 희빈 장씨나 폐비 윤씨의 위패가 종묘에 없는 것도 같은 맥락이다. 임금과 중전을 판단하는 잣대는 상당히 정치적이었다. 종묘는 '역사는 승자의 기록'이라는 명제가 철저하게 작용한 곳이었다.

종묘의 정전에서 지내는 제사는 대제大祭라고 불렀다. 대제는 사계절의 첫 달과 12월에 날을 잡아 1년에 다섯 차례 이루어졌다. 임금이 직접 제를 올리는 국가의식이었던 만큼 참여한 사람들의 수, 이날 사용되던 의복과 제물 등의 규모와 수준, 준비 과정에 들이는 정성은 여느 제사와 비교할 수 없었다. 조선시대의 대표적인 예법서인 『국조오례의』에 의하면 정전에서 제사를 드리는 제관만 200~300명에 이르렀고, 악공 등까지 합하면 대제에 참여하는 총 인원이 500명을 넘었다고 한다. 상에 올라가는 그릇 종류만 해도 무려 60가지가 넘었다.

잊혀진 우리 정신의 뿌리, 사직단과 환구단

조선왕조에서 제사를 지낸다는 것은 올바른 정치를 하겠다는 약속이었다. 역대 왕의 신위를 모신 종묘도 중요했지만, 만백성의 안녕을 기원하는 사직단도 종묘 못지않게 중요한 공간이었다. 사직단에서 임금은 직접 제사를 지냈다. 임금은 토지의 신인 '사社'와 곡식의 신 '직稷' 앞에 고개를 조아리며 나라의 평안을 기원했다. 흉년이 들면 왕은 사직단에서 눈물을 흘리며 제사를 지냈고, 날이 가물면 비를 기원하는 기우제도 지냈다.

사직단을 세우고 제사를 지내기 시작한 것은 삼국시대부터다. 이후 고려 전 시기를 통해 각종 제의와 기우제, 기곡제 등이 이어졌고, 조선 개국 후에는 경복궁의 서쪽에 사직단이 세워졌다. 사직단은 서울뿐 아니라 지방 곳곳에도 만들어졌다. 지금도 전국에는 '사직동'이라는 지명이 남아 있다.

사직단은 정사각형 담장으로 둘러싸여 있다. 동서남북 사방으로 홍살문을 세웠고, 동쪽에는 토지의 신에게 제사 지내는 사단을, 서쪽에는 곡식의 신에게 제사를 지내는 직단을 세웠다. 예로부터 '천원지방天元地方'이라 해서 원은 하늘을 상징하고 네모는 땅을 상징했다. 그래서 하늘에 제사 지내는 단은 둥글게, 땅에 제사 지내는 단은 네모나게 쌓았다. 사직단이 네모난 형태가 된 이유가 여기에 있다.

사직단이 땅에 제사를 지내는 곳이라면 하늘에 제사 지내는 제단으로는 환구단이 있었다. 백성과 나라 전체를 위해서 매년 큰 제사를 지냈던 제단들이 조선시대에는 다섯 곳이 있었는데 가장 규모가 큰 곳이 사직단이었다. 그 외에 농업과 잠업을 국가의 기간산업으로 삼았던 만큼 농업을 주관하는 신을 모시는 선농단(지금의 동대문구 제기동)과 잠업이 잘 되길 기원하던 선잠단(지금의 성북구 일대)을 따로 두었고, 제천행사를 하는 환구단, 희생된 영령을 위해 제사 지내던

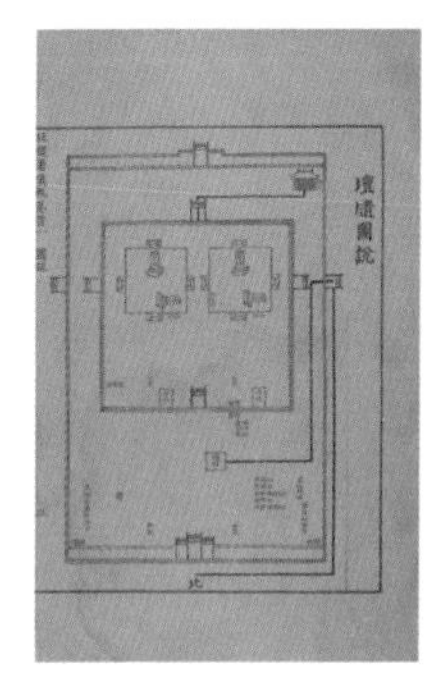

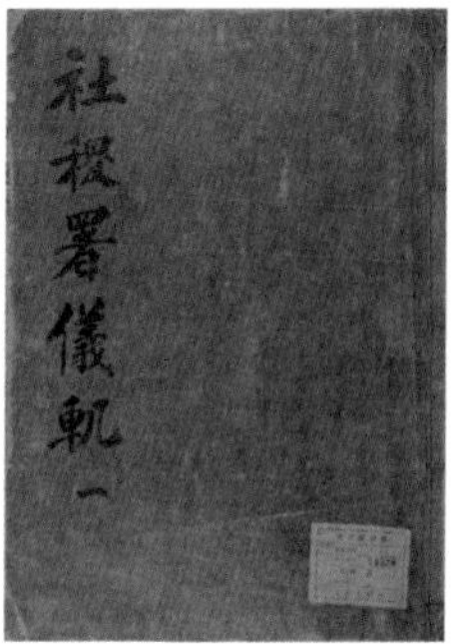

사직단의 시설 상황 및 제례 등에 대해 적혀 있는 『사직서의궤』

장충단 등을 세웠다.

하늘에 제사를 올리던 환구단은 둥근 형태로 만들어져 원구단이라고도 불렸다. 조선 초기만 해도 존재했던 환구단은 하늘에 드리는 제사는 중국 황제만이 올릴 수 있다는 중국의 압력으로 1465년(세조 10년)에 폐지되고 만다. 환구단이 부활한 것은 1897년 대한제국이 수립될 무렵이었다. 고종은 국호를 조선에서 대한제국으로 고치고, 경운궁 맞은편에 환구단을 만들어 황제 즉위식을 거행했다. 이때 〈독립신문〉은 이를 경축하는 논설을 잇달아 세 번이나 실으며, 대한제국 선포로 단군 이래 이 땅이 황제의 나라로 독립했다고 논평했다.

고종이 환구단을 세운 것은 정치적이고도 외교적인 행위였다. '천자'의 나라 중국의 속국도 아니요, '천황'을 주장하는 일본과도 대등한 독립국임을 선포하는 하나의 선언이었다. 고종이 근대적 자주국가로서 대한제국을 선포한 1897년부터 5년간, 즉 대한제국 전반기는 자주적 근대화가 추진되던 시기였다. 하지만 일제는 1912년 환구단을 헐고 그 자리에 총독부 철도호텔(지금의 조선호텔 자리)을 세웠다.

대한제국의 국권을 강탈당한 뒤 사직단에서 올리던 제례도 맥이 끊겼다. 일제는 대한제국을 강제병합한 뒤 민족의 얼을 훼손하기 위해 사직단의 격을 낮추었다. 일종의 정신적 탯줄을 끊은 것이다. 매일신보 1911년 2월 14일자 기사를 보면 "원구단에 봉안하였던 위패는 수일 전에 매안埋安하였고, 사직단의 위패는 소화燒火하였다더라"라는 짤막한 기사가 있다. 1911년 2월의 어느 날, 조선왕조 500년의 사직은 그렇게 한줌의 재로 돌아갔다. 이날 사라진 것은 사직의 위패만이 아니었다. 선농단과 선잠단의 위패 역시 함께 소각되고 말았다.

일제강점기 조선총독부는 조선 왕실의 혼이 담긴 곳을 공원으로 조성해 왕조의 위엄을 격하시켰다. 사직단을 공원으로 만들어 사직의 기능을 없애버렸고, 정조의 아들인 문효세자의 묘가 있던 효창원은 효창공원이 되었다. 1930년에는 덕수궁의 절반을 공원용지로 분리시킨 뒤 '중앙공원'이라 이름 붙이고 장충단공원, 남산공원과 함께 서울의 3대 공원으로 지정한 뒤 공원 곳곳에 일본을 상징하는 벚나무를 심었다. 또 창경궁 안에 동물원과 식물원을 만들어 유원지로

창경궁에 동물원을 만들고 유원지로 조성한 일제

조성하면서 창경궁 안의 많은 건축물이 훼손되었고 이름도 창경원으로 격하되었다.

또한 조선총독부는 조선왕조의 맥을 끊기 위해 창덕궁, 창경궁과 하나의 영역으로 이어지던 종묘를 궁궐과 분리시켰다. 궁궐과 종묘 사이에 큰 길을 낸 것이다. 하지만 일본인들조차 종묘의 위엄에 감탄하며 감히 범접하지는 못했다고 한다.

종묘와 사직의 오늘

종묘가 세간의 관심을 받게 된 것은 1995년에 들어서였다. 1995년 유네스코가 주관하는 세계문화유산에 종묘가 등재되자 외국인들의 찬사가 쏟아졌고 그제서야 한국인들은 종묘의 존재에 눈길을 돌렸다. 2012년 한국을 찾은 미국 건축가 프랭크 게리는 “한국인들이 이런 건물을 갖고 있다는 것을 자랑스러워해야 한다”며 찬탄했다. 그는 종묘의 정전을 보면서 똑같이 생긴 정교한 공간이 나란히 이어지는 모습에서 권위적이지 않은 지도자의 사상과 무한의 우주가 느껴진다며 종묘를 ‘민주적’인 공간이라고 묘사했다. 프랭크 게리가 비교 사례로 든 것은 그리스의 파르테논 신전이었다.

종묘는 건축물로서만 그 가치를 인정받은 것이 아니다. 종묘는 세

종묘 정전

계 각국의 신전 중에서 지금까지 제례가 행해지는 유일한 곳이다. 그리스의 파르테논 신전도, 중국의 태묘도, 일본과 베트남의 국가 사당도 지금은 더이상 제사를 지내지 않는다. 하지만 종묘에서는 제례가 600년 이상 계속되고 있다. 이에 따라 유네스코는 종묘대제 그리고 대제 때 연주하는 종묘제례악을 인류가 보존해야 할 세계무형유산으로 지정했다.

일제강점기에 훼손된 서울의 5대 궁궐을 복원하는 사업은 2030년을 완성 시점으로 잡고 현재 장기 계획으로 추진되고 있다. 옛 서울 성곽을 복원하는 사업도 2014년 완료를 목표로 진행중이다.

종묘와 궁궐의 보전과 복원 사업이 적극적으로 이루어지고 있는 것에 비해 사직단의 복원은 아직 요원하다. 사직단은 1963년 사적 제121호로 지정돼 보존 관리에 들어갔지만 전문 인력의 부족으로 복원 작업은 부진한 상태다. 관리 주체가 문화재청이 아닌 서울시 종로구라는 점도 사직단의 복원 정비를 더디게 했다. 군사정권 시절인 1965년 무렵에는 국회의사당을 건립할 부지로 사직공원이 거론된 적도 있었다.

그 뒤로 사직단 복원은 여러 차례 말만 나왔을 뿐 제대로 추진된 적이 없었다. 제사를 지내던 제단만이 덩그러니 있던 것을 정비해 담장을 두르는 등 지금의 모습을 얼추 갖춘 것이 1988년의 일이다. 일제의 지배에서 벗어난 지 70년이 넘었고 일제의 잔재를 청산하자는 목소리도 높다. 그런데도 사직단이 여전히 사직공원에 머물러 있음을 보여주는 흔적은 곳곳에 남아 있다. 사직단의 복원은 조선왕조 600년 역사의 정신을 바로 세우는 일이요, 도시 서울의 면모를 새롭게 하는 작업이다.

환구단 역시 마찬가지다. 역사성을 잃고 시민들의 관심에서 멀어진 사직단처럼, 환구단은 빌딩 숲속인 도심 한가운데, 조선호텔 안에 숨어 있어 그 터를 찾기조차 힘들다. 심지어 환구단을 조선호텔의 정원으로 알고 있는 이들도 적지 않다.

서울대학교 규장각한국학연구원의 강문식, 이현진 박사는 조선의 종묘와 사직을 "동아시아의 보편적 문화와 더불어 조선만의 독특한 유교문화, 왕실문화, 농경문화가 집약돼 있는 곳"이라고 정의했다. 조선의 종묘와 사직은 우리의 정신문화가 깃들어 있는 소중한 공간이자 우리 고유의 철학을 이해할 수 있는 중요한 건축물이다.

冊

사직서의궤 오세옥·김기빈, 한국고전번역원, 2012

왕의 영혼, 조선의 비밀을 말하다 이상주, 다음생각, 2012

종묘와 사직 김동욱, 대원사, 1996

종묘와 사직 : 조선을 떠받친 두 기둥 강문식·이현진, 책과함께, 2011

04 유생의 반란

"집현전 학사들이 나를 버리고 갔으니
이를 어찌하면 좋겠는가!"

태조 때부터 이어진 억불정책에 따라
세종의 내불당內佛堂 건립을
강력하게 반대하던 신하들

집현전의 학사들과
성균관의 유생들은
연일 반대 상소를 올렸다

그러나
1448년 7월
경복궁에 내불당 재건립을 명한 세종

"사부 학당 학관學官이 와서 고하기를
'생도들이 불당을 파하기를 청하다가
뜻을 얻지 못하므로 모두 학업을 파하고
흩어져 갔습니다' 하였다."

– 『세종실록』, 1448년(세종 30년) 7월 23일

성균관 유생들의 동맹휴학 단행

조선시대 유생의
주장을 관철하기 위한
세 가지 방법

1. 권당 捲堂

: 식당에 들어가지 않고 식사 거부하기

2. 공재 空齋

: 기숙사에서 나오기

3. 공관 空館

: 성균관 비우기

〈성균관친림강론도〉

특히 공관이 발생하면
서울 시내의 상점 또한 파업에 돌입

왕은 유생을 복귀시키기 위해
갖가지 방법을 동원해야만 했다

세종 시대
영의정 황희는
공관에 참여한 학사들의 집을
하나하나 찾아가 설득해
사태를 해결하기도 했다

1551년(명종 6년) 1월 2일
교종과 선종, 불교의 양종을 세운다 하여
공관 단행

1611년(광해군 3년) 4월 10일
유생 처벌의 가혹성, 부당성을 이유로
공관 단행

1650년(효종 1년) 7월 3일
영남 선비 유직의 처벌이 부당하다며
공관 단행

조선시대 공관 및 권당 발생 수
총 182건

백성은 나라의 근본이다

민본民本 사상을 근간으로

여론에 따라 나라를 다스린다

공론公論 정치를 따르며

다양한 언론 통로를 마련했던 조선왕조

조선왕조는 제도를 통해

언론과 학원의 자유를 보장하였고

그중 유생의 공관은

왕권에 대한 가장 적극적인 견제 수단이자

가장 강력한 시위 수단이었다

조선의 엘리트 양성소, 성균관

〈성균관 스캔들〉. 한때 전국적으로 인기를 모았던 드라마 제목이다. 과연 드라마에서처럼 실제 조선의 유생들 사이에선 낭만적인 스캔들이 있었을까? 짐작해보건대 조선시대 성균관에서 그런 분위기를 기대하기는 어려웠을 듯하다. 그 시절 유생들은 머리를 싸매고 과거 준비에 골몰했다.

조선시대에 오늘날의 학교 역할을 했던 곳은 크게 네 곳으로 향교, 서당, 서원, 성균관이다. 향교는 국가가 운영했고, 서당과 서원은 개인이 운영한 사립교육기관이었다. 공부하는 곳은 저마다 달랐어도 학생들의 꿈은 한결같았다. 바로 조선 최고의 국립대학인 성균관에 입학하는 것이다.

성균관의 정원은 200명으로 『경국대전』에는 성균관에 들어갈 수 있는 자격 요건이 상세히 명시되어 있다. 우선 과거시험의 첫번째 관문인 생원시와 진사시에 합격한 사람들이 성균관 입학의 1차 대상이었다. 1차 관문이라고 해도 어지간한 능력과 노력으로는 통과하기 어려웠다. 생원시와 진사시에 합격하려면 조선팔도 각 군에서 3등 안에는 손꼽혀야만 가능했다. 이들로 우선 성균관 정원을 채우고 나서 결원이 생길 경우에는 서울의 사학四學 생도 중 15세 이상인 학생 가운데 『소학』과 사서오경 중 하나에 능통한 학생으로 채웠다. 그 외에 특별전형으로 고위관리의 자식 가운데 일부를 선발했다. 왕세자와 왕자들도 성균관에 입학했다. 원자는 보통 여덟 살을 전후해 세자로 책봉되었는데 책봉 후에는 성균관에서 본격적으로 제왕이 되기 위한 교육을 받았다.

조선 최고의 수재들만 입학할 수 있었던 성균관은 국정을 이끌어 갈 인재를 길러내는 곳이었다. 고려시대의 대학인 국자감에 뿌리를 둔 성균관은 1398년 지금의 성균관대학교가 있는 서울 종로구 명륜동에 세워졌다. 성균관에는 공자와 그의 제자들의 위패를 모신 문묘, 강당인 명륜당, 식당과 약방 그리고 기숙사인 동재와 서재가 함께 들어서 있었는데 이곳에서 유생들은 전원 기숙사 생활을 했다.

성균관 유생들의 평균 연령은 서른다섯 살 정도로 요즘 대학생들처럼 20대 초반의 젊은이들이 아니었다. 나라가 키우는 인재이자 조선 최고의 엘리트였지만 그들의 삶은 대체로 단조로웠다. 정조 시대 후반 20년 가까이 성균관 학생으로 있었던 윤기의 문집 『반중잡영』에는 성균관 유생들의 하루하루가 생생하게 기록돼 있다.

"성균관의 하루는 북소리로 시작했다. 매일 새벽에 북을 두드리며 '기침起寢(침소에서 일어나라는 뜻)'이라고 외치면 모두 잠자리에서 일어난다. 날이 밝아오면서 두번째 북소리가 나면 옷매무새를 가다듬고 책을 읽었고, 세번째 북소리에 맞추어서는 아침을 먹었다. 식사를 마치고 나면 명륜당으로 가서 공부를 하게 되는데 첫 북소리에 맞춰 유생이 들어가 교관과 인사를 하고 유생끼리도 서로 예를 갖춰 인사

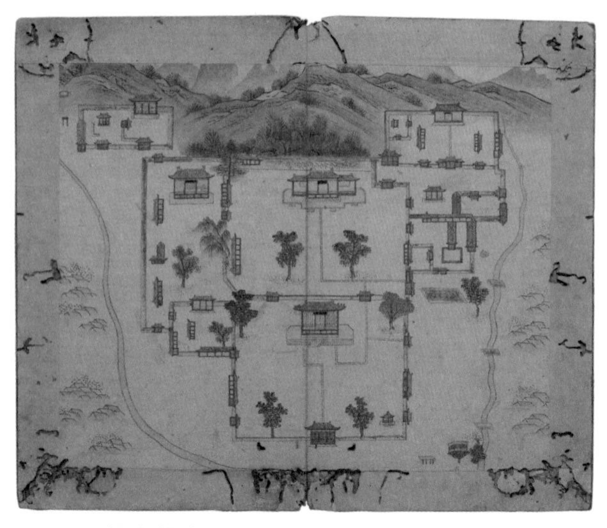

성균관 건물의 구조와 배치를 알 수 있는 『태학계첩』의 〈반궁도〉

를 하면서 비로소 공부를 시작했다."

이들이 하는 공부는 대체로 유학이었다. 유교적 소양을 갖추었다는 말은 유교경전의 내용과 역사에 해박하고 문장을 잘 짓는 것을 의미했다. 이는 과거 급제를 위해 반드시 갖춰야 할 실력이었다. 따라서 유생들은 『근사록』 『성리대전』 『경국대전』 등을 공부했고, 글 짓는 연습을 하면서 문장력을 길렀다. 또 심신을 조화롭게 단련하는 것을 중요하게 여기는 유학의 전통에 따라서 활쏘기에도 공을 들였다.

성균관의 교수법은 독특했다. 수업은 질문과 대답을 주고받는 질의문답식으로 진행됐다. 때때로 오늘날의 쪽지시험이나 중간고사 같은 시험도 보았다. 이런 시험들은 과거시험 합격을 위한 모의고사 같은 것이었는데 시험 성적뿐 아니라 출결이나 평소의 품행, 인물 됨됨이를 종합적으로 평가했다.

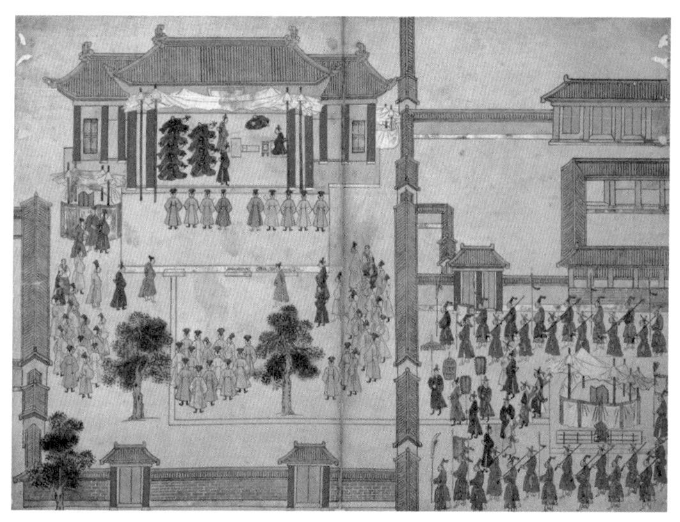

효명세자의 성균관 입학례가 묘사된 《왕세자입학도첩》 중 〈입학도〉

성균관에서 졸업은 따로 없었다. 과거급제가 곧 졸업을 의미했다. 식년시의 경우 3년마다 한 번 시행되었으니 낙방하면 3년을 다시 기다려야 했다. 과거에 급제하기까지 성균관 유생은 나라로부터 숙식을 모두 제공받으며 그야말로 융숭한 대접을 받았다. 겨울에는 제주도에서 올라온 귀한 감귤을 맛볼 수 있는 특권을 누렸고, 소를 도살하는 게 금지되었던 시절에도 밥반찬으로 소고기를 먹을 수 있었다. 이런 특별 대접을 받다보니 유생들의 자부심도 대단했다.

성균관 스트라이크?

성균관 유생들의 최종 목표는 문과에 합격하는 것이었다. 과거에 급제해 관리가 되어 세상에 이름을 떨치는 입신양명은 유교에서 가장 중요하게 여기는 효孝를 실천하는 길이었다. 관리가 되어 국가를 위해 일하는 것은 충忠의 실천이기도 했다. 조선시대의 교육은 바로 이 '충효'라는 목표와 연결되어 있었다.

부모와 나라를 위해 열심히 공부하는 그들이었지만 유생들은 그저 책만 읽고 강의만 듣는 책상물림이 아니었다. 그들은 예비 관료이기도 했다. 과거시험을 통해 관리가 되고자 했기 때문에 유생들은 당연히 정부 정책에 관심이 많을 수밖에 없었다. 성균관 유생들은 해야 할 말이 있을 때마다 뜻을 모아 함께 움직였다. 성균관 유생들은 '재회齋會'라는 학생회를 통해 자신들의 의견을 주장했다. 제아무리 어린 유생들이라 해도 그들의 의견을 왕이나 대신이 무시할 수는 없었다.

유생들의 단체행동은 권당, 공재, 공관이 있었다. 부당한 인사나 정책에 불만이 있어 집단 시위를 하기로 했다면 대표를 뽑고 연명해 상소문을 만들었다. 그리고 함께 줄지어 기세등등하게 대궐로 행진했다. 그들은 편전 앞에 열을 지어 앉아 상소를 올리고 왕의 대답을 기다렸다. 이에 대해 왕의 대답이 없으면 시위를 하다가 권당을 감행했다. 권당의 '권捲'은 '거두다'라는 뜻으로, 곧 단식농성을 하겠다는 의미였다. 권당으로 해결되지 않으면, 기숙사에서 물러나는 공재를 선택해 수업을 거부했고, 이것도 통하지 않으면 마지막 방법으로 '공관'을 택했다. 공관은 학교를 비우고 밖으로 나가는 시위로 오늘날로 말하자면 동맹휴학이었다. 조선시대에 임금은 하늘같은 존재였지만 왕도 학생들의 단체행동을 두려워했다. 임금의 통치력에 커다란 결함이 있다는 것을 만천하에 알리는 일이었기 때문이다.

조선 초기에는 주로 불교 정책과 관련된 시위가 많았다. 그중 제일 세간을 떠들썩하게 한 사건은 세종이 궐내에 불당을 세우려 했을 때 일어났다. 조선은 주자성리학을 이념으로 하는 유교국가였지만 건국 초기에는 불교의 영향에서 자유롭지 못했다. 임금 또는 왕실에서 선왕의 유지를 받든다는 명목으로 불교를 보호했는데, 이 같은 움직임이 유학을 공부하는 유생들의 반감을 살 수밖에 없었다. 유생들은 성균관 문에 '이단이 번성하니 유학이 장차 쇠하겠구나'라고 적고서 성균관을 등지고 밖으로 나섰다. 조정은 성균관 유생들을 달래기도 하고 강제로 제압하기도 했지만 유생들은 뜻을 꺾지 않았다. 고민을 거듭하던 세종은 어느 날 영의정 황희에게 "유생들이 나를 버리고 갔으니 이를 어찌하면 좋겠는가" 탄식하면서 자문을 구했다.

이에 여든 넘은 노정승은 자신이 사태를 책임지겠다면서 유생들의 집을 일일이 찾아가 대화를 나누기 시작했다. 손자뻘 되는 어린 유생이 황희에게 정승이나 되어서 임금의 잘못을 고치지 못하느냐며 따질 때에도 황희는 낯빛 하나 변하지 않고 끝까지 설득했다고 한다. 조선의 야사모음집인 『연려실기술』이 전하는 내용이다.

임금마다 차이는 있었지만 대체로 조선의 왕과 신하들은 유생들의 사기 진작을 국가의 원기를 북돋우는 일이라 여겼다. 때문에 강제 진압하기보다 유생들의 기개를 높이 사서 그들과 대화하고 마음을 돌리려 했다.

유생들의 시위가 늘 대단한 대의명분만 있는 것은 아니었다. 1473년(성종 4년) 7월 5일, 성균관 유생 임지 등은 특별한 명분 없이 스승에게 반항하다가 집단행동에 나섰다. 이후 주동자 임지는 곤장 60대에 옥살이 1년의 중형을 받았고, 나머지 유생들도 과거를 칠 수 없는 처지에 놓였다.

『조선왕조실록』이 기록하고 있는 성균관 유생들의 권당이나 공관 기록은 조선왕조 500여 년 기간 동안 총 96차례에 이른다. 그중에서 영조가 통치하던 시기에 유생들의 궐기가 특히 잦았다. 재위 기간이 긴 만큼(52년) 일어날 수 있는 사건도 많았겠지만, 그 이유를 차치하더라도 유생들은 걸핏하면 '수업 거부'를 외치며 영조에게 몰려왔다. 그러다보니 영조는 유생의 권당을 스승의 책임, 더 나아가 임금의 탓으로 돌렸다.

권당은 왕권이 강력했던 시기에는 별로 일어나지 않았다. 권당은 조선 후기 들어 급격히 잦아졌는데, 이 시기는 인조반정 이후 숙종 대를 지나 영·정조 시대를 이어오는 동안 조선의 정치사에 당쟁이 끝없이 이어진 때와 겹친다. 노론과 소론, 남인과의 갈등이 치열해질 때면 각 진영은 자신들에게 유리한 여론을 조성해 상대를 압박하고자 유생들의 권당을 이용했다. 유생들은 때때로 당파에 휩쓸려 특정 세력의 주장을 대변하기도 했다.

그러나 성균관 유생들은 무엇보다 스스로 자신들의 정체성을 묻고 비판했다. 지체가 아무리 높다 해도 옳지 않은 행동을 했을 때에는 가차 없이 들고 일어서 비판했다. 성균관 유생들의 공관과 권당은 배운 자의 올곧은 외침이었다.

'성균관 유생'의 후예들

학생들의 운동은 역사의 물줄기를 바꾸는 데 큰 역할을 했다. 일제강점기 때에도 그랬다. 1910년 8월 29일, 대한제국과 일본 제국 사이에 강제로 맺은 한일병합 조약이 공포되면서 대한제국은 일순간에 일제의 식민지가 되었다. 치욕의 세월을 지내고 있던 어느 날, 일본 도쿄에 있는 조선기독교청년회관에 최팔용을 비롯해 한국인 유학생 500여 명이 모였다. 그들은 "조선의 독립국임과 조선인의 자주민임을 선언"하였다. 1919년 2월 8일, 이날의 일을 우리는 '2·8 독립선언'으로 기억하고 있다.

"2천만 민족을 대표하야 정의와 자유의 승리를 득한 세계만국의 전에 독립을 기성하기를 선언하노라. (…) 일본이 만일 오족의 정당한 요구에 불응할진대 오족은 일본에 대하야 영원의 혈전을 선하리라."

– 조선청년독립단의 〈2·8 독립선언서〉 중, 1919년

나라 잃은 청년들은 죽음을 각오하고 조국의 독립을 부르짖었다. "최후의 1인까지, 최후의 일각까지 민족의 정당한 의사를 쾌히 발표하라"며 목소리를 높였다. 이 일로 인해 60명이 검거됐고, 8명이 기소됐다. 1919년 2월 8일 도쿄에서의 독립선언이 있은 지 한 달이 채 지나지 않아 일본과 한반도에서는 한국인 학생들의 독립 만세 소리가 울려퍼졌다. 그 울림은 다음달 3월 1일 기미독립선언으로 폭발했다.

당시 학생은 선택받은 계층이었다. 하지만 그들은 특권과 안정된 미래를 버리고 항일의 선봉에 섰다. 일제는 한국인들을 우민화해 부려먹기 좋은 식민지 노예로 만들려 했다. 고등교육 대신 직업교육에 힘썼고, 일본 말과 일본 역사를 가르쳤다. 학생들의 자유로운 토론이나 자치활동은 철저히 금지했다. 하지만 한국의 학생들은 깨어 있었다. 시대가 그들을 깨어 있게 했다.

"3·1 운동 직후 1~2년간 조선인은 새로운 지식에 대한 요구로 외국서적을 찾고 사회문제와 정치에 많은 관심을 기울여 신간 잡지에 많은 주문이 몰리고 문학서적도 통속문학보다는 세계적 명저의 번역본을 갈구했다. 순회강연회가 열릴 때마다 단성사로 가는 수천 군중이 장관을 이뤄 일제 경찰에 의해 강제해산을 당하기도 했다."

– 동아일보, 1920년 5월 13일자 기사

학생들은 교실 대신 거리로 나섰다. 1927년부터 동맹휴학의 움직임이 서서히 늘어나더니 1929년에는 정점에 달했다. 나이 어린 보통학교 학생들까지 일제 식민지교육 체제와 민족 차별에 저항하며 동맹휴학에 동참했다. 1926년의 6·10 만세운동, 1929년의 광주학생항일운동 등 청년학생운동의 분수령이 된 운동들이 연달아 이어졌다.

3·1 운동이 일어난 지 10년 뒤인 1929년 광주학생항일운동도 시

작은 아주 사소했다. 나주역에서 일본인 학생 후쿠다가 한국인 여학생 박기옥의 댕기머리를 잡아당기며 희롱하는 것을 보고 한국인 남학생이 제지하려다 벌어진 시비가 그 발단이었다. 그러나 이 시비는 금세 광주 지역 학생들의 봉기와 동맹휴학으로 번졌고 이내 전국적으로 불붙어갔다. 비밀회의와 비밀조직을 통하여 민족정신과 항일정신을 길러나갔던 학생들은 '조선 독립 만세' '조선인 본위교육을 실시하라'는 구호들을 외치며 거리로 나섰다.

1930년 2월까지 전국적으로 동맹휴학과 시위가 계속됐다. 이는 1919년 3·1 운동 이후 벌어진 최대 규모의 항일운동이었다. 이후 1931년 만주사변을 계기로 일제의 탄압은 한층 강해졌다. 이에 따라 조직적인 학생운동은 지하로 숨어들었다.

그러나 세상을 바꾸려는 청년들의 움직임은 멈추지 않았다. 그 정신은 30년 뒤인 1961년 4·19혁명으로 이어졌고, 1964년 한일회담 반대운동, 1969년 3선개헌 반대운동, 1980년 5·18 민주화운동, 1987년 6월 민주항쟁으로 이어졌다. 광복 후 60여 년 동안 한국 현대사는 학생운동의 역사라고 이야기해도 과언이 아니다.

학생 시위는 역사적으로 강력한 힘을 발휘해왔다. 1960년대 후반 일본에서는 '전공투(전학공투회의)'라 불리는 학생운동이 전성기를 맞이했고, 이들의 주도로 도쿄대학의 야스다 강당 점거농성 사태까지 일어났다. 서구의 경우에는 1968년이 더욱 각별하다. 프랑스 68혁명에 가담한 시위 인원은 천만 명에 이르렀고, 학생들의 시위로 인해 결국 샤를 드골 전 프랑스 대통령은 하야했다. 이후에도 프랑스에서는 1986년부터 20년간 거의 4년을 주기로 학생들이 거리로 쏟아져나왔다. 1960~1970년대 유럽과 남미에서 벌어진 민주화운동은 대부분 학생들의 주도로 일어났으며 적지 않은 역사적 성과물을 남겼다.

항일 민족주의 교육자 이만규는 저서 『조선교육사』에서 우리나라 교육의 역사에서 가장 뛰어난 점을 꼽으라면 "봉건 제도 아래에서 성균관 유생들에게 정당한 학원의 자유를 보장한 것"이라고 설명했다. 대한민국 현대사를 수놓은 정의와 자유를 나침반으로 삼았던 학생운동의 정신과 성균관 유생들이 행했던 권당과 공관의 정신은 결국 하나의 맥으로 이어진다고 볼 수 있다.

冊

다시 읽는 조선 교육사 이만규, 살림터, 2010

뜻밖의 한국사 김경훈, 오늘의책, 2004

우리가 몰랐던 조선 장학근, 플래닛미디어, 2010

조선시대 교육의 연구 이원호, 문음사, 2002

조선시대 역사문화여행 최정훈·오주환, 북허브, 2013

한국의 전통교육 정낙찬·이동기·채휘균, 영남대학교출판부, 2000

05 소송 천하

만약 양반 편을 들면서
소송을 받아주지 않는다면
왕이 지나가실 때 왈칵 뛰어들어
하소연하오리다

경상북도 안동 의성 김씨 가문에
전해져온 고문서 하나
윤원, 임경수의 결송입안

결송입안決訟立案

: 소송과정과 판결 내용을 명시한 오늘날의 판결서

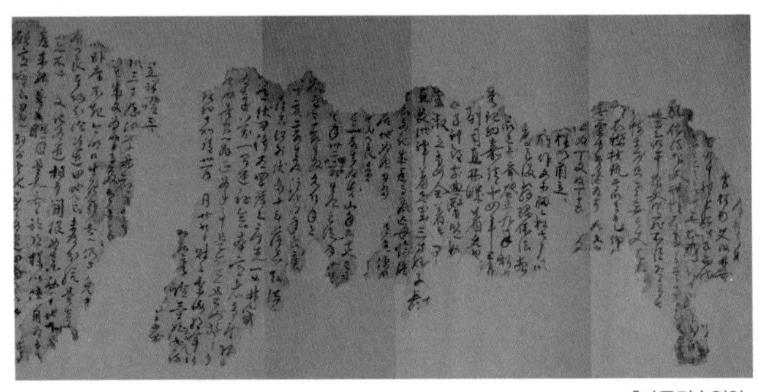

「나주결송입안」

1583년(선조 16년)
전라남도 나주에서 진행된 소송

원고元告는 윤원
척隻(피고)은 임경수

소지所志(소장)의 내용

"윤원의 아들 윤손은 양인인데도
임경수의 집안에서 노비로 부려지고 있으니
시비를 가려주시오."

송정訟庭(법정)인 나주 관아에서
소장을 받은 목사牧使(지방수령) 김성일

원고와 피고, 양 당사자는
자신의 주장을 입증할 증거자료를 제출

해당 관청은 자료를 바탕으로
호적 검토, 정보 조회, 증인 심문 등 조사에 돌입

소장 접수 두 달 후인 1583년 10월
최종 판결이 내려진다

"원고의 청구를 기각한다."

19세기 조선의 재판 모습

그러나 재판 결과에 불만이 있다면
상급 기관에 항소가 가능했다

1심 거주하는 고을의 수령
2심 관찰사가 지명한 수령
3심 한양의 장례원이나 한성부

삼심三審 제도로 운용되던 조선시대의 소송

만약 재판이 부당하게 이루어져
억울하다면
고을 앞을 지나는 왕에게 달려나가
하소연하기도 했다

소송의 기한을 정함과 동시에
세 번 승소하면 다시 제소할 수 없게 한
삼도득신三度得伸법

소송의 지연을 막기 위해
피고가 법정에 출석하는 날을 명시한 친착親著법

사건의 원고나 피고가 법관과 관계 있다면
다른 관아에 사건을 이송하게 하는 상피相避법

조선의 법전인 『경국대전』과
소송 지침서인 『사송유취』 등에
다양한 재판 규정을 명시
재판의 공정성과 효율성 확보

1858년(철종 10년) 충청도 한 마을의 소송 기록 중
평민의 소송 건수 87.2퍼센트

"신분에 관계없이 억울한 자라면
누구나 소송을 제기할 수 있었다."

연간 600여 건에서 1만 여건의 소송이
『조선왕조실록』에 기록되어 있다

밝게 살피고 신중하게 생각하라

"정 아니 데려가실 터이면 날 죽이고 가오. 그렇지 않으면 광한루에서 날 호리려고 명문하여 준 것 있으니 소지 지어가지고 본관 원님께 이 사연으로 원정발괄하겠소."

『춘향전』의 한 대목이다. 춘향은 한양으로 가는 이 도령에게 나중에 데리고 가겠다는 약속을 지키지 않으면 광한루에서 이 도령이 준 편지를 들고 소장訴狀을 만들어 원님께 재판을 청하겠다면서 으름장을 놓고 있다.

조선시대에도 소송은 빈번했다. 『조선왕조실록』에 따르면 1400년대 연도별 소송 건수가 적게는 666건에서 많게는 그 두 배에 이른다. 당시 조선의 인구가 600만 명에서 700만 명 정도였던 것으로 추정했을 때 엄청난 숫자였다.

조선은 유교사상 아래 덕치德治를 구현하는 것을 국가의 목표로 삼았다. 공자의 사상을 받들었던 조선의 위정자들은 소송이 적은 사회를 이상적으로 여겼다. 유교적 관점에서 소송은 공동체의 평화로운 질서를 해치는 주범이었다. 공자는 『논어』에서 "재판은 나도 남들처럼 할 수 있지만 나는 반드시 소송이 없도록 하겠다必也使無訟也"고 말한 바 있다. 조선시대 학자 중 그 누구보다 법에 관심이 많았던 정약용 역시 명판결을 내리는 것보다 소송이 없는 것이 더 중요하다고 생각했다. 하지만 현실은 달랐다. 소송이 물밀 듯 쏟아졌다.

조선시대의 소송은 오늘날의 민사재판과 형사재판처럼 크게 두 부류로 나뉜다. 오늘날의 민사재판에 해당하는 '송사'는 주로 생활분쟁을 다루었고, 국가가 범죄자를 처벌하는 형사소송은 '옥사'라고 불렀다. 조선 중기 이후 경제활동이 활발해지면서 점차 채무, 토지, 노비에 관한 송사가 늘었다. 현실이 이러하자 위정자들은 차츰 소송이 없는 것은 불가능하다는 생각을 하게 된다. 다툼이 없는 이상적인 세상을 그리기보다는 그 다툼을 잘 풀어주어야겠다는 보다 현실적인 판단하에 소송법도 대대적으로 정리했다. 영조 시대에 간행된 『속대전』은 조선 전기의 법전 『경국대전』의 내용에 소송절차법을 명문화하여 정비한 법전이다.

조선시대에 법을 다루던 중앙기관으로는 한성부, 형조, 의금부, 사헌부, 장례원掌隷院이 있었다. 한성부는 집이나 논밭(토지) 송사를, 형조는 민사와 형사를 모두 포괄해 사법 전반을 담당했다. 형조가 일반 백성(양인)을 대상으로 한 법률문제를 다루었다면, 의금부는 조정 관원이나 양반들을 위한 재판기관으로 기능했다. 사헌부는 판결이 부당하다고 호소해오는 사람이 있으면 재심을 검토했고, 장례원은 노비의 관리 및 소송을 관장했다.

지방의 경우에는 지방수령들이 수사와 재판을 모두 맡았다. 수령들의 업무 가운데 재판이 약 70퍼센트를 차지했을 정도였다. 때문에 지방관들은 『경국대전』 등을 읽고 법률과목의 시험을 봐야만 했다.

『목민심서』를 통해 목민관(백성을 다스려 기르는 벼슬아치)의 역할을 강조했던 정약용은 이들이 지녀야 할 덕목으로 "밝게 살피고, 신중하게 생각"해야 함을 강조했다. 빠른 판결보다 제대로 판결하는 것이 중요하다는 의미다.

조선의 소송 1 — 노비 소송

조선 초기의 민사소송은 대부분이 노비들의 소송이다. 고조선시대부터 존재했던 노비제도는 조선시대까지도 이어졌다. 노비들은 양인이 되기 위해 갖은 방법을 동원했고, 이로 인한 노비 소송도 끊임없이 발생했다. 신분상 가장 낮은 위치에 있는 노비들로서는 스스로를 보호할 방법이 법에 근거한 소송밖에 없었다.

노비는 주인이 누구인지에 따라 공노비와 사노비로 나뉘었다. 왕실이나 국가기관에 속해 있으면 공노비, 개인이 소유한 노비는 사노비라 했다. 당시 노비는 가축이나 물건 같은 존재였다. 노비는 그를 소유한 주인의 재산이었기 때문에 사고팔 수도 있었다. 젊고 건강할수록 몸값이 높았고, 반대로 늙은 노비는 말 한 필만큼의 값도 쳐주지 않았다. 재산의 일부로 여겼던 까닭에 노비는 상속도 가능해서 상속문서에는 반드시 아들과 딸에게 물려줄 노비 수가 기록되었다.

부모 중 한쪽이 노비이면 그 소생은 무조건 노비가 되었다. 이러다 보니 해가 갈수록 노비의 수는 늘어나 조선시대 초기 전체 인구의 3퍼센트에 불과하던 것이 이후에는 30퍼센트가 넘는 숫자에 이르게 된다. 조선 태종은 억울한 백성을 위해 신문고를 만들어 걸어놓았는데, 노비에 관한 청원만 계속 올라오자 노비 문제로는 신문고를 울리지 못하게 했다고 한다. 그러나 노비 문제는 끊이지 않았고 소송도 잇달았다.

1596년(선조 29년) 3월 13일 전라도 나주, 학봉 김성일이 목사로 있던 시절 관아에서는 희한한 노비소송이 벌어졌다. 법관인 나주 목사 김성일은 법정인 대청마루 위에 앉았고, 원고와 피고는 마당에 꿇어 앉아 재판에 임했다. 원고가 제출한 소지所志에는 소송에 관한 행정적인 내용뿐만이 아니라 각종 민원과 다양한 갈등이 담겨 있었다. 김성일에게 소지를 제출한 원고는 양반 남성이었던 이지도, 피고는 여든의 노파 다물사리였다. 그런데 이지도와 다물사리의 소송은 여느 노비 소송과는 다른 상황이었다. 당시 보통의 노비 소송은 자신이 노비가 아님을 주장하는 것이 대부분이었다. 그런데 이 경우는 해괴하게도 피고인 다물사리가 소리 높여 자신이 노비라고 항변했고, 오히려 원고인 이지도는 다물사리가 양인이라고 주장했다.

다물사리는 자신의 어머니가 성균관 소속의 관비, 즉 공노비였으니 따라서 자신도 공노비라고 주장했다. 부모가 모두 천민일 경우, 아버지가 사노비더라도 어머니가 공노비라면 그 자손들은 모계를 따라 모두 공노비가 되었기 때문이다. 이에 대해 이지도는 다물사리가 거짓말을 하고 있다고 반박하며 다물사리는 양인이며 자기 집안의 사노비와 결혼했다고 덧붙였다. 양쪽의 주장은 팽팽했다.

양측의 주장이 엇갈릴 때 중요한 역할을 하는 것이 증거다. 조선시대에도 문서를 최우선 증거로 삼았다. 재판을 맡은 나주 목사 김성일은 증거 조사에 들어갔다. 호적과 관청의 천민명단을 조사하고 증인을 불러 심문했다. 소송이 시작된 지 한 달여 만인 4월 19일, 판결이 내려졌다. 결과는 이지도의 승소. 조사 결과 다물사리는 노비가 아닌 양인이었다.

다물사리가 '신분 세탁'을 하면서까지 공노비임을 주장한 데에는 그럴 만한 까닭이 있었다. 자신은 양인 신분이었으나 사노비와 결혼하게 되자 자식들이 모두 노비가 되어버린 것이다. 그러나 자신이 관비, 즉 공노비가 되면 자식들은 같은 노비라고는 해도 조금 더 처우가 나았던 공노비가 될 수 있었다. 자식이 조금이라도 덜 고생스럽기를 바라던 어미의 마음 때문에 다물사리는 양인이었음에도 불구하고 자신이 노비라고 거짓 주장을 했던 것이다.

임진왜란과 병자호란을 겪으면서 노비문서들은 대개 불타버리거나 다른 문서들과 섞여버렸다. 이런 틈을 타 조선 후기에는 재산을 모은 노비들이 양인으로 신분상승을 하기 위해 주인과 소송을 하면서 노비 소송은 점차 늘어났다.

때마침 학자들 사이에서도 노비제도에 대한 비판이 흘러나오기 시작했다. 실학자 유형원은 "지금 우리나라에서는 노비를 재산으로 여긴다. 사람은 모두 동일한데, 어찌 사람이 사람을 재산으로 여길 수 있는가"라며 노비제도를 비판했다. 성호 이익 역시 노비제도를 천하에 없는 악법이라면서 폐지를 주장했다. 1800년 1월 28일, 순조는 즉위하던 그해 공노비 중 내수사 노비를 비롯해 6만 여구의 노비문서를 없앨 것을 명했다. 이로써 많은 공노비가 신분제의 억압에서 해방되었다. 나머지 공노비와 사노비들은 1894년 갑오개혁을 계기로 신분의 굴레에서 벗어났다.

조선의 소송 2 — 묘지 소송

체면을 목숨만큼 중요하게 여긴 조선의 사대부가 체면을 불사하고 패싸움까지 벌이면서 지키려 했던 것이 있었다. 문중 전체가 사활을 걸고 매달렸던 '산송山訟', 바로 조상의 묘소를 둘러싼 소송이었다. 정약용이 『목민심서』에서 "살인, 폭력 사건 중 거의 절반이 산송 때문에 벌어진다"고 지적했을 정도다.

산송은 삼국시대나 고려시대에는 찾아볼 수 없는 소송의 형태로, 중국이나 일본에도 전례가 없는 조선만의 독특한 소송 문화였다.

16~17세기 조선의 유교질서가 확립된 시기를 전후하여 시작된 산송은 조선 후기에 들어서서는 사회 전반을 휩쓸게 된다. 전체 소송의 절반 이상이 산송이었다.

16세기 이래 주자성리학에 기반해서 친족 조직 및 제사 등을 다룬 종법 질서가 정착되면서 조상을 모시는 방법에도 변화가 생겼다. 선산이 생겼고, 화장을 했던 불교식 장례 문화가 매장을 하는 유교식 장례 문화로 바뀌었다. 여기에 유교의 효 관념이 풍수지리설과 결합하면서 사람들은 조상의 묘가 편안해야 자손이 번성한다면서 명당에 집착했다. 임금이 직접 나서서 중재해도 해결이 안 될 만큼 산송은 그 갈등의 뿌리가 깊었다.

1712년(숙종 38년), 앳된 얼굴의 선비가 돌연 왕의 행차를 가로막고 아비의 원수를 갚아달라며 눈물로 호소하는 일이 있었다. 왕이 행차를 멈추고 선비의 얼굴을 들여다보니 선비는 뜻밖에도 열일곱 살의 처녀였다. 박효랑이라는 이 처녀가 남장을 감행하면서까지 왕 앞에 나설 수밖에 없었던 사연인즉슨 묘지 소송에 휘말려 아버지와 언니가 억울하게 목숨을 잃고, 집안 대대로 모시던 조상의 묘지마저 빼앗겼다는 것이다.

때는 3년 전으로 거슬러올라간다. 사건의 발단은 이웃 고을의 수령이자 집권 세력과 친척지간인 박경여가 시골 양반인 박수하의 선산에 자기 조부를 몰래 묻으면서 시작됐다. 박수하는 곧바로 성주 관아에 이를 시정해달라고 요청했지만 관아에서는 들은 체도 하지 않았다. 답답한 마음에 그는 문제를 해결하기 위해 한양까지 올라갔고 조정으로부터 시정 지시를 받아낸다.

그러나 박경여의 친척이었던 관찰사는 시정 지시를 따르지 않았고, 나중에는 오히려 피해자인 박수하를 옥에 가두고 곤장까지 쳤다. 결국 박효랑의 아버지 박수하는 옥에 갇힌 지 일주일 만에 복수해달라는 유언을 남긴 채 옥사하고 만다. 아버지의 비명횡사 소식을 들은 큰딸은 박경여 조부의 묘를 파헤쳐 관을 태워버린다. 며칠 후 박경여는 칼을 든 이들을 거느리고 나타났고, 큰딸은 이들이 휘두른 칼에 찔려 목숨을 잃었다. 졸지에 아버지와 언니를 잃은 작은딸 박효랑은 다시 신문고를 울려 그 억울함을 호소했다. 진상조사는 시작되었지만 사건의 핵심인물인 박경여에게는 수사의 영향력이 미치지 못했다.

박효랑이 왕 앞에서 사건을 고한 것을 계기로 이 사건은 조선팔도에 삽시간에 퍼지게 된다. 삼남지방과 경기의 유생 수천 명이 함께 목소리를 내기 시작했다. 이 사건이 부당하게 처리됐다며 박경여를 처벌하고 박수하의 두 딸에 상을 주라는 상소가 올려졌다. 다행히 사건에 대한 재조사가 이뤄져 진상이 밝혀졌고, 두 딸은 효녀 정문旌門을 받았다. 아버지가 돌아가신 후 16년이 지난 뒤였다. 그러나 관찰사와 박경여는 아무런 처벌도 받지 않았다.

이 사건은 훗날 『박효랑실기』로 기록되었고, 이를 바탕으로 고대소설 『박효랑전』이 쓰여질 정도로 파장을 일으켰다.

조선 후기로 갈수록 조세제도와 관련된 분쟁도 늘었다. 국가 기강이 문란해져 조세제도가 백성들을 수탈하는 데 악용됐기 때문이다. 양반이 상민에게 구타 당한 사건, 승려와 양반 사이의 다툼도 발생했다. 조선의 신분제도가 흔들리고 있다는 증거였다.

축첩과 관련된 소송도 많았다. 조선시대 양반 남성들은 양인 신분 이하의 여성을 첩으로 삼는 경우가 많았다. 문제는 그 사이에서 태어난 자녀의 신분이었다. 양인과 천인이 혼인했을 때 그 자식들은 모두 천인이 됐는데, 이를 두고 법적 다툼을 하는 경우가 많았다.

원님 재판하듯 한다?

우리가 흔히 사용하는 말 중에 '원님 재판하듯 한다'는 속담이 있다. 일을 대충 처리하는 모습을 가리킬 때 사용하지만 조선시대의 재판은 오늘날 우리가 생각하는 것보다 합리적이었다. 법제사의 시각으로 보면 조선은 법에 의거해 사회를 운용하려 했던 법치국가였다. 조선의 통치자들은 『경국대전』을 비롯해 형사법의 뿌리가 되는 『대명률직해』의 편찬을 명했다. 또한 민사소송이 늘자 지방수령들이 현실적으로 활용할 수 있도록 각종 법전에서 필요한 법규를 뽑아 정리한 일종의 판례모음집인 『사송유취』가 간행됐다. 백성들을 위해서는 각종 소지 양식을 수록한 법률서식집인 『유서필지』가 간행됐다. 법에 무지한 이들을 위해 법적 절차를 도와주는 전문직도 생겨났다. 외지부外知部라고 불리던 이들은 정식관원은 아니었으나 오늘날의 변호사 역할을 하던 사람들이다. 그러나 소송이 줄어드기를 바라는 위정자들은 이들의 활동을 불법으로 규정했다.

현실의 소송 풍경은 사또가 "네 죄를 네가 알렸다"라고 다그치는 사극 장면과는 사뭇 달랐다. 소송 당사자들에게는 사건을 직접 진술하거나 변명할 기회가 주어졌다. 공정성을 기하기 위해 당사자들의 친인척인 관리는 재판에서 배제되었고, 재판관인 사또 역시 법률적 근거를 기반으로 판결을 내려야만 했다. 소송은 원칙적으로 신분의 제한 없이 이뤄졌다. 주인에게 묶여 있는 노비라고 할지라도 자유롭게 소송을 제기할 수 있었다.

조선의 사법제도는 오늘날의 사법제도와 견주었을 때 놀랄 만큼 비슷한 점들이 많았다. 조선의 사법제도는 판결의 오류를 피하기 위해 다양한 장치를 마련해두었는데, 그중 하나가 상위 관청에 재심을 청구할 수 있게 만든 것이다. 해당 지역의 수령, 관찰사, 그리고 한양의 형조나 사헌부로 가는 방식이었다. 이 같은 사법체계는 갑오개혁으로 근대적 사법제도를 도입하기 이전까지 수백 년 동안 지속되어 왔다.

오늘날과 같이 당시에도 소송으로 인한 피해가 컸다. '재판 3년이면 기둥뿌리 빠진다'고 할 정도였다. '소송은 패가망신'이라고도 했다. 원수를 만들지 말라는 '척지지 말라'는 관용구 또한 오늘날의 '피고'를 조선시대에는 '척隻'이라고 부른 것에서 유래된 말이다. 가문 사이의 갈등이 소송으로 번지면 마을 전체가 폐허가 되기도 했다. 때문에 조선시대에 편찬된 법전에는 소송의 폐단을 줄이려는 노력이 담긴 규정들이 존재했다. 소송 기간이 길어져 농사를 망치지 않도록 추분 이후에서 춘분 이전까지만 재판을 열었던 것도 그런 규정 중 하나다. 또한 무한정 소송이 이어지는 것을 막기 위해 세 번 승소하면 패소자는 억울하더라도 다시 제소하지 못하도록 삼도득신법을 마련했다. 처음에는 초심, 재심, 삼심에서 모두 승소하는 것을 의미했지만 17세기 효종에 이르러서는 두 번 승소하면 제소할 수 없도록 바뀌었다.

법대로 하자? 협상과 조정 중재를 향한 노력

대법원이 발간한 『2013년 사법연감』에 따르면 2012년 법원에 접수된 소송사건은 631만 8042건으로 전년 대비 3만 건 이상 늘었다. 일본과 비교하면 여섯 배에 이르는 수치인데, 인구 대비 소송건수를 헤아려보면 상황은 더욱 심각하다.

이 같은 소송의 증가는 개인들이 자신의 권리를 적극적으로 찾아간다는 측면에서는 긍정적으로 볼 수 있다. 하지만 소송이 남발되면서 이에 따르는 사회적 비용과 시간 낭비가 적지 않다. 이런 흐름 가운데에서 '법대로 하자'는 소송 만능주의에서 벗어나자는 '대안적 갈등해결'이 새롭게 대두되고 있다.

1970년대부터 미국에서 시작된 '대안적 갈등해결'은 당사자 간에 자발적인 협상과 조정, 중재를 통해서 갈등을 풀어보자는 것이다.

이는 시간적, 금전적 비용을 절감하고 당사자간 인간관계도 손상되지 않는 방식이다. 한국갈등해결센터는 '대안적 갈등해결' 방식을 한국적 상황에 맞게 적용해보려는 전문가들이 모여 만든 민간기구로 대안적 분쟁해결을 제도화하고 조정분쟁 전문가를 양성하며 대안적 갈등해결을 위한 시민교육을 꾸준히 시행하고 있다. 최근 교육부의 시범사업으로 학교에서 운영되는 '또래조정' 동아리도 이러한 대안적 갈등해결을 통해 학교폭력 문제를 해결해보려는 노력의 일환이다.

冊

나는 노비로소이다 임상혁, 너머북스, 2010

조선 백성 실록 정명섭, 북로드, 2013

조선의 묘지 소송 김경숙, 문학동네, 2012

조선의 법이야기 류승훈, 이담북스, 2010

조선의 일상, 법정에 서다 한국고문서학회, 역사비평사, 2013

06 어떤 시험

시작하는 나이
다섯 살

아침부터 밤늦게까지
30년을 하루같이
공부해야 했던 어떤 시험

3년에 한 번
최종 합격자는
오직 33명

敎旨
朝散大夫行 英陵參奉
趙冀永文科甲科第一人
及第出身者
嘉慶十九年三月十六日

문과 시험 합격증

바늘구멍에
들어가는 것이 더 쉬운
과거시험

그래서 등장한
기상천외한 꼼수들

남의 답안지에 몰래 자기 이름 써넣기
뇌물로 시험관 매수
도포 자락에 예상 답안 써넣어 가기
밖에서 써준 답안지 몰래 건네받기

심지어
콧구멍 속에 답안을 숨기기까지

하지만
꼼수는 통하지 않았다

과거시험 답안지

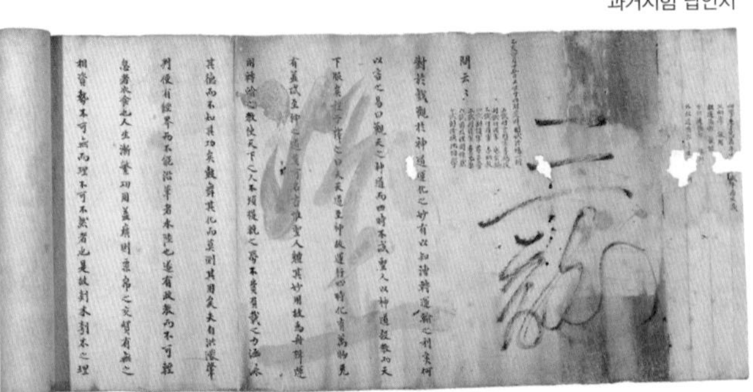

시험 전 철저한 몸수색
응시자 간의 거리 6자(1.8미터)
시험관과 안면 있는 자는
다른 시험장으로 재배치

응시자의 인적사항은 오려내어 따로 보관하고
누구의 글씨인지 모르게
시험관이 답안을 옮겨 적기까지 했다

가문, 혈통, 배경
일체의 압력이나 청탁을 배제한
순수한 실력 경쟁

문과文科 대과 시험 제1단계

초시初試

초장初場, 중장中場, 종장終場
세 번의 시험을 거쳐
240명 선발

문과文科 대과 시험 제2단계

복시覆試

다시 초장, 중장, 종장
세 번의 시험을 거쳐
최종 33명 선발

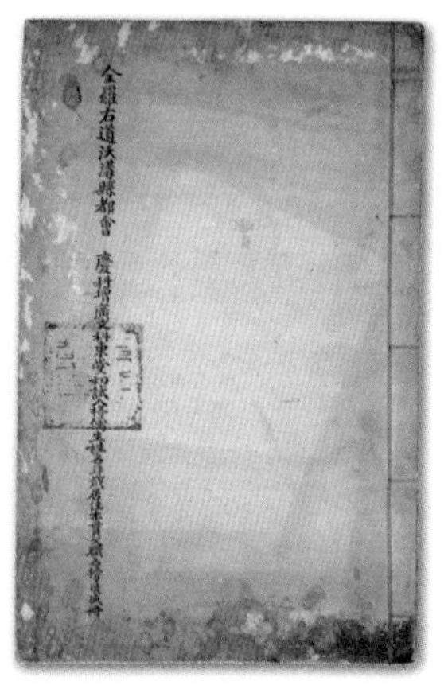

과거시험 합격자 명단이 적힌
「문과방목성책」

그리고
최종 순위를 정하기 위한 마지막 관문
임금 앞에서 치러지는 33명의 결전
전시殿試

마침내 장원급제

"나라를 다스리는 근본 중에
훌륭한 인재를 쓰는 것보다
중요한 일은 없사옵니다."

– 태종에게 올린 상소문 중

조선 초기의 문신, 신숙주

조선 중기의 성리학자, 율곡 이이

조선 후기의 실학자, 정약용

그렇게 등용된 인재들이

활약한 나라, 조선

조선의 과거시험은

조선왕조 500여 년 역사를 함께한

인재등용문이었다

과거 길은 곧 출셋길

조선 양반에게 과거급제는 인생의 궁극적인 목표였다. 양반가의 자제들은 보통 다섯 살 즈음 글을 읽기 시작할 때부터 과거시험 준비에 돌입했다. 합격 여부는 대략 서른을 넘겨야 판가름이 났다. 양반 관료국가였던 조선시대에 과거급제는 입신양명의 지름길이었다. '쨍하고 해 뜰 날'을 기대했던 이들은 과거시험을 보러 가는 것을 가리켜 인생의 빛을 보러 간다고 해서 이른바 '관광觀光'이라고 표현하기도 했다.

과거제도는 가문이나 부모의 영향력과는 상관없이 어디까지나 능력에 따라 인재를 뽑는 제도였다. 중국 수나라 때부터 시행된 이 제도가 우리나라에 들어온 것은 고려 초인 958년 광종 때였다. 광종은 왕권 강화의 수단 중 하나로 과거제도를 도입하였다. 과거제도의 시행으로 신라의 골품제도 같은 혈통 위주의 인재 발탁제도는 힘을 잃었다. 대신에 과거 출신의 전문 관료들이 기존 세력을 위축시키고 왕권을 강화해나갔다. 동시에 사회 분위기가 점차 능력을 중시하는 방향으로 나아갈 수 있었다.

고려 말 과거제도를 통해 관직에 진출한 신진사대부들을 중심으로 조선이란 나라가 건국됐고 새로운 역사가 시작됐다. 신진사대부들은 조선 개국 후 가장 먼저 과거제도를 정비했다. 조선은 고려에서는 거의 시행되지 않았던 무과를 실시하였다. 이에 따라 문관을 뽑는 문과와 무관을 뽑는 무과, 기술관을 뽑는 잡과가 실시되었다.

과거시험의 꽃은 단연 문과였다. 조선은 문치주의 국가였으며 국가의 중심 역할을 담당하는 의정부, 육조, 승정원 등의 요직은 문과 출신이어야만 오를 수 있었기 때문이다. 이미 관직을 가진 사람들도 승진을 하기 위해서는 오늘날 자격증을 따듯 문과에 응시했다.

문과의 시험 과목은 유교경전과 시문詩文, 그리고 역사歷史였다. 시험의 가장 마지막 관문은 책문策問이었는데, 요즘으로 친다면 논술형 시험으로 주제에 맞게 얼마나 글을 잘 쓰는지를 비중 있게 평가하는 시험이었다. 주로 왕이 중요하게 여기는 현안이 문제로 출제되었다. 시대의 물음에 답하는 능력을 보고자 했던 것이다. 장원급제자들의 답안지는 평균 길이가 10미터에 이를 정도였는데 앞면은 물론 뒷면에도 빼곡히 글이 적혀 있었다. 그만큼 어떤 주제에 대한 폭넓은 지식과 자신만의 견해가 또렷하게 있어야만 과거의 최종관문을 통과할 수 있었다.

과거급제는 쉽지 않았다. 3년에 한 번 정규 시험이 치러졌고, 최종 합격자로 선발하는 인원은 33명에 불과했다. 1년에 11명을 뽑는 셈이었으니 요즘의 수능이나 공무원 시험 경쟁률과는 비교되지 않았다.

평균적으로 2천 대 1 정도의 경쟁률을 보였던 조선시대 과거시험에서 아홉 번이나 수석합격을 했던 전설적인 인물이 있다. 바로 신사임당의 아들, 율곡 이이다. 스물두 살 때부터 과거시험에 응시했던 율곡은 아홉 번 모두 장원급제한 까닭에 '구도장원공九度將元公'이라는 별명을 얻었다. 그의 9관왕 경력이 얼마나 대단한 일인지 이해하기 위해서는 과거시험의 절차를 알아야 한다.

문과에 급제하려면 최초 응시에서부터 최종 합격까지 총 아홉 단계를 거쳐야 했다. 그중 첫번째 관문이 '소과'라고 불렸던 생원·진사시生員·進士試였다. 생원시에는 유교 경전이, 진사시에는 시문詩文이 시험문제로 출제되었는데, 각각 1차 시험인 초시初試와 2차 시험인 복시覆試, 두 단계로 나누어 치러졌다. 이 두 단계를 모두 통과하면 생원, 또는 진사라는 직함을 얻을 수 있었다. 고전소설 속에 등장하는 '허생원'이나 '최진사'는 모두 이 시험을 통과한 사람들이다. 생원시, 진사시를 합격한 이들은 성균관에서 공부할 수 있었고, 이후 성균관에서 일정 기간 수업을 받고 나서야 문과 시험을 치를 자격을 얻었다.

문과 시험은 또 다시 초시와 복시로 나뉘어 이루어졌고, 각각의 시험은 모두 초장初場, 중장中場, 종장終場의 세 단계로 구분돼 있어 이를 전부 통과해야만 했다. 이렇게 여덟 단계를 통과한 자만이 마지막으로 임금 앞에서 순위를 매기는 최종 시험인 전시殿試를 볼 수 있었다. 이 전시에서 1등으로 합격해야만 비로소 '장원급제' 타이틀을 얻을 수 있었다. 조선팔도의 많은 사람들이 과거에 합격하기 위해 일생을 걸었지만, 이는 하늘의 별따기만큼이나 어려운 일이었다.

과거급제는 개인의 자랑이자 가문의 영광이었다. 장원급제자는 머리에 어사화를 꽂고 삼일유가三日遊街(삼일 동안의 휴가)를 즐겼다. 한편 낙방한 이들은 다음 시험을 기다리며 와신상담의 시간을 가져야 했다. 지방 출신 낙방자들 가운데에는 바로 귀향하지 않고 재수에 도전하기 위해 서울에 머무는 이들도 있었다. 이 선비들이 묵으면서 과거시험을 준비한 지역이 남산골이다. 남산골은 일종의 조선시대판 '고시촌'이었다. 사람들은 이곳의 선비들을 '남산골샌님'이라고도 불렀다.

개천에서 용 나다

과거시험은 양반들만의 전유물처럼 보이지만 양반은 물론이고 양인이면 누구나 응시할 수 있었다. 나이 제한도 없었다. 다만 노비는 원칙적으로 응시가 제한됐다. 대다수 백성에게 과거시험은 그림의 떡이었다. 농사일만으로도 버거웠던 이들이 유교경전 공부에 몰두하기란 현실적으로 어려웠다. 그나마 과거제도 중에서 양인들에게 열려 있는 시험 과목은 무과였다. 무과는 처음에 창을 쓰거나 말을 타면서 활을 쏘는 무예 실력을 중요하게 보았다. 그러나 임진왜란을 거치면서 간단하면서 실전적인 무예 능력이 강조되었다. 특히 무기가 발달하면서 총을 쏘는 시험 등이 추가되었다. 임진왜란 이후 한꺼번에 많은 수의 무인들을 뽑자 많은 이들이 신분상승을 꿈꾸며 무과에 응시했다.

조선의 임금 가운데에서도 특히 세종은 혈통보다는 능력을 중시했던 임금으로 숨어 있는 인재를 찾기 위해 누구보다 열심이었다. 1447년 치러진 전시에서 '인재를 등용하고 양성하며 분별하는 방법이 무엇인지 논하라'는 주제를 내놓았을 만큼 세종은 인재등용에 관심이 많았다. 세종의 곁에서 18년간 영의정 자리에 있었던 황희는 서얼 출신이었고, 세종시대 과학자 하면 가장 먼저 떠오르는 인물, 장영실은 노비 출신이었다. 천한 신분에게 중요한 나랏일을 맡기는 것을 반대하는 목소리가 높아지자 세종은 "공교한 솜씨가 보통 사람보다 뛰어나므로 태종께서 보호하시었고, 나도 역시 이를 아낀다"며 장영실을 변호했다. 북방 개척의 주역으로 활약한 김종서와 최윤덕 역시 그들의 능력을 알아본 세종의 안목으로 등용된 인물이었다.

조선의 황금기를 구현한 인재들은 하늘에서 그냥 떨어지지 않았다. 신분제에 매여 있었지만 조선은 '개천에서 용이 날 수 있는' 출구를 열어놓았다. 그러나 첩의 소생인 서얼만은 유독 관직으로 나아가는 문이 좁았다. 『경국대전』은 서얼 외에도 역적의 자손이나 뇌물을 받은 관리의 자손, 재가한 여자의 자손은 과거시험을 절대 볼 수 없도록 제한했다. 서얼들이 차별 없이 관직에 나아갈 수 있도록 해달라는 서얼허통庶孼許通의 상소가 지속적으로 올라왔지만 조정은 꿈쩍도 하지 않았다.

서얼 문제에 가장 적극적으로 관심을 보인 국왕은 영조였다. 무수리 출신 숙빈 최씨의 소생인 영조는 서얼이었지만 왕이 된 인물이었다. 그 때문이었는지 영조는 서얼에게 관대한 정책을 펼쳤다. 서얼에게도 과거 응시 기회를 주었고, '호부호형呼父呼兄'도 가능하도록 허락했다. 영조대에 이르러 과거시험을 볼 수 있게 되었지만 여전히 서얼 출신들의 삶은 곤궁했다. 과거급제를 해도 문관직에는 오를 수 없었기 때문이다. 영조에 이어 정조는 서얼과 노비 등 소외된 사람들이 관직에 진출할 수 있도록 법제화했다. 또한 최고의 학문 기관인 규장각에 능력 있는 서얼들을 대거 등용했다. 박제가, 유득공, 이덕무, 서이수 등 조선 후기 북학사상과 문화운동의 주역이 되었던 이들은 서얼이라는 신분의 제약이 허물어진 까닭에 그 능력을 펼 수 있었던 인물들이다.

부정 시험 천태만상

시간이 흐르면서 과거제도를 향한 비판의 목소리들이 높아갔다. 과거를 둘러싸고 많은 비리가 일어났기 때문이다. 『조선왕조실록』에는 과거시험장에서 벌어지는 부정행위를 어떻게 금지시킬지에 대해 의정부에 보고하는 장면이 나온다.

"신하들이 벼슬길에 나설 때에 먼저 속임수를 쓰면, 양심을 저버려 아무짝에 쓸모가 없을 것입니다. 과거시험장에서 남의 재주를 빌려 답안을 쓰거나 남을 대신하여 답안을 써주는 사람, 중간에서 서로 통하게 하는 사람은 곤장 백 대와 징역 3년의 엄벌에 처하십시오. 그리고 시험문제를 미리 알려주는 등 부정행위를 돕는 관리도 똑같이 엄벌에 처하십시오."

– 『세종실록』, 1447년(세종 29년) 3월 16일

조선 후기로 갈수록 과거제도를 둘러싸고 온갖 비리가 판쳤다. 시험장에 대여섯 명을 데리고 들어가 각기 답안지를 작성하게 하고 그 가운데 제일 잘 쓴 답안지를 골라서 내는 사람이 있는가 하면, 시험 주제를 울타리 밖에 알려 다른 사람에게 글을 쓰게 한 뒤, 시험장의 군졸을 매수하여 그 답안을 가져오게 하는 사람도 있었다. 심지어는 시험관이 시험문제를 미리 일러주어 집에서 편안하게 답안지를 작성해 제출하는 일도 있었다. 박제가는 부정행위가 관습처럼 되어버린 과거시험장의 분위기를 『북학의』에 자세히 적어놓았다.

"현재는 그때보다 백배가 넘은 유생이 물과 불, 짐바리와 같은 물건을 시험장 안으로 들여오고, 힘센 무인武人들이 들어오며, 심부름하는 노비들이 들어오고, 술 파는 장사치까지 들어오니 과거 보는 뜰이 비좁지 않을 이치가 어디에 있으며, 마당이 뒤죽박죽 안 될 이치가 어디에 있겠는가? 하루 안에 치르는 과거를 보고 나면 머리털이 허옇게 세고, 심지어는 남을 살상하는 일이나 압사壓死하는 일까지 발생한다."

술 파는 이들까지 들어올 만큼 과거시험장이 난장판이 된 원인은 응시자가 급증했기 때문이었다. 3년에 한 번 치러지는 정기시험인 식년시式年試 외에 여러 가지 명목의 과거가 생겨났다. 나라에 경사가

있을 때 보는 증광시增廣試, 별시別試, 궁궐을 개방하거나 왕의 문묘 행차를 계기로 치르는 정시庭試, 알성시謁聖試 등의 비정기 시험이 있었는데 과거시험의 80퍼센트 정도가 바로 이 특별시험이었다. 날이 갈수록 과거 응시자는 늘어나 정조 24년에는 이틀에 걸쳐 21만 명 이상이 응시할 정도였다. 당시 한양 도성 내 인구가 20~30만 명 사이였던 걸 생각하면 엄청난 수였다.

그러다보니 점차 과거제도는 인재 선발이라는 원래의 기능을 잃어버렸다. 이익이 『성호사설』에서 밝힌 바에 따르면 당시 문과합격자가 오를 수 있는 벼슬자리는 500자리에 불과했고, 과거를 본 나머지 1800여 명은 실업자가 되는 처지였다. 이처럼 관료 예비군이 넘쳐나자 뇌물로 관직을 사고파는 '엽관'이 성행했다. 오죽하면 암행어사 박문수도 본디 문필이 짧았는데 대리시험으로 과거에 급제했다는 소설이 나왔을까. 물론 이는 풍문이었지만 그런 이야기가 돌 만큼 과거제도는 부패해 있었다. 과거제도는 1892년에 치러진 시험을 마지막으로 갑오개혁 때 폐지되면서 그 역사를 마감했다. 당시 조선의 마지막 과거시험장에서 시험을 본 인물 가운데 한 명인 김구는 『백범일지』에 당시의 내용을 회상해 아래와 같이 적어놓았다.

"과장에는 노소 귀천이 없이 무질서한 것이 유풍이라고 한다. 또 가관인 것은 늙은 선비들이 구걸하는 일인데, 관풍각을 향해 새끼 그물에 머리를 들이밀고 큰 소리로 외쳐대는 것이다. '소생은 성명이 아무개이옵는데, 먼 시골에 거생하면서 과시科時마다 내 참가하였던 바, 금년 나이 70도 훨씬 넘었사오니 다음에는 다시 참과參科하지 못하겠습니다. 초시라도 한번 급격이 되면 죽어도 한이 없겠습니다.' 그런가 하면 어떤 이는 고함을 질러대고, 또 어떤 이는 목 놓아 울어대는 것이다."

김구는 비리가 판치는 과거시험장의 모습에 크게 실망해 시험을 치지 않고 집으로 돌아왔다. 조선에는 일흔이 넘어서까지 과거에 목숨을 거는 이들이 있었다. 어렵사리 과거에 급제해도 벼슬을 얻기 어려워 평생 생원이나 진사에 머무르고 마는 이들이 대다수였다. 설령 관직에 오른다 해도 미관말직에 머물러야 했다.

이익은 경전 암기와 글짓기에 치중된 과거공부 방식을 과감히 바꿔서 시험보다 각기 다른 재능을 살려 평가하는 제도를 제안했다. 이익이 이상적으로 생각한 인재 선발 제도는 전문별 추천제로서 고을에서 추천하고 선발하는 제도였다. 신분은 물론 문벌 등에 전혀 구애 받지 않고 오직 그 사람의 재능에 따라 뽑아 써야 한다는 당대의 실학자다운 주장이었다. 1817년 정약용 역시 『경세유표』 라는 책을 통해 과거제도의 개혁을 강조했으며, 이익과 마찬가지로 과거제와 천거제를 병행하라고 주문했다.

이외에도 과거를 개혁하자는 수많은 논의가 있었다. 그러나 936년간 과거제도는 큰 개혁 없이 비슷한 틀로 유지됐다. 지배층 스스로가 부정시험의 혜택을 받았기에 과거제도의 폐단은 고쳐지지 않았다. 과거제도는 조선왕조 500년 동안 848회 치러졌고 1만 5137명의 합격자를 배출한 뒤 1894년 갑오개혁 때 폐지되었다.

과거제도의 유산

과거제도는 고려시대와 조선시대에 걸쳐 약 1천 년 동안 인재등용의 창구로 자리매김해왔다. 과거제도는 오늘날 국가고시와 대학입학시험으로 그 모습이 변화했다. 현재 실시되는 각종 고시는 조선시대의 잡과에 해당한다고 볼 수 있다. 율관律官을 뽑던 율과律科는 사법고시, 의관醫官을 뽑던 의과醫科는 의사 시험, 과거와는 별도로 하급

관리 등을 뽑던 취재取才는 오늘날의 공무원 임용고시로 이어졌다고 볼 수 있다.

한편 과거제도는 오늘날 대학입시제도라는 이름으로 변형돼 전국을 들썩이게 하고 있다. 대학입시제도는 1945년 해방 이후 60여 년간 크게 열여섯 차례 변화를 겪었다. 최초의 대학입시제도는 대학별로 치르는 단독시험이었으나, 입시비리를 잇따라 겪으면서 1954년 국가고사가 되었다. 그뒤 예비고사와 본고사, 학력고사 시대를 거쳐 지금은 수학능력시험(이하 수능)으로 치러지고 있다. 1969년에 예비고사와 대학별 본고사 제도가 만들어지자 난이도가 높은 본고사를 준비하기 위해 고액과외가 성행했고 이런 부작용을 줄이기 위해 1980년 학력고사를 도입했지만 이 역시 시험지가 도난되는 초유의 사건이 일어나면서 사회문제가 된다. 그 결과 새롭게 마련된 입시제도가 바로 1994학년도부터 오늘날까지 시행되고 있는 수능이다. 미국의 SAT제도를 본떠 만든 수능은 지금까지 사교육과 수업부담 경감, 공교육 정상화 등을 이유로 수차례 개편을 거듭했다. 2014년 현재 정부는 문과와 이과로 나눠 선택해 실시되는 수능을 문·이과 구분 없이 통합하여 치르겠다는 방안을 내놓았다. 이 방침은 2014년 현재 초등학교 6학년이 시험을 치르는 2021학년도 수능부터 적용될 예정이다.

대학입시제도를 두고 개선 방안들이 연달아 나왔지만 우리나라 대학입시체제의 큰 틀은 과거제도에서 크게 벗어나지 않고 있으며 과거의 폐해를 그대로 답습하고 있다고 역사저술가 남경태는 지적한다. 과거제도는 유학경전을 얼마나 외고 있는지, 또 경전의 문구를 인용해 얼마나 글을 잘 짓는지를 두고 평가했는데, 이를 오늘날의 입시제도와 견주어본다면 각각 수능고사와 논술고사에 해당한다는 것이다. 미국의 SAT가 학문을 위한 적성 테스트이고, 프랑스의 바칼로레아가 철학이나 논술을 포함한 교양시험의 성격을 지닌 것과 비교해볼 때, 점수 위주로 대학을 선택하는 우리의 현실은 과거제도의 평가기준과 그리 다르지 않다.

원로 사학자 한영우는 과거급제자들의 자료를 분석한 결과 과거제도가 조선 사회에 개방성을 가져왔다는 결론을 이끌어냈다. 조선 개국에서부터 과거제도가 폐지된 1894년까지 503년간 문과에 급제한 1만 4615명의 신분을 조사했는데 그 결과 놀랍게도 전체 과거급제자 중에서 평민을 비롯해 신분이 낮은 급제자의 비율이 높게 나타났다는 것이다. 조선시대 문과 급제자는 3명 중 1명꼴로 평민이었다. 권력도 재산도 가진 것 없는 힘없는 이들이 '개천에서 난 용'이 될 수 있었던 것은 과거제도 덕분이었다. 한용우는 조선왕조가 500년 이상 장수한 비결 또한 평등하고 개방적이었던 과거제도의 운용에 있었다고 해석했다.

신분보다 능력에 따라 인재를 선발했던 과거제도는 분명 선진적인 제도였다. 하지만 제도의 이상을 현실에서 적용하는 과정에서 한계가 노출되고 폐단이 잇달았던 것 역시 사실이다. 공정하게 인재를 찾으려 했던 과거제도의 취지와 그 정신을 오늘날 살려갈 방법은 없을까? 과거제도는 우리에게 중요한 시대적 과제를 던져주고 있다.

冊

과거, 출세의 사다리 한영우, 지식산업사, 2013

시사에 훤해지는 역사 남경태, 메디치미디어, 2013

조선시대 과거시험과 유생의 삶 차미희, 이화여자대학교출판부, 2012

조선의 뒷골목 풍경 강명관, 푸른역사, 2003

조선의 출셋길, 장원급제 정구선, 팬덤북스, 2010

07 인류 최초의 암각화

울산 주전동에 살던 한 농부가
바다에 나갔다가
커다란 고래에게 잡아먹혔는데
고래의 배를 가르고 탈출했다 (…)
죽은 고래의 크기가
초가삼간 다섯 채를 합한 것만 하더라

— 울산 지역의 설화

초가삼간 다섯 채만 한 고래가 노닐던
한반도의 바다

1971년 동국대학교 탐사팀에 의해
모습을 드러낸
수천 년 전의 그림

높이 3미터, 너비 10미터
가파르게 꺾인 절벽
거대한 암반 위에

호랑이, 사슴 등 육지동물
거북, 물고기 등 해양동물
다양한 사람들의 모습까지 담긴

총 296점의 그림

약 7천 년 전인 신석기시대 후기

바위 위에 물감으로 그린 것이 아닌
바위 표면을 조금씩 쪼아
선과 면을 새겨넣어 완성한 그림

공개되자마자 세계 학계가 주목한
자랑스러운 한국의 유산

울산광역시 울주군 언양읍 대곡리
국보 제285호 반구대 암각화盤龜臺 岩刻畵

놀라움의 핵심, 고래

머리 모양이 뭉툭한 향고래
숨구멍으로 물을 뿜어내는 긴수염고래
새끼를 업고 있는 귀신고래

정확하게 묘사된 58마리의 고래와
고래에 꽂힌 작살
고래를 끌고 가는 사람들의 모습까지

다양한 동물과 사람의 모습을
한꺼번에 담은 희귀한 암각화이자

고래잡이 모습을 담은
세계 최초의 암각화

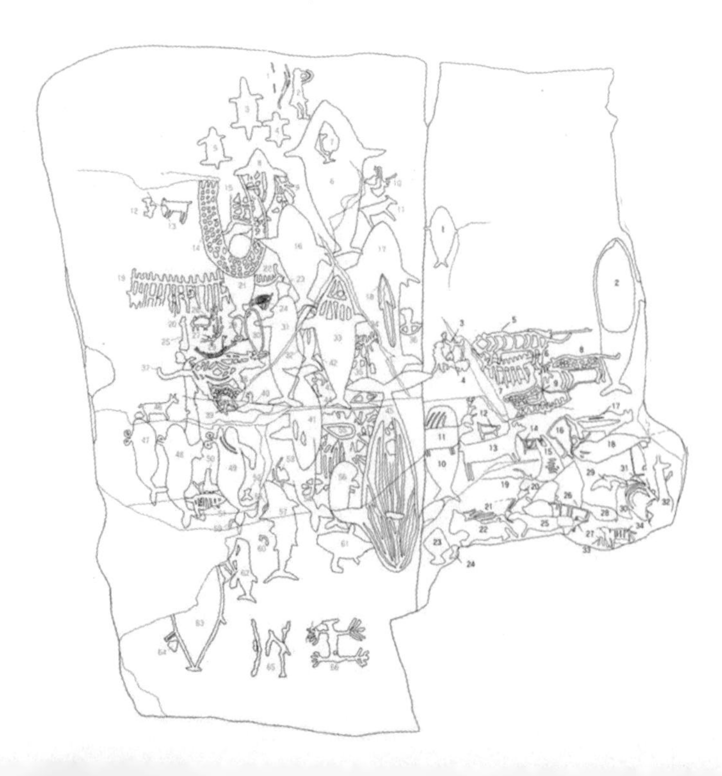

약 7천 년 전

'고래의 바다鯨海'로 불리던 울산

그리고

바다와 인접해 있던 태화강

"반구대 암각화는
수천 년 전 한반도의 해안 모습과
사냥과 어로로 생계를 이어가던
선조의 삶을 유추할 수 있는 증거이자,
생존과 풍요를 향한 염원을 담은
한국 미술의 원형이다."

너비9m…사람·고래形象등 百91점

청동기~羅代의 생활 斷面 엿보여

[illegible]했다. 발쿠대암 보고서인「[illegible]」서 文교수는 그때의 일을 적고있다. 「이계곡은 [illegible]

의 기하학 무늬와 신라귀족의 [illegible], 선박과 사슴 [illegible]·[illegible] 고기와 그림, 그리고 [illegible] 나누어진다. 이조각의 연대는 서로 달라 무늬는 청동기시대로 추측되고 문자는 신라시대 것이다.

사슴 [illegible]은 한쌍이 서로 마주보고 있다. 이는 암수로서 [illegible]식에 대한 주술적인 것이다. 아직도 크게 주목되지 않고 있으나 신라귀족들의 복식도 엿보인다. 고구려 벽화에 그려진 고구려 귀족의 복식과 유사하다.

또 선박의 그림도 보이는데 이것은 우리나라 고대 선박사연구의 유일한 자료가 된다.

그리고 [illegible]의 하단 부분에는 신라인들이 새긴 [illegible] 글자가 있다. 그 중에는 「[illegible]」자가 많아 이곳이 [illegible]이 유람하고 [illegible] 신성한 곳이었음을 알 수 있다. 서석의 하단 중간부쪽에 새겨진 내용이 서로 연관된 두 銘文이 있다. 즉 처음에 왔을때 새긴 [illegible]과 다음에 [illegible]에 추가로 새긴 [illegible]「[illegible]」의 각각이 있어 처음 이 곳에 [illegible]을 새긴것은 신라 法興王12년(525년)으로 추정할수 있다. 이는 신라[illegible]의 [illegible]인 셈이다.

옛 先祖의 그림솜씨

[illegible] 작품상 [illegible] 부분인 이그림은 청동기시대, 혹은 철기시대의 그림으로 추정된다.

재어져 [illegible]수없는 글자도있어 아직 완전한 해독이 되지않았으나, 법흥왕12년(525년)에 [illegible] [illegible]이 처음 이곳에 왔을 때를 새겼다. 다음에는 己未年 즉 법흥왕26년(539년)7월3일 왕과 王妃가 함께 [illegible]을 보았다 (共見[illegible]) 고했다. 그때 왕과 같이 온 사람들의 이름도 새겼다. 이 암각화의 [illegible]「[illegible]」이라 이름한것은 이 「[illegible]」에서 딴것이다.

水沒돼 안타까와

그런데 文明大교수는 [illegible] [illegible]의 이름이 나온것으로 보아 이 암각화석은 본래 사람들과 [illegible] 관계가 있는 [illegible]이며 이곳이 사람들의 [illegible] 이 있던 곳이 아니겠는가라고 추측하고있다. 사실 얼마전만 해도 이 계곡을 따라 경주로가는 길이 있고 그 거리는 90리도 안된다고 하니 文교수의 추정은 [illegible]지 모른다. [illegible]를 더 정밀조사하면 신라사의 한 수수께끼가 풀릴것이다. 한편 [illegible]서석을 재조사하면

新羅 法興王때 石刻 [illegible]

그러나
1965년
대곡천 하류에 사연댐이 지어지고
댐에 의해 태화강의 물 높이가 높아지자
반구대 암각화는 연중 8개월 동안
물속에 잠기게 됐다

그리고
한민족 반만 년 역사의 증거물이자
선조의 삶이 새겨진 이야기는
지금 이 순간에도 점차 지워지고 있다

바위에 그린 그림이 있다

사람의 발길이 쉬이 닿지 않는 곳, 희귀한 동식물이 어울려 살던 깊은 산골짜기에 커다란 바위가 하나 있었다. 너비 10미터, 높이 3미터의 바위는 마치 누군가 그림을 그리고 싶어서 일부러 다듬은 듯 판판하고 매끈했다. 병풍 같이 너른 바위 표면에는 사슴과 물고기 그림, 마름모나 동심원 같은 기하학적인 무늬가 새겨져 있었다.

어른들은 바위그림을 귀신이 그렸다고 했다. 천전리 마을 꼬마들에게 바위그림은 그저 아주 오래된 전설이었다. 이 이름 모를 바위그림의 정체가 드러난 것은 1970년 12월 24일, 동국대유적조사단이 불교 유적을 조사하러 오면서부터였다. 바위그림을 발견한 조사단은 이를 '천전리 암각화'라고 불렀다.

그 뒤로 1년이 지난 1971년 12월 25일, 천전리 바로 이웃마을인 대곡리에서 또하나의 바위그림이 발견됐다. 거북 한 마리가 엎드린 것처럼 생겼다 해서 반구대盤龜臺라 불리는 바위 위에도 역시 동물들과 여러 가지 무늬들이 보였다. 두해 동안 성탄절에 연달아 나타난 두 개의 바위그림을 보고 누군가는 '크리스마스의 기적'이라 일컬었다.

기적은 여기에서 그치지 않았다. 오래전 이곳에 살았던 생명체의 흔적들도 나타났다. 1억 년 전, 이 일대를 활보했던 공룡의 발자국 수백 개가 발견된 것이다. 움푹 패여 물웅덩이처럼 보였던 흔적은 대형 초식공룡인 울트라사우루스와 이구아나룡에 속하는 고성고사우루스의 발자국이었다. 공룡이 멸종하고 오랜 세월이 흐른 뒤 공룡이 살던 곳에 선사시대 사람들이 터를 잡고 살아온 것이다. 천전리와 대곡리 일대는 한마디로 선사유적의 보물창고였다.

오랜 세월의 침묵을 건너뛰어 홀연히 나타난 천전리 암각화와 반구대 암각화. 성인 평균 키의 두 배 가까운 높이에 가로 10미터 폭으로 펼쳐진 이 보물들은 얼마나 오랫동안 그곳에 있었을까. 학자들마다 의견을 달리하지만 대체로 그 시기는 지금으로부터 7000여 년 전인 신석기시대 후기에서 청동기시대로 추정하고 있다. 문자를 갖지 못했던 선사인들은 풍요와 다산이라는 마음 속 소망을 커다란 바위에 새겼다. 현재 지구 곳곳에는 이와 같은 암각화가 7만여 개 남아 있다. 이 가운데 반구대 암각화는 특별한 가치가 있다.

반구대 암각화에는 나팔 부는 사람, 성기를 드러내놓고 춤을 추는 남자, 고래를 잡는 사람, 함정에 빠진 호랑이, 교미하는 멧돼지, 물을 뿜고 있는 고래 등이 그려져 있다. 거대한 바위 위에 이렇게 빼곡하게 그림을 새겨 넣은 경우는 세계적으로 그 유례를 찾아보기가 어렵다. 양, 곰, 소, 호랑이, 표범, 여우 등 육상동물뿐 아니라 거북, 물개, 상어 등 해양동물 등 300마리에 가까운 동물이 바위 벼랑에 바글대고 있다. 그리고 무엇보다 셀 수 없이 등장하는 동물이 바로 고래다.

산 속에 웬 고래 그림이?

반구대 암각화에 새겨진 296점의 동물 그림 중 고래 그림만 자그마치 58점이다. 다양한 종류의 고래 그림은 압도적으로 시선을 사로잡는다. 물을 뿜는 북방긴수염고래, 혹등고래와 귀신고래, 새끼를 데리고 다니며 유유히 헤엄치는 어미 고래가 있다. 범고래, 들쇠고래, 돌고래도 있다.

옛부터 동해는 고래의 바다였다. 과거 선조들이 동해를 경해鯨海(고래바다)라고 불렀을 정도로 한반도의 바다에는 고래가 많았다. 하지만 반구대는 고래잡이가 성행했던 장생포에서 26킬로미터나 떨어진 곳에 있다. 더욱이 그 커다란 고래를 과연 신석기시대 사람들이 사냥할 수 있었는지도 의문이다.

반구대 암각화의 수수께끼를 풀기 위해서는 시곗바늘을 아득한 옛날로 되돌려야 한다. 빙기 때 낮아진 해수면으로 하천의 골은 더욱 깊어졌고, 곧이어 해수면이 상승하면서 바닷물은 깊이 파인 골짜기를 따라 내륙 쪽으로 흘러들어왔다. 지각변동이 바다와 육지를 교묘하게 만나게 한 것이다. 그 결과, 지금의 태화강을 따라 넓고 잔잔한 울산만이 형성됐다. 고래들은 새끼를 낳아 기르기 위해 암초가 많고 잔잔한 울산만을 선택했다. 때문에 신석기인들은 배를 타고 조금만 나가도 되는 가까운 거리에서 고래잡이를 할 수 있었을 것이다.

신석기인들은 바다에서 만난 고래를 바위에 새겨 넣었다. 반구대 암각화에는 다양한 특징을 지닌 여러 종류의 고래들이 등장한다. 혹등고래는 아래턱부터 꼬리까지 넓은 주름이 줄지어 있고, 귀신고래는 목 아래 부위에 깊고 짧은 홈 25개를 갖고 있다. 북방긴수염고래는 아래턱이 큰 아치형이고 수증기를 뿜는다. 다른 수염고래들은 주름이 없거나 주로 배꼽을 전후로 좁은 폭의 줄이 그어져 있다. 귀신고래, 범고래도 볼 수 있다. 고래의 분류학적 연구가 이뤄진 것은

18세기, 스웨덴의 박물학자 린네가 생물분류학을 창시한 뒤였다. 하지만 고래에 대한 학문적인 분류가 이루어지기 이전에 이미 사람들은 서로 다른 고래의 종류를 구분할 줄 알았다. 고래가 그려진 암각화는 반구대 암각화뿐만이 아니다. 노르웨이, 멕시코, 일본 등지에도 고래가 새겨진 암각화가 있지만 고래의 종류를 알 수 있을 만한 세세한 묘사가 보이는 암각화는 반구대 암각화가 유일하다.

반구대 암각화의 백미는 고래 잡는 그림이다. 반구대 암각화에 새겨진 선사시대인들이 작살을 던져 고래를 잡는 그림은 인류사적으로도 중요하다. 인류 최초의 포경 그림이기 때문이다. 실제로 우리나라에서 포경이 이루어졌음을 뒷받침해주는 유물이 발견되기도 했다. 2005년 창녕 비봉리 패총에서 출토된 배와 2010년 울산 황성동 패총에서 출토된 작살이 박힌 고래 뼈가 바로 그 증거다. 이 두 가지 유물은 반구대 암각화에 표현된 고래사냥이 실제로 벌어졌던 일임을 알려주는 결정적인 증거다.

그동안 학계에서는 세계문화유산으로 지정된 노르웨이 알타 암각화가 최초의 고래잡이 그림이라고 보았다. 하지만 2000년 반구대 암각화가 국제 학회에 보고된 이후 역사는 수정되었다. 세계 포경사를 연구하는 세계적 석학인 프랑스 파리국립자연사박물관의 대니얼 호비노 교수는 저서 『포경의 역사』 첫 장에 반구대 암각화를 실었다. 그는 "반구대 암각화는 인류 최초로 거대한 고래들을 표현하고 있는 매우 드문 그림이며, 흥미로운 고래사냥 방법을 소개해 우리에게 고래에 대해 알 기회를 제공하는 특별한 것"이라고 설명했다.

현재 반구대 암각화를 다룬 해외 연구자들의 학술논문이나 저작물은 점점 늘어나는 추세다.

보호받지 못하고 있는 우리의 문화재

북태평양 연안의 해양문화를 한눈에 보여주는 반구대 암각화의 가치는 세계적으로도 인정받았다. 2010년 유네스코가 천전리 바위그림과 함께 반구대 암각화를 세계문화유산 잠정목록으로 등재한 것이다. 우리나라에서 반구대 암각화를 국보로 지정한 것은 그보다 조금 앞선 1995년, 발견된 지 24년이 지난 후의 일이었다.

반구대 암각화는 바위 위에 새겨진 그림뿐 아니라, 그 위치도 주목받고 있다. 바위벽 윗부분은 차양처럼 앞으로 돌출되어 있어 빗물이 잘 들이치지 않는다. 암각화가 향하고 있는 방향이 북향이라는 점도 특별하다. 동서남북 네 개의 방위 중 북쪽은 죽음과 적요함을 의미하는 방위다. 북향이라는 방향성에서 우리는 반구대 암각화가 수렵과 목축의 풍요를 기원하는 장소 이상으로 종교적인 성소聖所로서의 의미도 지닌다고 볼 수 있다.

그런데 최근 들어 반구대 암각화가 크게 손상되고 있다. 반구대 암각화가 발견되기 7년 전인 1965년, 울산시에서 식수를 해결하기 위해 사연댐을 지었는데, 사연댐 건설 이후부터 지금까지 반구대 암각화는 매년 물이 차면 잠기고, 물이 빠지거나 가뭄이 들면 드러나기를 반복하고 있다. 1년 중 여덟 달은 물속에 잠겨 있다가 겨울과 봄철 가물 때인 넉 달 정도 물 밖으로 나올 뿐이다. 수십 년간 물에 잠겼다 드러났다를 반복하면서 점점 암각화의 무늬들은 희미해지고 있다. 수천 년 동안의 자연풍화보다 인간이 지은 댐으로 인한 풍화로 더 심각하게 훼손되고 만 것이다.

암각화가 발견된 1971년 직후부터 매년 그 변화를 사진으로 찍어온 수묵화가 김호석 씨는 1972년과 2008년 촬영한 암각화 사진을 비교해본 결과, 120곳이 넘는 훼손 부분을 찾아냈다고 한다. 암각화의 오른쪽 끝부분에 위치한 호랑이 그림에서 호랑이 머리 전체가 사라졌고, 암각화 왼쪽 끝부분에 위치한 고래 세 마리와 함께 헤엄치는 상어 그림에서 상어의 지느러미와 몸의 중간 부분이 모두 잘려나갔다.

반구대 암각화 보존문제를 둘러싼 의견들은 지금도 여전히 분분하다. 1990년대 중반부터 문화재청과 울산시, 문화재 전문가들은 암각화 보존 대책을 두고 논의를 이어왔다. 오랫동안 이견을 좁히지 못했던 보존 대책은 2003년 무렵 댐 수위 조절, 유로 변경, 차단벽 설치라는 세 가지 안으로 접점을 찾았지만 논의는 아직도 끝나지 않았다.

문화재청을 포함한 정부기관에서는 사연댐에 수문을 설치해 댐의 수위를 낮추는 방안을 제안했다. 문화재 손상과 주변 경관 피해를 최소화하는 방법이었다. 이에 울산시는 반색했다. 그러나 울산시가 사연댐의 수위를 낮추면 물이 부족해진다는 사실을 뒤늦게 파악하고 반대에 나서면서 대신 생태제방 설치 의견이 대두되었다. 문화재청은 생태제방이 오히려 암각화를 훼손시킬 수 있다는 우려를 표했다.

이후 지루한 논쟁이 이어졌다. 이에 대해 국무조정실이 반원형의 물막이용 투명댐을 암벽에 부착해 반구대 암각화가 물에 잠기지 않게끔 하자는 대안을 내놓았다. 울산시는 투명댐 설치 제안을 받아들였지만 이 역시 합의에 이르기는 쉽지 않을 것이라는 전망이다. 인공 댐을 만들어 설치하는 것은 있는 그대로의 모습으로 보존해야 한다는 취지에 어긋난다는 비판의 목소리가 나오고 있기 때문이다. 그렇다면 반구대 암각화를 보존할 수 있는 좋은 방법은 없는 것일까?

이와 비슷한 사례로 포르투갈의 코아 암각화의 사례를 참조할 수 있을 듯하다. 1994년 겨울, 포르투갈 코아 계곡에서 가뭄으로 계곡 수위가 낮아지면서 말과 들소가 그려진 구석기시대 암각화가 모습을 드러냈다. 당시 이 계곡에서도 댐 공사가 완공을 앞두고 있었다.

학계는 댐 공사의 중단을 요청했고 이후 코아 계곡의 암각화를 보존하는 문제를 놓고 1년 넘게 공방이 이어졌다. 결국 정부는 댐 건설비용 전액을 보상해주면서 공사 중단을 발표했다.

이후 댐 건설사무소는 유적관리소가 되었고, 코아 계곡은 세계적인 명소로 자리잡았다. 지금도 매년 1만 5천여 명의 관광객이 코아 계곡의 암각화를 보기 위해 방문한다. 2000년 프랑스 일간지 엑스프레시옹은 코아 암각화의 보존조치를 두고 '전 세계를 감동시킨 기적'이라고 보도했다.

보존과 개발이라는 양립하기 쉽지 않은 난제는 요즘도 신문지상에 연일 오르내린다. 2014년 여름, 강원도 춘천에서 청동기시대의 유적이 발견됐다. '레고랜드 테마파크' 부지에서 청동기시대 고인돌과 마을터 등 모두 1400기가 넘는 유적이 무더기로 출토된 것이다. 고조선을 대표하는 유물 중 하나인 고인돌이 강원도 지역에서 대규모로 발굴된 것은 처음 있는 일이었다.

경북 영주 금광마을에서도 영주댐 건설로 수몰 위기에 놓인 낙동강 지류 내성천의 수변지역에서 청동기시대부터 조선시대를 아우르는 문화재가 쏟아져나왔다. 현재 내성천을 지키기 위해 영주댐 건설을 중단해야 한다는 목소리가 커지고 있다.

한반도 곳곳의 하천에는 수천, 수만 년 동안 켜켜이 퇴적된 구석기, 신석기, 청동기시대의 선사유적이 매장되어 있다. 하지만 소중한 우리의 문화재들은 전국 곳곳에서 진행되는 국책사업으로 인해 천덕꾸러기 취급을 받고 있다. 문화재가 출토되어도 모르고 지나가거나, 그 사실을 외부에 알리지 않는 것이 현실이다. 매장문화재 보호 및 조사에 관한 법률 제5조 제2항에는 '개발사업 시행자는 공사 중 매장문화재를 발견한 때에는 즉시 해당 공사를 중지해야 한다'고 명시돼 있다. 하지만 현실에서 이 법률은 제대로 지켜지지 않고 있다.

문화재는 한 나라의 국격國格이자 국가 이미지를 결정짓는 핵심 요인이다. 우리보다 더 오랫동안 이 땅에 존재해온 문화재들이건만, 우리는 아직도 보물을 보물답게 보존하는 방법을 찾지 못하고 있다. 지금도 국보 제285호인 울산 반구대 암각화는 여전히 침수를 되풀이하고 있다.

冊

우리 그림 진품명품 장세현, 현암사, 2004
울산 반구대 암각화 연구 전호태, 한림출판사, 2013
유홍준의 국보순례 유홍준, 눌와, 2011
한국의 암각화 임세권, 대원사, 1999

旋槎回泊
外

교류하다

01 돌아오지 못한 황손

이제 그만, 조선에서 살고 싶소

돌아오지 못한 대한제국의 혼

일제강점기 1912년
고종의 손자이자
순종의 조카로 태어난

흥영군 이우李鍝, 1912~1945

흥선대원군의 손자인
이준용의 양자가 되어
일제의 삼엄한 감시를 받던 소년

11세가 되던 1922년
일본으로 끌려가 유년학교에 입학

육군사관학교와 육군대학을 졸업하고

일본군 포병장교로 임명

일제는 대한제국 황족을
일본의 군인으로 임명해
일제의 조선 지배를 정당화하는
홍보의 도구로 활용했고

조선 황족의 결혼을 통제하며
일본인과 정략결혼을 강요했다

그런데

1933년 12월 13일
한일 양국을 놀라게 한 뉴스!

"이우공 전하께옵서는
중추원 부의장 박영효의 손녀 박찬주 양과
혼약이 내정되어 있다."

– 동아일보, 1933년 12월 13일

일본인과 결혼해야 한다는
일본 정부의 강요와
친일파의 손녀와 혼인이라며 반대하는
국내 여론을 뒤로하고

1935년 5월 3일
이우는 조선 여성 박찬주와 가례를 올린다

"이 결혼에 대한 나의 신념은 확고하며
따라서 변경할 수 없소.
장차 어떤 문제가 발생하면
그 책임은 내가 질 것이오."

– 일제 관료 한창수와의 대화 내용

일본 중국 한국을 떠돌며
일본의 볼모로 살아야 했던 황손
그는 한국 여성과의 결혼을 통해
대한제국 황족의 자존심을 지키려 했다

그러나
전쟁이 막바지로 치닫던
1945년 6월

해외 근무를 마치고
잠시 운현궁에 돌아와 있던 그는
일본으로 돌아와 다시 군에 합류하라는
명령을 받는다

"이제 그만 군복을 벗고
운현궁에서 여생을 보내고 싶지만
어디 그것이 마음대로 되겠습니까.
지금은 꾀병을 써서 병중이라는 이유로
며칠 더 여유를 얻은 것이지요."

– 언론인 김을한과의 대화 내용

하지만 1945년 7월
이우는 일본의 히로시마로 떠나야 했다

그리고

1945년 8월 6일

일본에 떨어진 원자폭탄

일본이 전 세계에 항복을 선언한

1945년 8월 15일

조국의 광복을 보지 못하고 눈을 감은

이우의 장례식이 치러진다

그리고 2007년에야 밝혀진 사실
일본 전범들이 묻힌 야스쿠니 신사에서
대한제국의 황족 이우의 강제합사 기록이 확인된다

"죽은 시점에 일본인이었기 때문에
황족과 동등한 지위였던 이우는
야스쿠니 신사에 합사된 것이다."

– 야스쿠니 신사 측의 공식 입장

평생 일본의 볼모로 살며
조국으로의 귀환을 바랐던 인물

대한제국의 황족 이우의 혼은
일본 야스쿠니 신사에 묶여
죽음 이후에도
돌아오지 못하고 있다

돌아오지 못한 황손

조선의 황족임을 잊지 말라

"어린 나이에도 재주와 위엄, 풍채 모두 나무랄 데 없는 훌륭한 귀공자이시다. 항상 기운차고 침착하며, 영리하시며 남에게 절대 지려고 하지 않으시려는 굳센 성미지만 또래의 어린아이들을 잘 돌보아 주신다."

일본인 쿄구치 사다코는 경성 유치원에서 보모로 일했던 시절, 그를 이렇게 기억했다. 어리지만 의지가 남달라 보였던 이 귀공자는 황손 이우다. 고종의 손자이자 의친왕 이강의 아들인 이우는 1912년 조선의 황족으로 태어났다. 하지만 그가 태어났을 때는 이미 나라의 주권이 일본으로 넘어간 뒤였다. 이우는 다섯 살 되던 해에 흥선대원군 집안에 양자로 입적된다. 대원군 집안의 종주 이준용이 후계자 없이 사망하자 대를 이을 사람이 필요했기 때문이다.

아버지 의친왕과 할아버지 고종은 맏이인 이건보다 둘째인 이우를 더 아꼈다. '조선의 황족임을 잊지 말라'는 아버지 의친왕의 뜻을 물려받아 이우는 나라를 되찾으려는 의지가 그 누구보다 강했다. 때때로 나이에 맞지 않는 영특함을 보여 어른들을 놀라게 하기도 했다. 하지만 제아무리 똑똑했던 이우도 제 앞가림을 혼자서 결정할 수는 없었다. 열 살 되던 해, 그는 숙부 영친왕과 마찬가지로 일본으로 유학을 떠나야만 했고, 1929년에는 일본 육군사관학교 예비과에 입학해 군인의 길을 걸어야 했다.

일본 육사에 진학해 일본 군복을 입었지만 이우는 한국말을 거침없이 썼으며, 조선 총독부에 의해 금지곡으로 지정된 〈황성옛터〉를 자주 흥얼거리며 고국에 대한 그리움을 달랬다. 일본 육사 동기생이었던 황족 아사카 타케히코는 "이우는 한국이 독립해야 한다고 생각했기 때문에 일본인에게 결코 뒤처지거나 양보하는 일이 없었다. 무엇이든지 앞서려고 노력했다"고 증언했다. 그를 옆에서 지켜봤던 영친왕비 이방자 여사는 이우가 평소 일본 것, 특히 일본 음식을 싫어했고 일본의 간섭에 대해서도 반발하는 모습을 많이 보았노라고 기억했다.

이우는 언제나 당당했다. 크지 않은 체격이었지만 배포만큼은 여느 장군 못지않았다. 그러면서도 고통 받는 약자들에게는 한없이 따뜻했다. 1938년 어느 날, 한 여성이 운현궁으로 뛰어 들어와 이우를 만나고자 했다. 〈중외일보〉와 〈동아일보〉 기자로 활동하며 사회운동을 활발히 펼치고 있던 황신덕이었다. 그는 여성교육과 민족교육을 위한 학교 부지를 마련하기 위해 생면부지의 이우를 만나러 운현궁에 온 것이었다. 당시 일본에 머물고 있었던 이우는 이 소식을 전해 듣고는 엄혹한 시기에 한국인이 교육사업을 하겠다 말한 것은 너무 반가운 일이라며 원하는 대로 땅을 마련해주겠다고 흔쾌히 이야기했다. 이우는 서대문 죽첨정 일대(현재 강북삼성병원 영안실 부지)의 땅을 황신덕에게 아무런 조건 없이 건네주었고 황신덕은 경성가정여

숙(현재 중앙여자고등학교)을 설립하여 민족교육에 앞장섰다.

이런 이우를 두고 일본의 어느 고위 관리는 '호랑이 같은 조선 황족'이라고 평가했다. 다른 황족들과는 달리 일제의 명령에 고분고분하지 않은 이우를 일제가 그냥 내버려둘 리 없었다.

황손 이우의 비극적인 삶

이우의 일상은 감시의 눈초리로 둘러싸여 있었다. 무엇보다 안타까운 것은 자신의 배우자마저 자유롭게 선택할 수 없다는 사실이었다. 일제는 대한제국 황실의 자녀를 일본 황족 또는 화족華族의 자녀와 결혼시키려 했다. 황실로 상징되는 조선을 해체하고 일본으로 편입시키기 위한 전략이었다. 영친왕, 덕혜옹주, 이우의 형 이건 모두 일제가 짜놓은 계획에 따라 일본인과 정략결혼했다. 그러나 의친왕은 아들이 일본인과 결혼하는 것을 원하지 않았고, 이우도 한국인과 결혼하겠다면서 고집을 꺾지 않았다. 일본인 신부를 거부하기 위한 방법을 찾던 중에 의친왕과 친분이 있던 박영효의 손녀 박찬주가 이우의 배우자로 물망에 오르고 혼약이 이루어졌다. 이우는 박찬주에게 사주단자와 약혼반지를 보낸 후, 당시 이왕직 장관 한창수에게는 혼약이 성립되었다고 일방적으로 통고하였다. 일제 강점기 왕공족의 사무를 관장하던 이왕직은 박찬주와의 혼약이 일본 천황의 허락 없이 진행되었다고 반발하며 일본 황족과 결혼하라는 압력을 행사하였다. 이 갈등을 중재하고 나선 인물이 박영효다. 당시 일본으로부터 후작 작위를 받으며 조선 총독부와 가깝게 교류하던 박영효는 일본 황실과 정계에 뇌물을 바치고 이우가 자신의 손녀와 결혼하는 일을 허락받았다. 친일파와의 결혼이기는 했지만, 당시 황족 중에서 일본인과 혼례를 올리지 않은 사람은 이우가 유일했다.

1940년 육군 대학을 졸업한 뒤 소좌가 된 이우는 황족이 전장의 선봉에 서야 한다는 일본의 정책에 의해 중일 전쟁이 한창이던 중국 전선으로 배치되었고, 1944년 3월에는 중국 산서성의 타이위안太原으로 발령받는다. 1945년 6월, 이우는 중좌로 진급하면서 일본 히로시마로 근무지를 옮기게 된다. 당시 일제는 전황이 점차 불리해지자 '본토 결전'을 이유로 많은 수의 병력을 자국으로 이동시키고 있었다. 운현궁으로 잠시 돌아와 가족들과 아침을 먹으며 신문을 읽던 이우는 갑자기 큰 소리로 웃었다. 갑작스런 그의 웃음에 의아해하는 가족들을 향해 이우는 "오키나와가 함락됐구나"라며 기뻐했다. 이우는 일제의 패망과 조선의 독립이 머지않았음을 느꼈다.

이우는 일제의 명을 따르지 않고 일단 운현궁으로 들어가 시간을 벌려 했다. 이우는 일본으로 가지 않으려 전역을 신청하기도 하고 조선에 배속시켜 달라고 청원을 넣기도 하였지만 모두 거절당하였다. 어린 아들 이청의 병간호를 핑계 삼아 늦게 갈 수밖에 없다고까지 할 정도였다. 궁에서 버티던 한 달 동안 이우는 다양한 계층의 인사들을 만나며 앞으로 이어질 시국에 대해 의논했다. 이우는 신문기자 김을한과 만난 자리에서 다음과 같은 말을 전하기도 했다.

"일본의 패전은 기정사실이며 한국이 독립되는 것은 시간문제다. 그런데 미국뿐만 아니라 소련도 가만있지 않을 테니 해방 후의 뒷수습이 큰 문제다."

하지만 그와 가까웠던 일본인 부관 요시나리의 설득에 생각을 바꿔 일본 히로시마로 발걸음을 옮겼다. 요시나리는 일본 정부가 임명한 부속 무관으로 이우와 늘 함께했던 인물이다. 1945년 8월 6일, 히로시마에서 일본군 제2총군 참모본부로 출근하던 날. 여느 때나 다름없이 이우와 요시나리는 집을 나섰다. 그날따라 엉덩이가 아프다는 요시나리에게 차를 타라고 권하면서 정작 이우는 차 대신 말 타기를 고집했다. 따로따로 집을 나선 그날 이후, 두 사람은 영영 만날 수 없게 된다. 히로시마에 원자폭탄이 투하된 것이다. 그날 오후 이우는 어느 다리 아래에서 흙투성이로 발견되었고, 다음날 새벽 세상을 떠났다.

그는 결국 차가운 주검이 되어 그리워하던 고국에 도착했다. 그가 조국의 땅에 묻히던 그날은 이우가 꿈꿔왔던 '그날'이었다. 1945년 8월 15일 열두 시 즈음, 일왕의 항복선언이 있은 지 다섯 시간 뒤, 경성운동장(현재의 동대문운동장)에서 이우의 장례식이 거행됐다. 그는 서른세 해를 살다가 그렇게 세상을 떠났다.

한편 이우의 장례가 치러진 뒤, 일본에서 또다른 부고가 전해졌다. 요시나리가 부관으로서 이우를 지키지 못한 것에 대해 자책하면서 유서를 쓰고 할복자살했다는 소식이었다. 요시나리는 이우의 모든 행동을 상부에 보고하는 임무를 맡았지만, 이우의 인품에 반해 훗날 그를 존경했다고 고백하기도 했다.

이우의 죽음 이후 60여 년이 흐른 2007년의 어느 날, 황손 이우가 야스쿠니 신사에 합사되어 있다는 안타까운 소식이 전해졌다. 일본은 이우가 사망 당시 일본인이었고, 황족과 동등한 지위였기 때문에 야스쿠니 신사에 합사했다고 설명했다. 일본 군복을 벗고 싶은 소망을 품고 바다 건너편에서 조국을 바라보던 청년의 혼은 지금도 여전히 도쿄의 한 신사에 볼모로 잡혀 있다.

제국의 황손들

지금으로부터 약 100여 년 전 이 땅은 황제의 나라였다. 1897년 8월 16일, 고종은 연호를 광무光武라 고치고 부국강병의 의지를 천명했다. 같은 해 10월 12일에는 환구단에서 황제 즉위식을 올렸다. 조선은 왕조에서 황제의 나라가 되었다. 이후 대한제국은 봉건왕조와 일제식민지 시대가 겹친 격랑의 시절을 보내다가 1910년 8월 22일, 한일병합조약이 강제체결되면서 막을 내렸다.

저물어가는 황실은 황손들에게 평탄한 삶을 허락하지 않았다. 고종은 정비였던 명성황후를 비롯해 여덟 명의 부인에게서 슬하에 9남 4녀를 뒀지만 어른으로 장성한 이는 순종 이척과 의친왕 이강, 영친왕 이은과 덕혜옹주 넷뿐이었다. 살아남은 이들에게도 고통스러운 시간은 계속되었다. 순종은 1898년 9월 아편이 섞인 커피를 마신 뒤 피를 토하고 쓰러졌고, 그뒤 어떤 판단도 할 수 없는 불구가 되고 만다. 순종은 슬하에 자식을 남기지 못해 승하할 무렵 그의 곁에는 오직 두 명의 이복동생, 영친왕 이은과 의친왕 이강만이 남아 있었다.

의친왕 이강은 '잘생기고 호방한 비운의 왕자'였다. 원래대로라면 장남인 순종이 세상을 떠난 뒤 차남인 이강이 왕위를 물려받아야 했지만 황제의 의자는 영친왕에게 허락되었다. 서열상 의친왕이 스무 살이나 많은 이복형이었지만, 영친왕의 어머니인 엄비의 견제가 심했고, 일제가 성인인 의친왕보다 나이 어린 영친왕을 더 만만하게 여겼기 때문이다.

이후 의친왕은 계속 해외에 머물며 반은 외교관으로, 반은 망명객으로 떠돌았다. 의친왕에 대한 기록은 오랫동안 알려지지 않았는데 뒤늦게 밝혀진 그의 행적 중 하나는 의병을 양성해온 일이다. 의친왕은 1919년 11월 11일, 대한민국 임시정부와 독립군이 있는 상하이로 망명해 망명정부를 세울 계획이었으나 그의 탈출을 눈치챈 일제에 의해 중국 단둥에서 붙잡혀 강제송환되고 만다. 그러나 제아무리 일제라도 황족인 의친왕을 재판정에 세울 수는 없었다. 결국 서울로 돌아온 뒤 의친왕은 총독관저에 감금되었고 평생을 일제 밀정의 감시 속에 살았다.

대한제국 황실 일가의 모습

일제의 감시 속에서도 의친왕은 자신의 전 재산을 털어 독립운동 자금을 꾸준히 조달했다. 하지만 조국은 그를 챙겨주지 못했다. 의친왕은 해방 후 한국전쟁 때 부산으로 향하던 피난길에서 영양실조로 세상을 떠나고 만다.

대한제국의 마지막 황태자 영친왕 역시 비극의 주인공이다. 영친왕의 사진 가운데 많이 알려진 것은 군복 차림에 하얀 장갑을 끼고 장식용 칼을 쥐고 있는 어릴 적 모습이다. 곧 울음을 터트릴 듯한 표정으로 이토 히로부미 조선 초대 통감의 오른편에 바짝 붙어 있는 인물이 열한 살의 영친왕으로, 그는 막 일본으로 떠나려던 참이었다. 영친왕은 나라가 망하면서 '제국 없는 황태자' 신세가 되었고 이토 히로부미는 유학이란 명목하에 어린 그를 인질로 끌고 갔다. 비운의 황태자는 일본에서 철저히 일본 사람으로 양육당했다. 혼인 역시 자신의 의지대로 할 수 없었다. 영친왕은 일본 황실의 내선일체 정책에 따라 일본 황족의 맏딸인 마사코(한국 이름 이방자)와 정략결혼한다.

1926년 순종이 승하하자 영친왕은 형식상 왕위 계승자가 되었지만, 일본에 머문 채 고국으로는 돌아올 수 없었다. 또다른 불행은 조국의 독립과 함께 시작되었다. 꿈에도 그리던 해방을 맞이했지만 대한민국 정부는 황실의 존재를 인정하지 않았다. 영친왕 부부는 일본에서도 더이상 황족으로 대접받지 못한 채 재일 한국인으로 분류되었고, 국적도 없이 생활고에 시달렸다. 고국으로 돌아갈 날만을 손꼽아 기다리던 그가 귀국한 것은 그로부터 56년이 지난 1963년, 당시 박정희 국가재건최고회의 의장의 주선으로 영친왕 내외와 아들 이구는 환국할 수 있었다. 반신불수의 몸에 실어증까지 걸린 영친왕은 귀국하자마자 병원으로 이송되었고 이후 7년을 병상에서 지내다가 1970년, 일흔넷의 나이에 곡절 많은 삶을 마감한다.

말년을 낙선재에서 이방자 여사와 함께 지낸 덕혜옹주는 온 생애로 황실의 비극을 증언하는 인물이다. 덕혜옹주는 고종이 환갑 때 낳은 금지옥엽 고명딸이었다. "이 아이가 있기에 덕수궁이 웃음소리로 넘쳐납니다"라며 좋아했던 고종은 덕혜옹주가 여덟 살 때 승하한다. 고종 사후 덕혜옹주의 삶은 하루하루가 그야말로 바람 잘 날 없는 격랑 그 자체였다.

고종이 승하한 이후 덕혜옹주는 백성들에게 하나의 상징적 존재였다. 그 사실을 잘 아는 일제는 덕혜옹주에게 철저히 일본 색깔을 입히기 시작했다. 덕혜옹주는 열세 살이 되던 해, 일본으로 보내져 강제로 유학한다. 일본 생활에 적응하지 못한데다 1929년 어머니의 죽음으로 인한 충격까지 겹치면서 덕혜옹주는 극도의 불안 속에서 하루하루를 살았다.

생전에 고종은 덕혜옹주를 조선 사람과 서둘러 약혼시키려 했지만 1931년 5월, 덕혜옹주는 도쿄대 출신 일본인 다케유키 백작과 결혼한다. 이후 딸을 낳았고 가정을 꾸려 평범하게 사는가 싶었지만 불행은 비켜가지 않았다. 해방이 됐어도 옹주는 고국으로 돌아올 수 없었다. 1947년 일본의 귀족제도가 폐지되면서 남편은 백작의 지위를 잃게 되고, 이외에도 여러 가지 악재로 인해 덕혜옹주는 정신병원에 입원하게 된다. 이후 남편 다케유키와도 이혼하게 된 옹주는 쓸쓸한 말년을 보냈다.

1962년, 38년 만에 고국 땅에 발을 내딛게 되지만 이미 옹주의 의식은 온전치 못한 상태였다. 결국 7년간의 병원 생활 끝에 창덕궁 낙선재로 거처를 옮긴 뒤 실어증과 지병으로 고생하다, 1989년 4월 21일 창덕궁 낙선재에서 비운의 삶을 마쳤다. 그가 1983년에 남겼다는 낙서 한 장은 그의 슬픈 운명을 대변하는 듯하다.

"나는 낙선재에서 오래오래 살고 싶어요. 전하(영친왕), 비전하(이방자 여사) 오래 보고 싶습니다. 대한민국 우리나라."

광복 후 황실 재산이 정부에 의해 대부분 몰수되면서 황실 후예들의 삶은 고단해졌다. 1947년 5월 대부분의 대한제국 황족들은 그 신분을 박탈당했으며, 영친왕이 이승만 대통령을 만나 귀국하고 싶다는 의사를 밝혔으나 묵살당했다. 망국의 한과 식민지배 굴욕을 감당해야 했던 황실 후손들은 그렇게 다시 내쳐졌다. 상황은 1961년 5·16군사쿠데타가 일어나 박정희 국가재건최고회의 의장이 집권한 이후에야 바뀌었다. 당시 기자로 활약했던 김을한의 도움으로 이들의 사정이 알려지면서 황실 일가를 돌아오게 해야 한다는 여론이 높아졌다. 그 결과 1962년에 덕혜옹주가, 이듬해엔 영친왕이 환국했다. 그리고 세월이 흘러 2005년 7월 20일, 도쿄 나리타를 출발한 항공편으로 한 남자가 귀국한다. 그의 이름은 이구. 대한제국의 마지막 황세손인 그는 차가운 주검이 되어서야 고국에 돌아올 수 있었다. 고종의 손자이자 영친왕의 아들인 이구는 일본에서 떠돌다 생을 마쳤다. 현재 경기도 남양주시의 홍유릉 경역에는 대한제국 황실의 주인공이었던 고종과 순종, 영친왕, 의친왕, 황세손 이구, 그리고 고종의 총애를 받았던 덕혜옹주까지 잠들어 있다.

오늘날 황실의 맥이 완전히 끊긴 것은 아니다. 서울 종로구 안국동 175번지, 즉 경복궁의 옛 주소를 본적지로 갖고 있는 이들이 우리와 함께 동시대를 살고 있다. 〈비둘기집〉 등 대중가요를 발표한 가수로 알려진 이석 씨는 의친왕의 열번째 아들이다. 이처럼 대중 앞에 자신을 드러내는 황실 자손도 있지만 많은 후손들이 세상의 이목을 멀리하며 평범하게 살고 싶어 한다. 의친왕의 손자이자 황손 이우의 아들인 이청 씨 역시 종친회 등과 연락을 끊고 조용히 살 뜻을 밝힌 바 있다.

冊

나는 대한제국 마지막 황태자비 이마사코입니다 강용자 저, 김정희 편, 지식공작소, 2013

덕혜옹주 혼마 야스코 저, 이훈 역, 역사공간, 2008

조선의 마지막 황태자 영친왕 김을한, 페이퍼로드, 2010

제국의 후예들 정범준, 황소자리, 2006

흥선대원군과 운현궁 사람들 서울역사박물관, 2007

02 조선의 영어교육

조선에 서양말을 할 줄 아는 자가
한 명도 없는가?

19세기 말
서구 열강 중 가장 먼저
미국과의 수교를 추진한 조선

그런데
조선에 서양말을 할 줄 아는 자가
한 명도 없다?

"그간 서양과의 교류가 없어
서양말을 아는 자가 없으니,
부디 도와준다면 감사하겠소."

– 조약 체결 당시 김홍집이 남긴 기록

청나라 관리의 통역으로 맺어진
조미수호통상조약(1882년)

다음해,
방미사절단 보빙사 일행이
통역을 데리고 미국 순방길에 나섰다

신문물에 감탄한 고종은
미국의 부강이 천하제일이라고 확신
영어교육의 필요성을
다시 한번 확신하게 된다

1886년 한양

젊은 관리와 양반 자제를 태운
가마가 긴 행렬을 이루고
교과서와 담뱃대를 든
하인들이 그뒤를 따랐다

한국 최초의 근대식 공립교육기관
육영공원育英公院

40여 명의 학생에게 지리, 수학, 역사 등을
영어로 가르친 학교

"지금 각 나라와 교류하는 데 있어
어학語學이 가장 긴급한 일이다.
이에 따로 공립학교를 설립하고
나이 어리고 영민한 자를 뽑아 배우게 한다."

– 육영공원 학칙 중

프린스턴 대학, 다트머스 대학 등 해외 명문대 출신
원어민 교사 채용

알파벳부터 시작해 영어 단어와 문장,
더 나아가 근대 학문에 이르기까지

모든 과목을 영어로 말하고 듣고 쓰는
교이영문영어教以英文英語의 원칙

"양반인 장張 씨의 아들은 왕명으로 통역에 임명됐다.
F와 P의 발음을 구분해 발음하던 19세의 이 젊은이는
영어의 해석과 회화에 완벽했다."

– 『고요한 아침의 나라 조선』, A. H. 새비지 랜도어

박영효 서재필 서광범 박정양

영어를 익힌 젊은 관리들은
서양의 문물을 배워와
조선의 개화를 이끌었으며

조선에서 처음 영어를 배운 이들은
조선이 자주독립국임을
국제사회에 선포하는 데 앞장서기도 했다

또한
서양 선교사가 세운 학교들이
신분의 높고 낮음에 상관없이
학생을 뽑아 가르치니

"출세를 꿈꾸는 사람은 양반이든 상놈이든
심지어 여자도 영어공부에 열을 올렸다."

1905년 을사늑약 체결

외교권 박탈 및 일제 통감부 설치
일제에 의한 교육제도 마련

일본인 교사가 가르치는 수업에선
제대로 된 회화를 익힐 수 없었고
문법과 독해 수업은
영어를 일본어로 번역하는 데 초점이 맞추어져
조선 학생들의 어학능력은
빠르게 퇴보해갔다

"일본인에게 5~10년간
영어를 배운 조선 남학생들이
나에게 영어 공부를 하러 왔다.
나의 발음은 (일본식 발음에 익숙한) 그들에게
너무나 우스꽝스럽게 들렸기 때문에
폭소를 자아냈다."

–『일제강점기의 조선생활상』, 헨리 버지스 드레이크

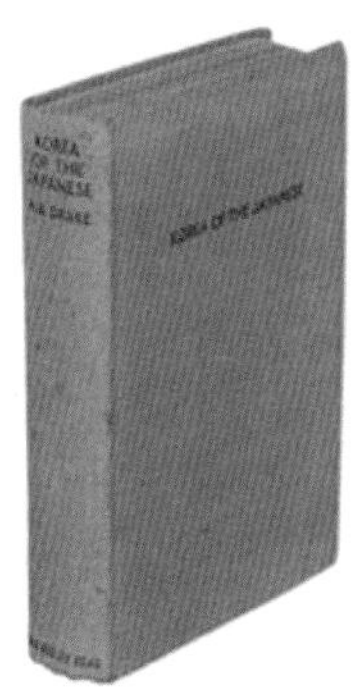

일제강점기 영어교육법은
해방 이후까지 계속 이어져
한국인의 '벙어리 영어'를 고착시키는 데
결정적인 역할을 했다

조선, 영어에 눈뜨다

"오게 된 연유를 물었더니 한어, 청어, 왜어, 몽골어를 모두 알지 못했습니다. 붓을 줘 쓰게 했더니 모양새가 구름이나 산 같은 그림을 그려 알 수 없었습니다."

1797년 부산 용당포. 이곳에 정박한 영국 함대 프로비던스 호에 올라 서양인을 만나고 돌아온 관찰사 이형원은 상황을 이렇게 보고했다. 구름 같고 산 같았던 그림이란 대체 무엇일까? 이로부터 60년 뒤 조선 말기의 실학자 최한기는 그 정체를 밝혀 『지구전요』에 남겼다. 영어의 알파벳이었다.

"그 첫째는 A로 음은 '埃(애)', 두번째는 B로 음은 '碑(비)', 세번째는 C로 음은 '媤(시)'…. 이 26자모는 흩어놓은 즉 무궁하고, 합하여 놓은 즉 일정하여 그 용법이 헤아릴 수 없이 많으나 삼척동자도 익히 배울 수 있다."

삼척동자도 배울 수 있다며 만만하게 보았던 영어. 얼마 지나지 않아 조선은 영어와 본격적으로 마주하게 된다. 조선은 1876년 일제의 강요로 체결된 강화도조약으로 개항을 한다. 이후 서양열강 중에서는 미국과 처음으로 통상조약을 체결했다. 1882년 맺은 조미수호통상조약은 청의 주선으로 미국과 수교한 것이었다.

하지만 조약을 체결해야 하는 중요한 순간에 정작 미국인과 말이 통하는 조선 사람이 없었다. 결국 청나라 통역자가 와서 양쪽을 오가며 동시통역을 해주었다. 고양이에게 생선을 맡긴 격이었다. 더군다나 청은 미국을 끌어들여 러시아는 물론 조선에 대한 일본의 움직임을 견제하겠다는 의도를 갖고 있었다. 자주외교를 할 수 있는 상황이 아니었다.

지금껏 조선에서 중요하게 여겨지던 중국어나 일본어보다 영어가 더 필요한 세상이 되었다. 조정은 지금의 종로구 재동에 동문학同文學이라는 영어교육기관을 세웠다. 선생님으로는 중국인이나 영국인을 초빙했는데 실무에 필요한 영어를 주로 가르쳤다. 동문학은 학교라기보다는 통역관 양성소에 가까웠다.

당시 누구보다 새로운 시대를 갈망했던 개화파는 영어에 특히 관심이 많았다. 미국과 통상조약을 체결한 뒤 조선은 미국에 보빙사報聘使라는 이름 그대로 답례를 하기 위한 사신들을 보냈는데, 이들 중 대다수가 개화파였다. 40여 일간 미국의 공장과 병원 등 신新문명을 둘러본 보빙사 일행은 충격과 놀라움에 휩싸였고, 돌아온 뒤 고종에게 당장 국가 주도의 영어교육기관을 세우자고 제안했다.

1876년 일본의 강요로 강화도조약이 체결된 뒤 조선의 백성들 사이에서는 외세에 반대하는 기운이 높아져만 갔다. 그러나 민심과는 반대로 조정의 정책은 새로운 문물을 받아들이는 쪽으로 향하고 있었다. 이 같은 정책을 앞장서서 이끌던 사람들은 김윤식, 김홍집, 김옥균, 박영효 등 개화파 관리들이었다. 개화파의 제안과 고종의 승인에 따라 구국을 위해 나설 인재를 양성하기 위해 1886년 '나라에서 영재를 기르는 곳'이라는 뜻의 육영공원育英公院이 설립됐다. 육영공원은 설립되자마자 곧바로 학생 모집에 나섰고, 일류 학교 출신의 실력 있는 미국인 교사 세 명이 선생님으로 초빙됐다. 이들은 조선의 선발된 엘리트들을 대상으로 영어로 수업을 진행했다.

알파벳도 모르던 학생들은 배움 끝에 말하기, 듣기, 쓰기, 읽기 모두를 영어로 해냈다. 오늘날로 말하자면 영어만 써야 하는 '영어 몰입식 교육'이었다. 당시 육영공원 학생들의 영어 실력은 외국인들이 놀랄 정도로 일취월장했다. 열 달 정도 수업을 받은 뒤에는 어지간한 통역을 할 수 있을 정도였다고 한다. 한 영국인은 "에프(F)와 피(P) 발음도 구분 못하던 열아홉 살 젊은이가 두 달 만에 영어 해석과 회화에 완벽해졌다"고 말했다. 고종은 육영공원에 행차해 친히 영어 시험 감독을 할 정도로 영어교육에 열성을 보였다.

1894년 갑오개혁 이후 조선의 교육에는 커다란 변화가 일었다. 과거제와 신분제가 폐지되면서 근대교육이 서서히 시작되었고, 서당 대신 외국인 선교사들이 세운 서양식 학교가 교육을 담당했다. 배재학당, 이화학당, 정신학원 등 선교사들이 설립한 사립 기독교 학교들이 잇따라 문을 열면서 가난한 아이에게도, 여자에게도, 누구에게나 배움의 기회가 주어졌다. 역관들을 배출하던 사역원이 문을 닫고 통역 학교들이 새로이 문을 열었다. 시대가 달라졌다. 조선은 서양 문물와 영어라는 새로운 흐름을 온몸으로 받아들이려 하고 있었다.

영어교육 1세대, 새 시대를 발견하다

한반도를 둘러싼 외세의 경쟁은 보다 치열해졌다. 청은 조선을 더욱 심하게 압박했고, 일본도 물러서지 않았다. 조정에서는 러시아의 힘을 빌려 상황을 극복하려 했지만 엎친 데 덮친 격으로 영국이라는 또다른 서양열강을 불러왔을 뿐이다. 갈수록 돌파구를 찾을 수 없게 되는 상황에 개화파 지식인들의 시선은 점차 미국을 향했다. 1896년 11월 24일자 〈독립신문〉에 실린 한 인물의 연설문을 보자.

"독립을 하면 나라가 미국과 같이 세계에서 부강한 나라가 될 터이요, 만일 조선 인민이 합심을 못하여 서로 싸우고 서로 해하려고 할 지경이면 구라파에 있는 폴란드란 나라 모양으로 모두 찢겨 남의 종이 될 터이다. 조선 사람들은 미국같이 되기를 바라노라."

이 글을 쓴 인물은 육영공원의 제1회 졸업생 이완용이다. 일본에 나라를 팔아 '을사5적의 수괴'라 불리는, 바로 그 이완용이다. 이완용은 일본어보다 영어를 먼저 배운 조선의 신지식인이었다. 영어로 무장한 이완용은 미국에 건너가 주미 공사관의 대리공사가 되었고, 귀국 후 미국통으로서 두루 요직을 맡았으며 독립협회에도 관여했다. 1905년 을사늑약에 서명하기 전까지 이완용은 괜찮은 평을 듣던 인물로 고종도, 독립협회도 모두 그를 믿었다.

구국의 인재를 양성하려던 것이 영어학교 육영공원을 설립한 고종의 취지였지만, 영어를 배운 자들이 매국에 앞장섰으니 그 뜻은 안타깝게도 빗나갔다. 다른 이들보다 육영공원을 조기졸업한 이완용은 초대 주미공사 박정양, 2등 서기관 이하영, 3등 서기관 이상재 등 초대 주미 공사관원 일행과 함께 이른바 '영어파' 세력을 형성했다.

영어만 할 줄 알면 빠르게 출세할 수 있었던 개화기 시절, 한문이

지배하고 있던 세계는 저무는 황혼과 다름없었다. 1886년 6월 정식 학교로 개교한 배재학당에 몰려든 학생들이 가장 큰 기대를 걸었던 건 영어공부였다. 배재학당 교장 아펜젤러는 회고록에서 "조선 사람에게 '왜 영어공부를 하느냐?'고 물으면 하나같이 '출세하기 위해서'라고 대답한다"고 당시의 분위기를 전했다. 그의 말대로 조선에서 영어는 신분상승의 지름길이요 그 자체로 권력이었다. 1894년 말 배재학당에 입학한 이승만도 훗날 "내가 배재학당에 가기로 한 것은 영어를 배우려는 큰 야심 때문이었다"고 회고했다. 이후 이승만은 미국 유학을 떠나 프린스턴 대학교에서 박사학위를 받는다. 그의 영어 실력과 미국 유학 경험, 이를 바탕으로 쌓은 인맥은 그 누구도 넘보기 어려운 정치적 자산이 되었다.

기본적으로 조선에서 외국어는 출세하려는 자들의 관심사였다. 조선에는 일본어, 몽골어, 중국어 등을 통역하는 관리로 역관이 있었는데, 나라 안에서 일본의 영향력이 커지면 역관을 뽑는 과거시험인 역과에서 일본어 시험을 보는 이들이 늘었고, 청의 입김이 커지면 한어 응시자가 기하급수적으로 늘었다. 하지만 유독 외국어 가운데에서 영어만은 한반도에 전해진 이후 그 배움의 열풍이 한 번도 사그라든 적이 없었다. 영어가 필요한 이유가 시대마다 다양했기 때문이다.

서재필 같은 인물에게 영어는 국민 계몽을 위해 필요했다. 영어는 서양 문물의 새로운 가치를 전할 수 있는 수단이었다. 갑신정변 실패 후, 미국으로 망명해 미국인 필립 제이슨으로 살다 돌아온 서재필은 1896년 우리나라 최초의 근대적 신문 〈독립신문〉을 창간하고, 독립협회를 창설했다. 〈독립신문〉은 영어판도 발행됐는데 그 안에는 민권, 법치주의, 주권 수호 등 근대적 가치를 옹호하고 계몽하는 내용이 담겼다.

지식인이라면 모름지기 미국 유학파가 최고

'미국처럼 되면 독립할 것이고 근대화로 갈 수 있다'. 조선이 가졌던 이 굳은 믿음은 19세기 말에 정점을 찍는다. 그 계기는 1905년 체결된 가쓰라–태프트 밀약이었다.

미국의 시어도어 루스벨트 대통령은 일본과 러일 전쟁 이후 1905년 가쓰라–태프트 밀약을 맺는다. 일본이 미국의 필리핀 점령을 묵인하는 대가로 미국은 일본이 조선을 강점하는 것에 대해 눈감아주기로 한 것이 이 조약의 핵심이다. 미국 입장에서는 조선의 정치에 개입해봐야 아무런 이익도 없었다. 미국만 믿고 있던 영어파로서는 뒤통수를 맞은 격이었다. 이후 서구적 근대화의 환상으로 묶여 있던 영어파는 각자의 살 길을 찾아 흩어진다. 독립협회 해산도 이런 분위기에 한몫했다. 이완용처럼 친일로 돌아서는 사람도 있었고, 영국 공사관에 근무하던 이한응처럼 자결하는 사람도 있었다. 친미에서 반미로 돌아섰다가, 1930년대에는 반미를 일제의 아시아주의와 연결시키며 친일로 돌아선 윤치호 같은 이도 있었다.

이때부터 영어파들은 권력에서 멀어진다. 하지만 놀랍게도 영어학습 열기는 더 뜨겁게 달아올랐다. 미국 유학이 젊은이의 밝은 미래를 담보하는 이상적인 경로로 여겨졌고, 1926년에는 일본 유학생의 4분의 1이 영어 전공자인 기현상이 나타났다. 여기에 미국 선교사들을 중심으로 한 기독교의 선교정책도 한몫했다.

당시 출간된 문학작품 속에서도 미국 유학 장면이 자주 등장한다. 이광수의 『무정』, 현진건의 『희생화』 등 근대소설 속에서 영어를 하는 인물을 찾아보는 것은 어렵지 않다. 사랑하는 상대를 가르켜 "유(you)"라고 부르는 것이 하나의 지적 과시처럼 여겨지던 시대였다. 지배층과 지식인 절대다수는 미국 문물을 직간접적으로 경험했거나 독학으로라도 영어를 익혔다. 외곬의 민족주의 사학자인 단재 신채호마저도 영어를 배웠다. 신채호는 어렵다고 정평이 난 영어 원서를 줄줄 읽을 정도로 영어에 능통했다. 한학으로 지적 토대를 마련했던 신채호였지만, 지식의 범위는 한학에 한정지을 수 없었다. 새로운 언어와 새 책으로 새 사상을 배우자는 것이 근대적 계몽주의자 신채호의 생각이었다.

또한 독립을 위해서는 외국에 일제 치하 조선의 사정을 알릴 필요가 있었다. 이런 인식이 신채호가 영어 원서를 읽게 만들고, 박헌영이 YMCA 영어반에서 영어공부에 열중하도록 만들었을 것이다. 1896년 주미공사로 임명된 아버지를 따라 워싱턴으로 간 이위종은, 열일곱 살 때부터 외교관 생활을 시작했는데 이후 그는 1907년 이준, 이상설 일행에 합류해 헤이그 특사로 참여한다. 이위종은 능숙한 프랑스어와 영어로, 헤이그에서 을사늑약의 부당함을 알리는 연설을 했고 해외 언론과도 인터뷰했다.

네 살 때 고아가 되어 언더우드 집안에 입양된 김규식은 민로아학당과 구세학당에서 서양식 교육을 받은 덕분에 영어 외에도 프랑스어, 라틴어, 독일어 실력이 출중했으며 당대의 석학으로 불렸다. 이승만도 그의 실력을 시기할 정도라는 말이 나올 정도였다. 미국 유학 후 중국의 대학에서 교수로 있었지만 그는 안정된 자리를 박차고 조국의 독립운동에 매진했고, 파리강화회의에 한국 대표로 나가 국내 상황을 전하며 탄원서를 제출했다.

벙어리 영어의 시작

일제강점기에 조선총독부는 우리나라를 영원한 식민지로 만들기 위해 일본어 교육에 주력했다. 그 일환으로 모든 국립 외국어 학교를 폐쇄했다. 사실상 공식적으로 영어교육을 할 수 있는 곳들이 사라진 것이다. 일제의 영향을 받지 않는 몇몇의 사립 기독교 학교들에서만 영어교육이 이루어졌다.

그러다가 1919년 3·1 운동 이후 분위기가 반전된다. 일제는 대학 설립을 허용하고, 영어와 독일어 등 외국어 교육을 중등학교에서 실시할 수 있도록 허가했다. 교과서는 영국에서 들여온 유명한 책을 사용했으니 교재 선정에는 큰 무리가 없었다. 문제는 그것을 가르치는 선생들이었다. 일본인들은 '엘리베이터(elevator)'를 '에레바따', '넥타이(necktie)'를 '네꾸다이', '버터(butter)'를 '빠다', '햄(ham)'을 '해무', '맥도날드(McDonald)'를 '마꾸도나르도'라고 읽으며, 가나문자로 발음나는 대로 쓴다. 이렇게 일본식 영어 발음을 하는 교사들이 교단에 선 탓에 일제 치하에서의 영어수업은 문법과 독해 중심으로 이루어졌다.

1920년 5월, 영어 교수법에 대한 불만은 한국 학생들의 동맹휴학으로 이어졌다. 일본인 영어교사의 발음이 일본식이라면서 발음이 좋은 한국인 교사로 교체해달라는 요구였다. 일제는 이에 아랑곳하지 않았다. 그럴수록 오히려 문법과 독해를 강조하는 일본식 영어를 주입시켰다. 10년을 배워도 말 한마디 제대로 못하는 '벙어리 영어'가 이때 시작됐다. 1928년 경성에서 영어교사로 일했던 영국인 드레이크는 『일제시대의 조선생활상』이라는 책에서 의사소통의 기능을 상실한 영어교육에 대해 지적한다.

"일본인에게 5~10년간 영어를 배운 남학생들이 나에게 영어공부를 하러 왔다. 이런 기초 위에서 무엇인가를 쌓아올리는 것은 습기차고 헐거운 잡석들로 건물을 짓는 것과 같다. 그들의 발음은 워낙 독특해서 나에게 발음을 이해시키기 위해 두세 번씩 표현하거나 단어별로 끊거나 철자별로 끊어서 읽기를 반복했다. 그리고 나의 발음은 그들에게 너무 우스꽝스럽게 들렸기 때문에 폭소를 자아냈다."

1920년대 중반 이후 상급학교 진학이 입신양명의 새롭고 유일한 출구로 자리잡으면서 영어는 더욱 중요해졌다. 입학시험에 영어가 포함되었기 때문이다. 경성제국대학에 들어가기 위해 영어에 매달리는 현상이 일어났다.

영어학습은 더욱 붐을 일으켰고 영어로 말하는 기생이 등장했으며, 집 앞에 영문 문패가 달리는 집들도 생겼다. 지방 군수들은 한문과 영문으로 이름을 써넣은 명함을 사용하기 시작했다. 신문에는 '금야 영어 인푸레 시대' '빼쓰의 차장까지도 영어를 배웁니다' 등의 광고 문구가 실렸다. '영어는 출세의 자본. 입신출세를 꿈꾸는 청소년 제군에게 있어서는 영어는 제일 중요한 자본이다'라는 글로 영어의 중요성을 강조하는 통신 영어 강좌 광고도 있었다.

한편 과잉된 영어학습 열풍을 경계하는 목소리도 나왔다. 제 나랏말도 모르면서 외국어부터 배우려는 풍조와 영어 이외에 다른 과목을 경시하는 세태를 개탄하는 소리는 80여 년 전에도 존재했다.

권력이자 종교, 공포로 변질된 영어

지금으로부터 약 120년 전 이 땅에 상륙한 영어교육 열풍은 오늘날 연간 20조 원 규모의 사교육 시장으로 변모했다. 이 금액은 국민총생산의 2.3퍼센트에 해당한다. 그렇다면 작금의 한국인에게 영어는 과연 어떤 의미인가.

『한국인과 영어』를 집필한 전북대학교 강준만 교수는 "영어는 권력이었고, 종교와 같았다. 그리고 그것이 한국인에게 공포로 변질되었다"고 이야기한다. 영어가 처음 조선에 들어올 무렵부터 지금까지 줄곧 영어는 권력이었고 종교이자, 출세와 신분상승을 할 수 있는 열쇠였다. 그로부터 한 세기가 지난 지금, 영어는 한국 사회의 계급을 나누는 하나의 잣대가 되어버렸다. 최샛별 이화여대 교수는 전국 6개 지역 대학생 1719명을 대상으로 부모의 소득·학력·직업과 자녀의 영어에 대한 자신감의 상관관계를 설문조사한 결과, 월 소득 500만 원 이상 가구의 자녀 29.2퍼센트는 "영어에 자신 있다"고 답한 반면, 150만 원 미만 가구에서는 9.9퍼센트에 그쳤다. 최 교수는 이처럼 한국 사회에서 영어실력은 '계급 재생산'의 중요한 기준이 되고 있다고 지적한다. 그렇다면 이 땅에서 영어교육은 어떻게 이루어져야 할까. 방송인 김제동은 자신이 계획하고 있는 대안학교에서 진행할 영어수업에 대해 이렇게 밝힌 바 있다.

"우리 아이들이 원어민 강사에게 한글을 가르치게 할 계획이다. 서로에게 영어와 한국어를 가르치면서 학생들은 영어를 배우고, 원어민 강사는 한국어를 배우게 된다. 이를 통해 외국인이 한국어를 못하는 것이 당연하듯, 우리가 영어를 하지 못하는 것이 당연하다는 것을 알려줄 생각이다. 우리나라 땅에서 태어나 영어를 잘하는 것이 자랑이 될 수는 있지만, 못하는 것이 수치가 될 수는 없다."

근현대 한국에 대한 외국의 시선 송영빈 외, 이화여자대학교출판부, 2012

영어, 내 마음의 식민주의 윤지관, 당대, 2007

영어, 조선을 깨우다 1, 2 김영철, 일리, 2011

한국개화교육연구 손인수, 일지사, 1985

한국인과 영어 강준만, 인물과사상사, 2014

03 호열자의 습격

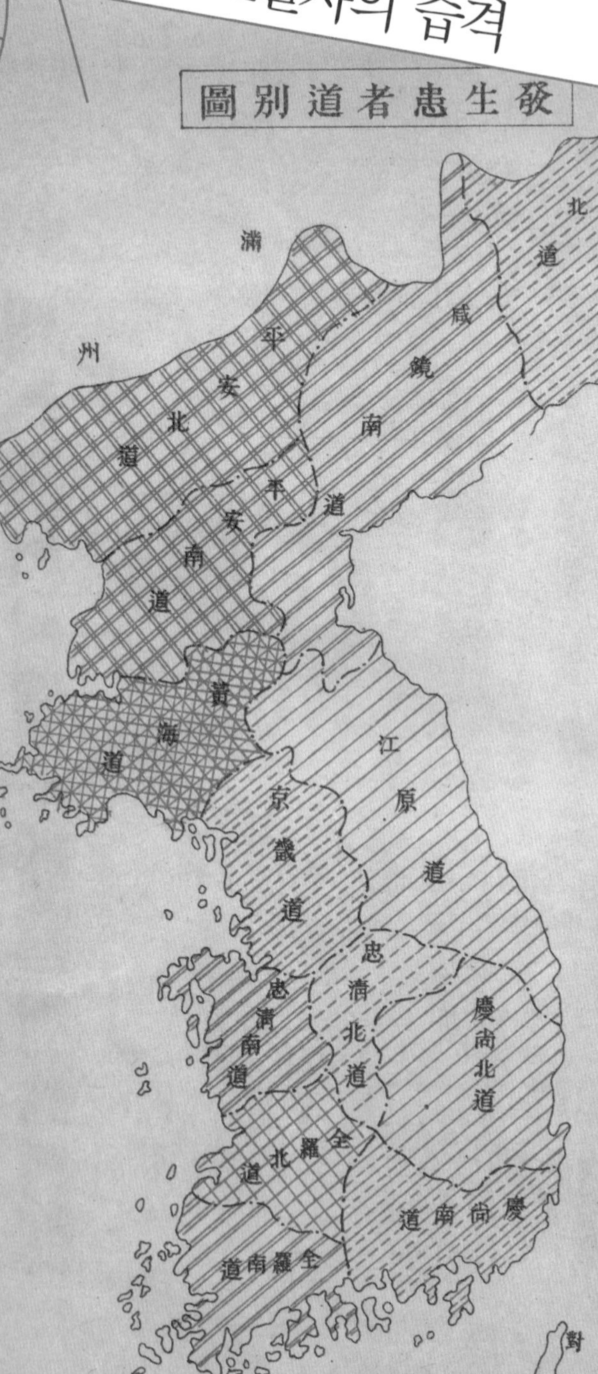

圖別道者患生發
咸鏡北道
咸鏡南道
滿
州
平安北道
平安南道
黃海道
江原道
京畿道
忠淸北道
忠淸南道
慶尙北道
道北羅全
道南羅全
道南尙慶
對
馬
例 凡
下以人拾
下以人百
下以人百五
下以人千
下以人千二
下以人千四
下以人千五

정성껏 기도를 올리고 있지만
멈출 기미를 보이지 않고
외방의 각 마을과
인접한 여러 고을로 번지고 있습니다

1821년 8월 13일
평안도 감사가 긴급히 왕에게 고하는 말!

"지난달 그믐 사이…
사람들이 순식간에 죽어버렸습니다.
열흘 동안 1000여 명이 죽었으나
치료할 약과 방법이 없어
참담합니다."

1821년 조선을 침략한 공포의 괴질
호열자虎列刺(콜레라)
호랑이가 살을 찢는 것 같은 고통을 주는 병

"시내를 걷다보면 대문에
고양이 그림이 붙은 것을 자주 볼 수 있었다.
이는 쥐 귀신을 잡기 위함이다."
– O. R. 에비슨, 선교사

사람들은 쥐 귀신이 몸 안에 스며들어
콜레라에 걸린다고 믿고
고양이 그림을 곳곳에 붙이고 신에게 기도를 올렸다

왕실에서는 역병 귀신이 물러나길 바라며
하늘에 제사를 올리고

왕의 부덕을 탓하며
조세를 감면하거나 죄수를 풀어주고
수라상 반찬 수를 줄였다

전염병에 대한
주술적 접근과 의학적 접근이
공존하던 19세기 초

"동짓날 팥죽을 먹으면
역병을 피할 수 있다."

"병자의 옷을 깨끗이 빨아
밥 짓는 시루에 넣어 찌도록 한다."

역병의 치료법 및 예방법을 담은
각종 벽온방을 만들어 배포하기도 했다

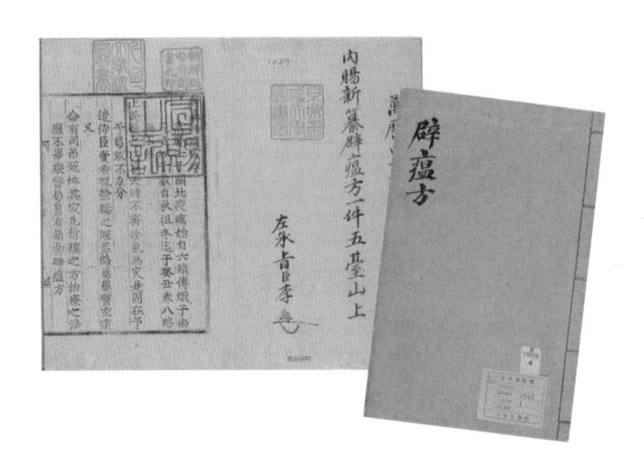

1821년

조선을 처음 침략한 콜레라

한 달 사이, 경기도 경상도 지방을 강타
이듬해 전라도 함경도 강원도 지방까지 확산

당시 호열자로 인한 사망자 수는
수십만 명에 이를 것으로 추정된다

1885년

부산 원산 인천에 검역소 설치
조선 최초의 해항검역 실시

예방주사 맞는 모습

광혜원

1886년

육상검역과 소독활동,

서양식 국립병원 '광혜원'의 콜레라 방역 활동 시작

1895년

서양의사 에비슨을 조선 방역 책임자로 임명

호열자병 예방주의서 배포

인천에 콜레라 환자를 위한 사립 피避병원 설립

조선은 위생 의료체계의 근대화를

시작해나간다

첫번째 침략 1821년
두번째 침략 1859년
세번째 침략 1895년

창궐 때마다 수십만 명의 사망자를 낳았던
공포의 병 호열자

의학의 발달과 콜레라균의 약화,
위생 의료체계의 근대화를 거치며
기도와 주술의 힘으로 병을 이겨내려 했던
조선의 모습도 변화하기 시작한다

그리고 드디어
100년 전만 해도 맹위를 떨치던
콜레라의 악몽에서 벗어나게 된다

조선 팔도에 괴상한 병이 출현하다

1821년 8월 13일, 조정에 급보가 날아든다.

"평양부 성 안팎에서 지난 그믐 무렵에 갑자기 괴질이 돌아 사람들이 설사와 구토를 일으키고 근육이 비틀리다가 순식간에 죽어버렸습니다. 열흘 만에 천여 명이 죽었으나 치료할 약과 방책이 없습니다. 아무리 기도를 해도 그칠 기미가 없고 인근 마을 각 곳으로 번졌습니다."

평양부 감사가 전한 보고서는 아비규환 그 자체였다. 요괴스런 질병, '괴질'이 돌고 있었다. 걸렸다 하면 열 명 중 아홉은 죽는다고 했다. 순조는 공포에 질렸다. 어릴 때부터 전염병이란 전염병은 모두 앓았던 그였다. 수두를 앓은 지 1년 후에는 홍역, 그다음에는 마마(천연두)에 걸려 곤욕을 치렀다. 요즘 말로 하자면 '국민 약골'이었다. 그런데 이번엔 자신이 책임져야 할 나라 전체가 역병으로 난리가 난 것이다.

1821년 조선에 처음 상륙한 괴질은 삽시간에 들불처럼 번졌다. 괴질은 한반도 전역을 휘감아 무려 한 달 만에 10만 명 이상의 목숨을 앗아갔다. 당시 조선의 인구를 천만 명 안팎으로 추정했을 때 엄청난 피해 규모였다. 조선인들을 생지옥으로 몰아간 이 괴상한 병 호열자의 실체는 우리가 잘 알고 있는 전염병, 콜레라였다. 호열자는 콜레라를 중국식으로 발음한 것을 잘못 음차해서 붙인 이름이다. 콜레라는 비브리오 콜레라Vibrio Cholerae라는 세균에 감염돼 급성 설사를 하게 되고 빠르게 탈수가 진행돼 목숨을 잃는 인류 역사상 가장 치명적인 전염병이다. 지금에야 제때 치료를 받으면 사망률이 1퍼센트도 안 되는 질병이지만, 당시의 생존율은 기껏해야 10퍼센트 정도였다. 목숨을 살릴 다른 방도가 없었다.

콜레라는 본디 인도 벵갈 지방의 풍토병이었다. 16세기에 활동한 포르투갈 의사 가르시아가 『콜로퀴오』라는 자신의 저서에서 소개했던 이 병이 전 세계적으로 유행한 것은 19세기에 들어서였다. 1817년 인도 벵골을 점령한 영국군들이 배를 타고 콜카타로 이동하면서, 콜레라균도 함께 이동했다. 당시 콜카타가 세계 항해의 중심지 역할을 했던 만큼 콜레라는 배를 타고 이동했던 선원들을 통해 중국, 일본, 동남아로 퍼져나갔다. 1821년 평안도의 괴질은 이런 경로로 등장한 것이었다.

우리나라의 전염병에 대한 가장 오래된 기록은 『삼국사기』에 실려 있다. 기원전 15년(백제 온조왕 4년), '봄과 여름에 가물어 기근이 생기고, 역병이 유행하였다'는 내용이다. '처용무'도 삼국시대에 역병을 몰아내고자 시작된 것으로 알려져 있다. 『조선왕조실록』에도 200여 건 이상 역병에 관한 기록들이 남아 있다.

조선시대의 주된 전염병은 천연두, 발진티푸스, 장티푸스, 이질,

홍역 등이었다. 이중에서 발진티푸스와 장티푸스, 이질을 구별하지 못해 에둘러 '염병'이라고 불렀는데, '염병할 놈'이란 욕설이 있을 만큼 염병은 아주 고약한 병이었다. 17세기 초반에는 성홍열이 유행했고, 그뒤로는 홍역이, 홍역 이후에는 괴질이 뒤따랐다. 조선 후기에는 역병이 더욱 심해졌는데, 상업이 발달해 교역의 규모가 넓어지고, 인구가 늘었으며, 도시가 커진 탓이었다. 좁은 땅에 많은 이들이 모여 살다보니 생활환경도 비위생적이었다. 여름철 면역력이 떨어진 탓도 있었고 무엇보다 조선 특유의 장례 풍속도 역병의 전파에 영향을 미쳤다. 문상객들이 전염병의 진원인 시체를 옆에 두고 음식을 먹었던 탓이다.

괴질의 정체를 알아내다

1858년, 괴질은 또 한 차례 한반도를 휩쓸었다. 이번에는 무려 50여만 명이 목숨을 잃었다. 개항 후에는 1879년 부산에서 호열자가 유행해 한 차례 홍역을 치렀다. 잇따르는 괴질의 습격에 조선 백성들이 무차별로 당하고 있었다.

호열자는 한성주보 1886년 7월 5일자에 그 표현이 처음으로 등장한다. 유럽에서는 미생물학의 아버지 파스퇴르가 콜레라 백신을 개발했던 때였다. 백신이 개발되기 이전인 1840년대 말 영국에서 콜레라의 피해가 급증하면서 서양의 과학자들은 콜레라의 원인 찾기에 나섰다. 존 스노 박사는 사람에서 사람으로 옮겨지는 과정에 감기처럼 매개체가 있을 것이라면서 감염론을 입증하기 위해 콜레라가 발생한 지역을 조사해 지도를 그렸다. 그 결과 콜레라가 수인성질병임을 밝혀낸다. 스노의 업적으로 공중위생 운동은 새로운 전기를 맞았다. 콜레라의 창궐은 역설적으로 인류가 근대적인 위생제도를 고민하게끔 만들었다. 이후 1854년에 이르러 콜레라 병원균이 발견되었고, 1880년대에 들어서는 콜레라 백신이 개발됐다.

과학이 발달하기 이전에 인간들은 역병이 하늘이 노해 인간에게 벌을 내린 것, 분노한 신의 저주라 믿었다. 이런 미신적인 발상은 동양이나 서양이나 다르지 않았다. 전한前漢시대의 경학자 동중서가 『춘추번로』라는 참위서(미래에 대해 주술적으로 예언한 책)에서 제창한 '천인감응설天人感應說'은 조선 순조 때 창궐한 괴질 호열자에도 그대로 적용됐다. 왕들은 괴질을 하늘의 분노로 여겼고, 신의 노여움을 풀기 위해 제를 지냈다.

"평안도와 함경도에서 여제를 지냈다. 하교하기를, 어제 함경도에 나갔던 어사의 말을 들은 결과 북관 백성들의 사정이 몹시 불쌍하다. 이태를 거듭 흉년에 시달리고 작년에는 조세 독촉에 곤욕을 겪었는데, 봄이 되자 역병이 저렇게 극성하다는 것이다. 생각이 여기에 미치니 편안히 앉아 있을 경황이 없다. 여제를 지내도록 하라 하고, 이어 직접 제문을 지어 내려보냈다."

–『정조실록』, 1790년(정조 14년) 5월 2일

동서고금을 막론하고 100여 년 전까지만 하더라도 전염병이 창궐하면 기도를 드리고 제사와 굿을 올리는 방법 외에는 도리가 없었다. 세균이라는 개념이 없던 시대였다. 귀신이 역병을 일으킨다고 여겨, 여단을 만들어 역병 귀신을 내쫓는 제사를 드렸고, 불가에서는 역귀를 달래기 위해 수륙재를 지냈다. 임금은 조세를 면하고 죄수를 풀어줬으며, 반찬 가짓수를 줄여 노한 하늘의 마음을 풀려 애썼다. 민간에서는 귀신이 무서워한다는 처용 그림을 대문에 붙이는가 하면, 사악한 기운을 몰아내준다는 복숭아 가지를 문에 걸어두기도 했다.

호열자를 막기 위한 주술로 고양이 그림을 부적처럼 대문에 붙이기도 했다. 당시 사람들은 괴질을 다른 말로 '쥐통'이라 불렀다. 온몸이 아픈 것을 마치 쥐가 발뒤꿈치를 물어서 근육경련을 일으키는 것처럼 느꼈던 것인데, 고양이를 그려 붙인 까닭이 바로 여기에 있었다.

세월이 흘러 광복 이듬해에도 콜레라가 극성을 부렸는데 붉은색 옷을 입으면 콜레라에 걸리지 않는다는 소문이 돌아 여자는 붉은 속바지, 남자는 붉은 주머니가 달린 바지를 입는 것이 크게 유행했다. 서양에서도 콜레라가 한 차례 돌면 옷이며 스타킹, 목도리 모두 붉은색으로 칭칭 휘감았다. 귀신이 붉은색을 두려워한다고 믿었던 것은 동서가 다르지 않았다.

위생의 시대 – 식민지 통제정책과 맞물린 위생 개념

조선의 수도 한성에는 국립의료기관이 네 곳 있었다. 국왕과 왕족을 진료하는 내의원, 의학 교육과 양반 관료의 진료를 담당하는 전의감, 일반 백성의 치료를 담당했던 혜민서, 빈민 구제와 역병 환자를 돌봤던 활인서가 그곳들이다. 이중에서 전염병을 관리하던 곳은 혜민서와 활인서였는데 치료는 사실상 어려웠고, 기껏해야 할 수 있는 것이라고는 환자 격리 정도였다.

개항 이후 개방의 물결을 타고 근대적 서양 의료가 이 땅에 밀려들어왔다. 고종의 어의가 된 알렌 선교사의 제안으로 1885년 문을 연 우리나라 최초의 서양식 병원 광혜원(개원 직후 제중원으로 개칭)은 '많은 사람을 구제하는 집'이란 뜻처럼 그 역할을 톡톡히 해냈다. 왕과 왕비뿐 아니라 걸인과 나환자를 비롯한 모든 계층이 제중원에서 치료를 받을 수 있었다. 첫해에만 무려 2만여 명의 조선인 환자가 제중원을 찾았다. 알렌은 제중원 설립 한 달 뒤인 1885년 5월 12일자 일기에 이렇게 적었다.

"해야 할 업무가 끝없이 쇄도해 그만큼 책임과 초조감이 무거울 수밖에 없습니다. 이따금 이 일에서 손을 떼고 싶은 충동이 일어나기도 합니다."

구한말 조선에 '보건'이나 '위생'이라는 말은 존재하지 않았다. 도랑은 쓰레기로 막혔고 구정물 구덩이에는 파리 떼가 들끓었다. 불결한 환경 탓에 걸핏하면 돌림병이 나돌았다. 1895년 여름, 콜레라가 다시 공습해오자 조정은 미국에서 온 의료 선교사 에비슨 박사를 '호열자 방역 총책임자'로 임명했다. 체계적인 방역 활동의 첫발을 뗀 셈이다. 환자를 격리하는 것을 넘어서서, 수천 명의 환자를 병원에서 치료했다. 탈수를 막기 위해 생리식염수를 투입했고, 환자의 체온을 유지시켜 신진대사를 돕도록 했다. 탈수 방지와 체온 유지는 이전에는 볼 수 없던 근대적인 개념의 치료였다. 이와 더불어 호열자 예방법을 담은 전단을 거리 곳곳에 붙여놓았다. '콜레라는 귀신이 아니라 병균이라는 작은 벌레가 입으로 들어와 생기는 것이며, 이 벌레는 물을 끓이면 죽고 손 씻기를 잘하면 전염되지 않는다'는 내용이었다.

1919년 다시 한번 콜레라가 한반도 전역을 무섭게 강타했다. 3·1 운동이 일어나며 일제의 탄압이 광폭해진 이 해에 호열자의 습격 또한 거셌다. 그 이듬해에도 호열자의 공습으로 조선은 쑥대밭이 되어 불과 2년 사이에 3만여 명이 목숨을 잃었다. 그러나 병을 대하는 태도나 사회의 분위기가 이전과는 차이를 보였다. '검역'이라는 단어가 등장한 것이다. 이로부터 4년 뒤에는 전염병을 옮기는 파리를 소탕하는 운동이 대대적으로 벌어졌다.

군산항에서 이루어지고 있는 선박 검역 광경

1894년 7월 30일, '위생국衛生局'이 설치되었다. 개화파들은 선진 문명, 서구 문명을 '청결함'으로 받아들였다. 그들에게 위생은 곧 근대였고, 건강한 국민은 부국강병의 초석이었다. 명성황후가 일본 낭인에 의해 무참히 살해된 1895년 을미사변 이후 재집권한 김홍집 내각은 양력 사용, 소학교 설치, 종두법 실시와 단발령 등을 개혁 조치라며 발표했다. 상투를 자르라는 단발령도 '위생'을 기치로 내걸고 단행되었다.

일제는 '위생경찰'까지 도입했다. 위생경찰은 식민지에서 근무하는 경찰의 가장 중요한 업무였는데 전염병 관리부터 식품 위생 관리, 방역, 환자 색출까지 각종 위생 사무를 담당했다. 경찰의 방역 지침에 따르지 않는 한국인들은 단속 대상이 됐다.

위생이 경찰의 영역이었다면 병원은 외교부 소속이었다. '깨끗함'은 교육과 더불어 문명국으로 가는 필수불가결한 과정으로 자리잡았다. 곳곳에 이발소, 목욕탕, 공중변소가 들어서기 시작했다.

당시 매해 겨울마다 크리스마스 실이 발행됐는데, 1934년에 제작된 크리스마스 실 홍보 포스터에는 '보건保健'이라는 글자가 들어가 있다. 영국의 일러스트레이터 엘리자베스 키츠가 디자인한 이 포스터에는 공중보건과 위생에 대한 경각심을 일깨우겠다는 구호가 선명했다. 위생은 야만과 대립되는 문명의 표지였다.

소독 방역의 시대 VS. 세균과 바이러스의 대반격

한국전쟁(6·25 전쟁) 직후 한반도는 전쟁의 후유증으로 전염병의 습격을 받았다. 판잣집이나 움막에 사람들이 다닥다닥 모여 살았던 피난촌은 전염병에 취약했다. 면역력이 약한 아이들은 더욱 위험했다. 수많은 전쟁고아들이 거리로 쏟아져나와 배고픔과 전염병을 이기지 못한 채 쓰러져갔다. 이질로 아무 데서나 설사를 했고, 장티푸스 등 다양한 전염병으로 목숨을 잃었다.

1954년, 우리나라 최초의 전염병 예방에 대한 법률이 마련됐다. 「전염병 예방법」을 제정해 소독과 방역에 대한 조치를 명문화한 것이다. 뇌염이나 콜레라가 유행하는 여름철이면 집중 방역과 예방접종을 실시했다. 전염병 예방을 위해 우선적으로 강조된 것은 청결이었다. 집 주변의 풀베기, 우물 뚜껑 덮기, 하수구·변소 소독하기, 콜레라 예방을 위해 아이들 목욕 자주 시키기, 비누로 손발 씻기, 물 끓여 먹기 등을 잘 해야 한다는 홍보가 집중적으로 이뤄졌다. 위생을 강조하는 문화영화가 제작되기도 했다.

전염병을 옮기는 모기나 파리 같은 해충을 없애기 위한 방역활동도 대대적으로 펼쳤다. 여름이면 소독약 냄새와 흰 연기를 내뿜으며 달리는 소독차들이 전국 곳곳을 달렸다. 그뒤를 아이들이 떼 지어 따라다니는 풍경도 흔히 볼 수 있었다.

유행성 뇌염을 예방하기 위해, 지금은 사용이 금지된 디디티DDT를 살포하기도 했다. '기적의 묘약'으로 불리던 디디티는 효능이 뛰어나 골칫거리였던 전염병 말라리아와 발진티푸스를 단번에 없앴다. 한국 전쟁 때에도 이와 벼룩을 잡기 위해 피난민에게 이 약을 뿌렸다. 농약으로 살포돼 식량 증산에도 크게 기여하면서 발명자 뮐러는 노벨 생리의학상까지 받았다. 그러나 곧 인류는 디디티가 해충을 제거하는 동시에 생태계를 파괴시키는 핵폭탄급 위력을 갖고 있음을 알게 됐다. 1969년 미국은 디디티 사용을 금지했고, 우리나라에서는 그로부터 10년 뒤에야 디디티 대신 다른 소독제를 사용하기 시작했다.

인류의 역사는 전염병의 역사였다. 홍역과 천연두는 아테네의 황금시대를 끝냈고, 신대륙의 원주민을 몰살시켰으며, 발진티푸스는 러시아 정벌에 나선 나폴레옹 대군을 전멸시켰다. 14세기 중반 유럽에서 발생한 흑사병은 5년여 동안 유럽 전역을 휩쓸면서 유럽 인구 절반의 목숨을 앗아갔다.

산업혁명이 진행되던 18세기 말에는 콜레라가 찾아왔다. 공장이 있는 도시의 공기와 물은 오염됐고 철도와 배를 통해 질병은 대륙을 옮겨 퍼져나갔다. 10~20년 동안 아무런 소식이 없다가 느닷없이 나타나 순식간에 온 세상을 휩쓸고는 다시 사그라드는 콜레라를 두고 누군가는 '19세기 질병의 승자'라고 했다. 20세기 들어서는 1918년 스페인 독감이 2500만 명의 생명을 앗아갔다. 제1차 세계대전 사망자 수인 1500만 명보다 더 많은 수였다.

1880년대 '세균 사냥꾼'으로 불리던 미생물학자 루이 파스퇴르와 로베르트 코흐의 연구로 인류의 전염병과의 싸움은 새로운 전기를 맞았다. 전염병의 원인과 전파 방식, 치료법 등에 관한 연구가 쏟아졌다. 사람들은 세균은 항생제라는 '창'으로, 바이러스는 백신이라는 '방패'로 막아낼 수 있다는 자신감을 가졌다. 1969년 윌리엄 스튜어트 미국 공중위생국장은 "이제 전염병은 대부분 끝이 보인다"고 선언했다.

하지만 이것이 인류의 큰 착각이라는 것을 깨닫는 데에는 오랜 시간이 걸리지 않았다. 21세기 들어와 중증급성호흡기증후군(SARS, 사스) 조류인플루엔자가 전 세계를 공포로 몰아넣으며 인류의 역사를 다시 한번 뒤흔들었다. 1997년 건강의 날, 세계보건기구가 내건 슬로건은 '새로 떠오르는 감염질환들—전 지구적 경보, 전 지구적 대응'이었다. 미국 질병통제예방센터의 조지프 맥데이드 박사는 "인간은 노령화와 인공이식, 항암치료 등의 영향으로 면역력이 약해지고 있다. 반면 미생물은 끊임없이 진화하며 더 강력한 돌연변이를 만들어내고 있다"고 경고했다.

지구온난화를 비롯해 무분별한 개발로 생태계가 파괴되면서 예전에는 없던 새로운 세균이 출현하고 있다. 경작지를 만들기 위해 숲에 있는 나무를 베어내면서 아프리카에서는 에볼라 바이러스 출혈열이 발생했다. 새롭게 발달된 기술 또한 미생물에게 새로운 서식지를 만들어 주고 있다. 공기정화기와 냉난방 시스템은 레지오넬라균을 키웠고 수혈, 장기이식 등의 의료 기술은 에이즈, 말라리아, 간염 등을 전파시켰다.

2014년 전 세계는 에볼라 바이러스로 공포에 휩싸였다. 에볼라 바이러스는 한 번 감염되면 치사율이 최고 90퍼센트에 이르러 '죽음의 바이러스'라고 불린다. '전염병의 시대가 다시 온다' '슈퍼 박테리아 등장' '세균의 대반격'이라는 문구가 공상영화의 홍보 문구로만 읽히지 않는 이유다.

근대 의료의 풍경 황상익, 푸른역사, 2013

전염병과 인류의 역사 윌리엄 H. 맥닐 저, 허정 역, 한울, 2009

조선평전 신병주, 글항아리, 2011

호열자 조선을 습격하다 신동원, 역사비평사, 2004

호환 마마 천연두 신동원, 돌베개, 2013

04 조선시대 표류기

세계 3대 중국견문록

일본 승려 엔닌의

『입당구법순례행기入唐求法巡禮行記』

이탈리아 상인 마르코 폴로의

『동방견문록東方見聞錄』

그리고

어느 조선 선비의 여행기

1487년 성종 18년
지역 행정을 감독하기 위해
제주도에 부임한 조선의 선비
최부 崔溥, 1454~1504

1488년 1월 3일
최부는 부친상을 치르고자
고향 나주를 향해 배를 띄운다

'바다 기운이 어두컴컴해지면서
바람이 불고 비가 내렸다…
닻을 올리니 역시 끊어져 있었다.
노를 저었으나 가까운 해안에 닿지 못하고…
(배는) 파도를 따라 오르내리며
갈 곳을 알지 못하였다.'

그리고 시작된 표류

1488년 1월 10일

'식수(빗물)를 받지 못해 밥을 지을 수가 없고…
마른 쌀을 씹기도 하고
오줌을 받아 마시기도 하였는데
얼마 안 가 오줌마저도 잦아들고…
거의 죽을 지경에 이르게 되었다.'

1488년 1월 12일

떠들썩하게 시끄러운 소리가 한어漢語였다.
그들이 중국인이라는 것을 알게 되었다.

14일간의 표류 후
중국의 태주부 우두산 앞바다에 도착한
최부와 42명의 일행

번화한 강남지역을 지나
당시 명나라 황제가 있던
베이징에 도착

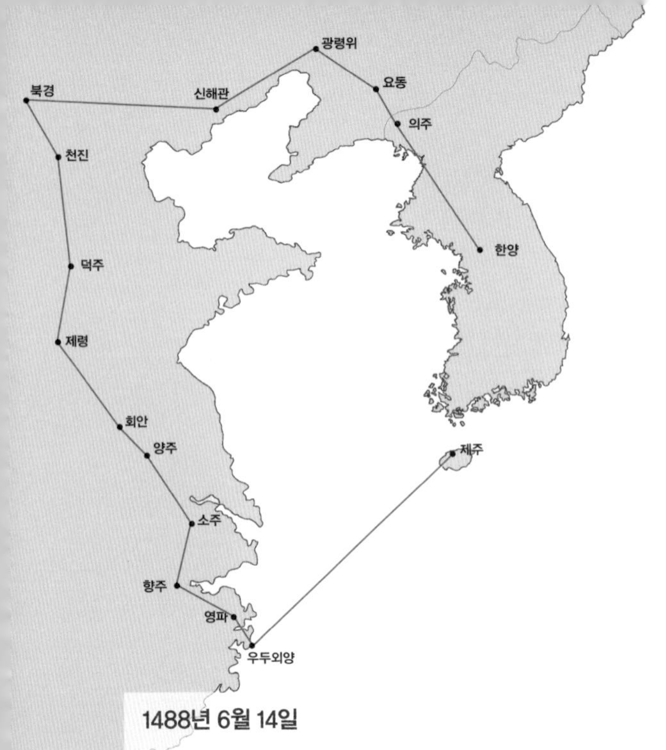

1488년 6월 14일

조선으로 돌아오게 된다

그리고

제주도에서 출항한 시점부터
귀국일까지 136일간의 여정을
날짜별로 기록한
중국견문록 표해록漂海錄을 발간한다

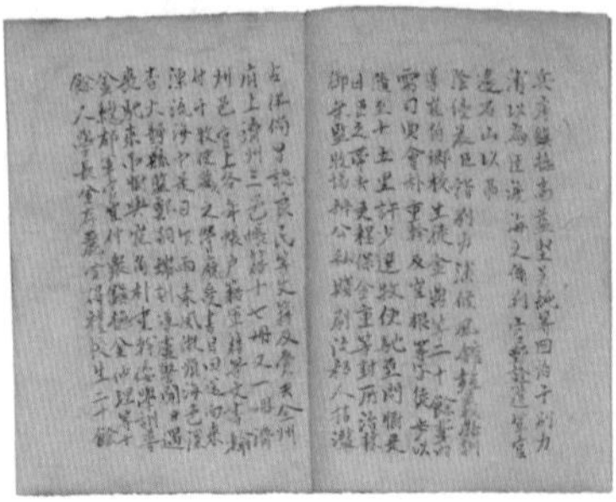

15세기 중국의 해안 방비상황부터
지리, 민속, 언어, 문화를 비롯해
발달한 대운하의 기능과 의의
농업에 활용 가능한
중국의 수차水車 원리까지 기술

자신이 기록해온 내용을 바탕으로
조선에 수차 보급을 제안하기도 했던 최부

"표해록의 15세기 중국에 대한 인식도는
그동안 중국견문록으로 대표해온
마르코 폴로의 『동방견문록』이나
엔닌의 『입당구법순례행기』를 능가한다."
– 거전자葛振家, 중국 베이징대 교수

1488년 조선에서 발간된 후
일본, 미국의 학자들에게 먼저 주목을 받았던
최부의 표해록은
1976년에 이르러 한글로 완역되었고
이후 해외번역본의 오역에 대한
수정작업을 이어오고 있다

한국판 '동방견문록'

1487년 11월, 전라도 나주의 선비 최부는 특별한 임무를 띠고 제주도에 파견되었다. 그는 육지에서 죄를 짓고 제주도로 도망간 범법자들을 찾아내 문책하는 추쇄경차관이었다.

제주도에서 반년 남짓 지냈을까. 공무가 거의 끝나갈 무렵인 1488년(성종 19년) 정월 그믐, 최부는 부친의 부음을 듣게 된다. 최부가 서둘러 배를 띄우라고 명했지만 바다를 아는 사람들은 손사래를 쳤다. 거듭 말리는 이들을 뒤로하고 최부는 부친상을 치르기 위해 잿빛 바다에 배를 띄웠다. 배에는 향리, 군관, 관노 등 모두 43명이 타고 있었다.

음력 1월, 때는 겨울이었고 파고가 높게 일었다. 제주를 떠나 전남 나주로 향하는 길, 목적지는 아직 멀었는데 일행은 풍랑을 만났다. 강풍과 폭우에 배가 언제 침몰할지 몰라 물과 식량을 바다에 버렸다. 물결에 몸을 싣고 망망대해를 보름간 표류하는 동안 식수는 떨어지고 그나마 남아 있던 먹을거리도 동이 났다.

그렇게 십여 일이 지났다. 다행히 풍랑이 가라앉고 육지가 가까워졌는데 이번엔 해적을 만나 얼마 남지 않은 옷가지와 물건마저 빼앗긴다. 그렇게 생사를 오갈 때쯤 최부 일행은 중국 절강성 태주부에 도착했다.

처음에 최부 일행은 왜구로 몰려 갖은 고초를 당했다. 최부가 조선의 역사와 인물을 자세히 설명하고 나서야 비로소 중국인들은 일행을 표류인으로 대우했다. 이후 최부는 명나라 장교의 보호를 받으며 북경으로 안내되어 황제의 상까지 받고 압록강을 건너 조선으로 무사히 돌아온다. 제주를 떠난 지 6개월 만의 일이었다.

한양에 도착한 최부는 중국을 견문한 기록을 바치라는 성종의 명을 받았다. 중국에서 돌아온 지 8일 만인 6월 22일, 한국판 '동방견문록'이라 할 수 있는 『표해록』은 이렇게 탄생했다.

기행문은 최부가 제주도에 부임하던 1487년(성종 18년) 9월 17일 시작하여, 이듬해 윤정월 아버지가 돌아가셨다는 소식을 듣고 제주를 떠나 나주 고향 집으로 향하던 중 태풍을 만나 바다에 표류하다가 천신만고 끝에 중국 땅에 닿고, 황제를 만나고, 요동벌을 지나 압록강을 건너 조선으로 귀환하는 6월 4일까지의 이야기로 마무리된다. 『표해록』은 8800여리(3400킬로미터)를 다니며 본 명나라의 풍물과 경관, 사람들의 이야기가 담긴 일종의 보고서였다. 제주도에 도착했던 하멜 일행이 13년간 조선에 억류됐다가 탈출해 네덜란드로 돌아가 표류기를 썼던 것처럼 말이다.

6개월 만에 돌아왔지만 최부는 고향에 바로 갈 수 없었다. 나주에 발을 디딘 것은 『표해록』을 마무리한 여드레 후였는데 고향에 간 지 얼마 지나지 않아 어머니가 돌아가셨다. 최부는 4년 동안 시묘侍墓하는 효성을 다했다.

유생이 상중에 한가롭게 기행문이나 쓰고 있다는 비난을 받기도 했지만 최부는 얼마 되지 않아 40세인 1493년, '벼슬아치의 꽃'이라는 홍문관 교리에 오른다. 하지만 그의 벼슬길은 순탄하지 못했다. 연산군이 왕위에 올라 학정을 일삼자 이를 간언하다가 무오사화 때 함경도 단천으로 유배되었고, 6년 후 갑자사화 때도 연산군 시절 왕의 잘못을 알리고 고관대작들의 비행을 폭로한 상소를 올린 것으로 미움을 받아 끝내 처형당한다. 반백의 나이에 세상을 마치고 만 것이다. 『연산군일기』에는 그의 죽음이 이렇게 기록되어 있다.

"최부는 공렴정직하였고 경전과 사서를 폭넓게 섭렵하고 있었고 문사文詞에 넉넉하였다. 간관이 되어서는 아는 것은 말하지 않은 것이 없었고 회피하는 바가 없었다. 죽임을 당하자 조정이나 재야의 모두가 애석하게 여겼다."

이후 중종은 그에게 높은 벼슬을 내려 명예를 회복시켜주었고, 당대의 학자이자 최부의 외손자인 미암 유희춘이 그의 기록을 세상에 알렸다. 『표해록』은 최부가 기록을 남긴 지 80여 년 뒤인 1569년에 유희춘에 의하여 간행되었다.

중국인들마저 경탄한 15세기 중국에 대한 세밀한 묘사

일찍이 중국은 갖가지 신기한 소문으로 가득찬 미지의 세계였다. 그래서 늘 세상 사람들의 호기심을 자극했다. 동서양을 막론하고 많은 사람들이 그 신천지로 몰려왔고, 그곳에서 보고 들은 내용을 여행기로 남겨놓았다. 그 대표적인 기록이 일본 승려 엔닌圓仁의 『입당구법순례행기』와 이탈리아 상인 마르코 폴로의 『동방견문록』이다. 중국을 소개하는 2권의 명저는 9세기와 13세기의 중국의 실정을 풍부한 내용으로 자세하고 비교적 정확하게 묘사하고 있다고 평가받는다. 그러나 최부가 작성한 『표해록』은 그만큼 사람들의 주목을 받지 못했다. 하지만 곧 이 책의 가치를 알아보는 눈 밝은 이들이 나타났다. 1990년대 초반부터 『표해록』 연구에 몰두해온 중국의 거전자 베이징대학 교수는 마르코 폴로의 『동방견문록』, 엔닌의 『입당구법순례행기』와 더불어 『표해록』을 3대 중국 여행기로 꼽는다. 그는 『표해록』이 15세기 중국 명나라의 실정을 속속들이 세밀하게 묘사하고 있는 것을 극찬했다.

중국학자들도 산천, 교량, 민속, 민요, 제도, 의식주 등을 두루 담고 있는 『표해록』을 보고 혀를 내둘렀다. 학자들은 이 책이야말로 '중국에 관한 이웃나라의 가장 친절한 묘사'라면서 기행문학의 백미라고 높이 평가했다. 최부는 여타의 역사서가 제대로 다루지 않은 중국 남북을 가로지르는 대운하에 관해 생생하게 기록했으며, 당시의 교통제도, 시장, 사찰과 사묘祀廟 등의 풍경도 낱낱이 묘사했다. 군사제도인 위소衛所에 대해선 그 명칭까지 일일이 열거해놓았다. 그외에도 표해록에는 다양한 소재가 등장한다.

"배의 앞머리와 꽁무니가 서로 이어져 있으며, 주옥과 금은과 보배가 나고, 쌀과 기장과 소금과 철이 풍부합니다. 염소, 양, 거위, 오리, 닭, 돼지, 나귀, 소 같은 가축과 소나무, 대나무, 등나무, 종려나무, 무환자나무, 귤나무, 유자나무가 천하의 으뜸이므로, 옛사람들이 강남을 빼어나고 아름다운 땅으로 여겼음은 이 때문입니다."

– 『표해록』, '강남 기록' 중

일기체로 엮어내려간 기사마다 꼭 구체적인 시간과 지점, 관련인물들의 실명을 적어놓았다. 유학자였던 최부는 『논어』 『맹자』 등 사서오경은 말할 나위도 없고, 중국의 지리학 고전인 『우공』까지 십분

통달하여 글 속에서 자유자재로 인용하고 있다.

중국 관리가 태주부에 이른 최부 일행에게 "그대들을 왜선倭船으로 간주해 위협하고 겁탈하여 사로잡아 죽이려 했다. 그대가 만약 조선인이라면 그대 나라의 역대 연혁과 도읍, 산천, 인물, 풍속, 제사 의식, 상제, 호구, 병제, 의관 제도를 자세히 써오라" 이르자 한 치의 흔들림 없이 최부는 정확하게 우리나라의 역사와 지리, 인물에 대해 설명하였다.

"산천은 장백산이 동북에 있는데 일명 백두산이다. 횡으로 천여 리 뻗쳐 있고, 높이는 이백여 리다. 그 산정에는 못이 있는데 둘레가 80여 리다. 동쪽으로 흘러 두만강이 되고, 남쪽으로 흘러 압록강이 된다. 동북쪽으로 흘러 속평강이 되고 서북쪽으로 흘러 송화강이 되는데, 송화강의 하류는 혼동강이다. (…) 인물은 신라의 김유신·김양·최치원·설총, 백제의 계백, 고구려의 을지문덕, 고려의 최충·강감찬·조충·김취려·우탁·정몽주가 있으며, 우리 조선의 인물은 가히 다 열거할 수가 없다."

배에 탔던 43명 전원이 무사히 귀국할 수 있었던 것은 최부의 인격과 학식, 위기에 대처하는 능력 덕분이었다. 목숨이 경각에 달려 있을 때에도 그는 "도리에 어긋나는 일을 해서는 안 되고, 조금이라도 정직하지 못한 것이 드러나면 반드시 의심을 살 것이니 언제나 정도正道를 지켜야 한다"고 당당히 주장했다. 그 모습이 중국의 관헌들을 감동시켜 마침내 중국 황제까지 만날 수 있었다.

『표해록』이 중국인들의 감탄을 자아낸 것은 단지 책 속에 실린 방대한 지식 때문만은 아니다. 고난을 헤쳐가는 한 인간의 능력도 놀라움을 일으킨다. 망망대해의 풍파 속에서 난파 직전의 배에 함께 타고 있던 사람들에게 최부는 이런 말을 했다.

"배 안에서는 생사고락을 같이해야 한다. 다른 나라 사람이 함께 탔더라도 한마음으로 힘을 모아야 하거늘 하물며 우리는 모두 한 나라 사람으로 정이 육친과 같음에랴. 살면 함께 살고 죽으면 함께 죽자."

—『표해록』, 윤정월 10일

최부는 중국과 조선의 과거제도, 환관제도, 관리들의 의관, 접대용 차와 술 등을 비교 서술하여 중국과 조선 두 나라의 문화적 차이를 밝혔다. 또 중국의 남북문화를 비교하기도 한다.

"강남 여자들의 옷은 거의가 좌임左衽이나 강북은 우임右衽이고, 강남 사람들은 온순하고 거의 글자를 알고 있으나 강북은 사납고 뭔가 물어보면 "나는 글을 안 배워 무식하오"라고 대답한다. 그러나 강남에서는 돼지고기 한 접시로 손님을 대접하는 것이 고작이나 강북에서는 돼지는 통째로, 술은 단지로 대접하니 그 차이가 크다. 모두 치장을 좋아하는 것은 마찬가지이나 강남 사람들은 거울과 머리빗 같은 치장도구를 가지고 다니는데 반해 강북 사람들은 그렇지 않다. 강남 시장에서는 금과 은이 통화로 사용되나 강북에서는 동전이 쓰인다. 강남은 기와집이나 강북은 초가집이 태반이다."

날카로운 관찰력이 없이는 쓸 수 없는 기록들이다. 최부는 책의 끝부분에 지나온 노정과 천연 지세, 중국의 수로 이용법, 살림살이와 옷차림새, 인정과 풍속 등을 자세히 정리했다. 『표해록』에 등장하는 중국 남북 지방의 서로 다른 구어체 어휘들은 중국 언어학자들의 탐구대상이기도 하다. 예를 들어, '曉得(샤오더, 알다)'란 단어는 강남 일대에서만 사용하는 단어로서 강북에는 없었으나 지금은 보편화된 단어다. 지금 중국 보통어에 쓰이는 '얼화음兒化音'이 책 속에는 강북의 지명에서만 발견되어 그 어원이 북방어에 있음을 알 수 있다. 한 외국인의 기행문에서 자국의 언어적 소재를 발견하는 것은 학계에서 매우 드문 일이다.

소설가 이병주 선생은 『표해록』을 "우리나라 독자들에게 널리 보급돼 있는 영국 소설 『로빈손 크루소의 표류기』보다 문학적 질에서나 곁들여진 역사적 기록성에서 결코 손색이 없는 기행문학"임을 강조했다. 『표해록』은 국내에서보다 해외에서 먼저 가치를 인정한 책이다. 가장 먼저 나온 번역본은 일본 에도시대의 유학자 기요타 기미카네가 펴낸 『당토행정기唐土行程記』다. 최초의 학술적인 번역은 놀랍게도 존 메스킬이란 미국학자가 해냈다. 1950년대에 일본에서 유학한 메스킬은 일본에 남아 있는 현존 최고最古의 임진왜란 이전 『표해록』 판본을 모두 참고하여 영어로 옮겼고, 그 번역본을 1958년 콜롬비아 대학에 박사학위 논문으로 제출했다.

표류의 역사, 역사의 표류

바다는 더 넓은 세계를 향해 열린 공간인 동시에 닫힌 공간이기도 하다. 항해가 그 공간을 의도적으로 열어가는 것이라면, 표류는 의도하지 않게 닫힌 공간으로 흘러들어가는 사건이다. 하지만 표류로 인해 사람들은 새로운 문화를 접하고 새롭게 전파된 정보와 지식은 그 사회에 활력을 불어넣었다.

우리 역사에서 표류와 관련된 최초의 기록은 신라의 건국 시조 중 한 사람인 석탈해에 관한 것이다. 그는 어릴 적 다파나국(신라 주변의 소국)에서 버려져 바다에 운명을 맡겼던 인물로 표류 끝에 다다른 곳에서 끝내 왕이 되었으며, 신라 사람 연오랑과 세오녀는 왜의 왕과 왕비가 되었다고 전해진다.

10세기경 동아시아 해상무역이 활발하던 시기에는 고려인들의 표류가 잦았다. 그만큼 고려인들이 바다를 무대로 활발하게 움직였다는 뜻이다. 세월이 흘러 조선에 와서는 그 바닷길이 막히고 만다. 바다로 나가는 것을 금지하는 해금海禁정책 탓이었다. 그럼에도 불구하고 표류는 계속됐다. 최부를 비롯해 김대황, 장한철, 문순득과 같은 이들은 죽음의 파도를 넘어 새로운 세상을 만났고 다시 돌아와 기록을 남겼다.

표류에서 살아남을 확률은 1퍼센트도 안 된다. 100명이 표류하면 99명은 바닷속에 빠져 물고기 밥이 되기 십상이다. 난파된 배 위에서 마실 물까지 떨어지면 대부분의 사람들은 지레 좌절하고 만다. 그러나 표류기의 주인공들은 강인한 정신력으로 표류의 위기를 버텨냈다.

최부는 중국 강남을 다녀왔고, 김대황은 안남국(베트남)까지 표류했다. 장한철은 일본 유구국(류큐국)까지 떠밀려갔다가 왜구를 만나 죽다 살아왔고, 문순득은 조선 최초로 여송국(필리핀)과 마카오를 다녀온 인물이었다. 우이도의 홍어 장사꾼 문순득은 홍어를 사서 돌아오는 길에 표류하여 당시 스페인이 지배하던 여송국까지 떠밀려 간다. 문순득은 그곳에서도 장사꾼의 기질을 십분 발휘해 여송국 사람들을 상대로 장사를 하고, 포르투갈 사람들이 살던 마카오를 거쳐 3년 2개월 만에 고향으로 돌아온다. 그는 자신의 표류 경험을 당시 우이도에 귀양 와 있던 정약전에게 자세히 들려줬고, 정약전은 이를 『표해시말』이란 책으로 기록했다.

유구국까지 떠밀려간 제주 선비 장한철도 표류 기록을 남겼다. 한양에 과거를 보러 가던 길에 풍랑을 만나 장한철 일행은 지향 없이 표류하다가 나흘 만에 유구 열도의 어느 무인도에 도착한다. 그뒤 5일 만에 무인도에서 배를 만나 구사일생으로 구조되었으나 다시 일본 본토 상륙 직전에 태풍으로 선체가 파손되면서 스물한 명이 목숨을 잃고 말았다. 생존자는 오직 여덟 명. 이 가운데 한 사람이던 장한철은 그후 서울로 올라가 과거시험을 치렀으나 낙방했다. 장한철의 『표해록』은 과거시험을 치르기 위해 제주를 떠났다가 낙방하고 고향으로 되돌아오기까지의 경과를 상세하게 일기 형식으로 기록한 것이다. 그는 표류 경로를 날짜별로 꼼꼼하게 기록했다. 장한철은 『표해록』을 쓴 후 4년 만인 1775년(영조 51년) 과거에 합격해 대정현감, 취곡현령 등을 지냈다.

김대황은 안남국에 표류한 인물이다. 1687년 제주를 출발한 김대황과 그의 일행 24명은 표류를 해 안남국의 회안부(호이안)란 곳에 도착했다. 안남국 사람들은 이 낯선 이들에게 숙소와 음식을 극진히 베푼다. 그리고 6개월 뒤 안남국을 들른 청나라 상인에게 김대황 일행을 조선으로 보내달라고 부탁한다. 17세기 말부터 이미 안남국 사람들은 중국, 일본을 비롯해 포르투갈 등 유럽의 여러 나라와 교류하면서 자신의 나라를 찾아온 외국인을 어떻게 대해야 할지 잘 알고 있었다.

우리는 『15소년 표류기』 『로빈슨 표류기』 『하멜 표류기』와 같이 이방인들이 집필한 표류기의 내용은 잘 알고 있다. 그러나 최부나 장한철의 『표해록』, 문순득의 『표해시말』처럼 선조들이 집필한 표류기에 대해서는 아는 바가 드물다.

조선술이나 항해술이 발달하지 못했던 시기에 표류의 경험은 의도적으로 이루어진 사건은 아니지만, 문화교류의 자극제 역할을 톡톡히 했다. 명이나 청을 제외하면 외국에 대해 문외한이었던 조선 사람들에게 표류민들의 경험담은 소중한 정보가 되었다. 하지만 조선은 이들이 전해주는 이야기를 귀담아 듣지 않았다.

항해와 표류는 삼면이 바다로 둘러싸인 한반도의 문명발달에 큰 기여를 했다. 우연으로 시작된 표류는 적극적인 항해로 발전했다. 조선은 삼면이 바다와 인접한 반도 국가였음에도 안타깝게 바다의 절반도 활용하지 못했다. 그야말로 시대를 표류하고 말았던 것이다.

冊

조선 사람의 세계여행 규장각한국학연구원, 글항아리, 2011

최부: 동방의 마르코 폴로 김성미 저, 최용호 그림, 푸른숲주니어, 2007

표해록 최부 저, 서인범·주성지 역, 한길사, 2004

항해와 표류의 역사 김영원 등저, 솔, 2003

05 영화 황제

말 그대로 백마 탄 왕자였다

준수하면서도 멋있었고 젊음의 혈기로 넘쳤다

– 중국 배우 후다오胡導

1927년 중국
'동양의 파리'라 불리며
전 세계 젊은이를 불러모으던
격동의 도시, 상하이上海

뱃삯 7원을 들고 상하이로 떠나
중국 영화계에 뛰어든
열여덟 살, 조선의 소년

1927년, 한 영화사에서 업무보조로 시작
엑스트라, 단역 등 무명시절을 거쳐
1932년 영화 〈야초한화野草閑花〉로
일약 스타덤에 오른다

1934년 1월
중국 영화잡지『전성』이 주최한 톱스타 투표 결과

가장 잘생긴 남자배우 1위
친구로 사귀고 싶은 남자배우 1위
가장 사랑받는 남자배우 1위

그는 1930년대 중국 젊은이를 대변하며
신문화의 아이콘이 된다

1934년
훗날 항일 영화의 고전으로 평가받는 명작
〈대로大路〉에서 주연으로 활약

이 영화의 성공 후
로맨스의 주인공에서 벗어나
일본제국주의에 저항하는 전사로 변신한다

"그의 연기에는
나라를 잃은 조선인으로서
일제에 저항하는 항일정신이
그대로 투영되어 있었다."
– 영화감독 쑨위孫瑜

아버지

김필순 1880~1922

우리나라 최초의 양의사, 독립운동가

고모

김순애 1889~1976

애국항일 단체인 '상해애국부인회' 조직

고모부

김규식 1881~1950

파리강화회의(1919년)에 대한민국임시정부 대표로 참가

독립투사의 아들로 태어나
독립운동가 가문에서 자란 그는
중국의 '영화 황제'가 된 이후에도
백범 김구를 만나 독립운동 자금을 지원하며
일본 제국주의에 저항해나갔고

"기관총으로 나를 겨눈다고 해도
그런 영화는 찍지 않을 것이다."

제국주의 홍보영화에 출연하라는
일제의 요청도 단호하게 거절하고
순수 예술가의 길을 고집하며
끝까지 공산당에 가입하지 않았다

1966년 시작된 '문화대혁명' 기간
'커피와 버터를 좋아한 반혁명 분자'로
수용소에 끌려간 후 병을 얻어
1983년 12월 27일
상하이의 한 병원에서 눈을 감았다

"그는 영화배우일 뿐만 아니라
항일 전사였으며
반파시스트 전사였다"

– 박규원, 김염의 외손녀

영화를 통해
중국의 새로운 문화를 창조한 우상

1910 ~ 1983

영화 황제

영화배우의 꿈을 버리지 않은 식민지 조선의 청년

김염. 본명은 김덕린. 중국 이름 진옌. 그는 1910년 4월 7일, 서울에서 태어나 걸음마도 제대로 떼지 못한 두 살 무렵 중국으로 건너갔다. 김덕린의 아버지 김필순은 의사였는데 비밀리에 독립운동을 하고 있었다. 어느 날 그는 일제가 자신을 신민회 사건에 연루시켜 체포하러 올 것을 알아차리고는 가족들과 서간도로 몸을 피했다.

서간도에 정착한 후에도 김덕린의 아버지는 의사로 일하는 한편 독립운동을 돕기 시작했다. 그리고 김덕린이 열 살 될 무렵, 아버지는 차가운 시신이 되어 가족에게 돌아왔다. 사인은 독살이었다. 할머니, 어머니, 두 명의 형과 네 명의 동생, 그리고 김덕린까지 아홉 식구의 생계는 순식간에 막막해졌다. 아버지가 돈을 벌면 남김 없이 독립운동자금으로 내놓았기에 집안 어디에도 남아 있는 돈은 없었다.

결국 식구들은 각자 살 길을 찾아 뿔뿔이 흩어질 수밖에 없었다. 덕린이 맡겨진 곳은 상하이에 있는 둘째 고모댁이었다. 독립운동가 김규식 박사가 그의 고모부였다. 김규식이 톈진의 한 대학으로 자리를 옮기면서 덕린은 학창 시절을 톈진에서 보냈다. 고모부가 교수로 재직했지만 가난은 여전했다. 덕린은 학교 일을 도와 용돈벌이를 하면서 공부했다. 그는 뭐든 열심이었다. 책 읽기도 운동도 모두 잘했다.

어느 해 학교 운동회 때는 덕린이 달리기 선수로 출전해 연달아 1등을 했는데 중국인 학생이 그가 1등 하는 것을 예측했다면서 "조선족은 일본놈의 주구走拘니까 당연히 개처럼 빨리 뛰는 거지." 이런 말을 툭 던지고 갔다. 이 말을 들은 덕린은 당장 달려가 그 학생의 뺨을 때렸다. 이 일로 그는 정학 조치를 받게 되었고, 이런 처사에 항의해 조선 학생 중 몇몇이 입학을 거부하고 되돌아갔다. 그 무리 중 한 사람이 님 웨일스가 쓴 『아리랑』의 주인공 김산이다.

어렴풋이 영화배우가 되어야겠다고 생각했던 덕린은 이때 미리 예명까지 지어둔다. 당시 그가 만들어둔 예명은 김신金迅. 루쉰魯迅의 소설집 『납함』을 읽고 감동을 받은 뒤 루쉰과 같은 이름을 쓰기로 결심한 것이다. 영화잡지만 뒤적이는 덕린을 고모부는 꾸짖었지만 덕린은 한 번 정한 진로를 포기하지 않았다.

결국 열일곱 살의 덕린은 친구들이 마련해준 차비로 상하이행 증기선에 몸을 실었다. 불꽃처럼 열정적인 삶을 살자 하면서 예명도 '염焰'으로 바꾸었다. 상하이에 도착한 김염은 처음엔 소설을 썼다. 하지만 들고 간 글마다 번번이 퇴짜를 맞자 다음에는 영화사에 심부름꾼으로 들어간다.

밥을 굶지 않으려고 무슨 일이든 닥치는 대로 했다. 낮에는 검표원이나 문지기로 일했고, 밤에는 극장 한 구석의 긴 걸상에서 잠을 잤다. 그렇게 일을 해도 끼니를 해결하기가 쉽지 않아 실의에 빠지는 날들이 이어졌지만, 김염은 마음속에 품은 영화배우의 꿈을 버리지 않았다.

상하이를 휩쓴 김염 신드롬

20세기 초 상하이는 화려한 금융도시였다. 고층빌딩이 높게 들어선 이곳으로 전 세계 젊은이들이 꿈을 안고 찾아왔다. 상하이는 영화의 도시이기도 했다. 1895년 프랑스에서 처음 제작된 영화는 이듬해에 '서양 그림자극西洋影戲'이란 이름으로 상하이에 소개됐다. 이후 1930년대부터 본격 제작된 영화들은 상하이라는 도시를 대표하는 '특산품'이 되었다.

가난한 영화배우 지망생 김염의 인생을 바꿔놓은 평생의 인연이 이때 맺어진다. 김염의 정신적 지도자였던 희곡작가 톈한田漢과 김염의 정신적 동반자였던 쑨위孫瑜 감독이 그들이다. 미국 컬럼비아 대학교에서 영화를 공부한 쑨위는 중국 영화계에 신선한 바람을 일으켰다. 그는 다른 배우들에게서는 발견하지 못한 새로운 청년상을 김염에게서 발견했고, 1929년 자신의 첫번째 영화 〈풍류검객〉에 김염을 캐스팅했다. 영화는 기대만큼 대중의 호응을 얻지 못했지만 쑨위는 이듬해 두번째 영화 〈야초한화〉에서도 김염을 주연으로 캐스팅한다.

쑨위는 당시 〈야초한화〉에서 보여준 김염만의 독특한 분위기를 이렇게 회고했다.

"사진을 잘 받는 김염의 균형 잡힌 키, 크고 날씬한 스타일, 소박하고 자연스러운 연기, 그리고 청춘의 숨결은 둥근 중국 모자를 눌러 쓰고 연신 추파를 던져댈 뿐 될성부른 기미라곤 없어 보이는 영락없는 철부지 역에 적격이었습니다. 모두들 낯빛이 변해버렸지요. 이 작품이 진정한 의미에서 김염의 스크린 데뷔 작품이었습니다. 이것으로 김염은 새로운 타입의 남자 배우로서 단숨에 1930년대의 영화 황제 자리에 등극하게 되었던 것입니다."

영화 〈야초한화〉가 당대의 히트작이 되면서 주인공이었던 김염은 하루아침에 스타가 되었다. 영화는 부모들이 계획한 정략결혼에 불만을 품은 부잣집 청년이 봉건사회의 계급질서를 뛰어넘어 거리에서 꽃을 파는 처녀를 사랑한다는 내용을 담고 있는 흔한 멜로드라마였다. 하지만 문벌을 중시하는 봉건사회에 항의하며 자유롭게 자신의 미래를 열어가는 주인공의 모습에 젊은이들은 열광했다.

김염은 이때부터 약 5~6년 동안 20편이 넘는 영화를 찍었고 그중 많은 영화가 크게 성공했다. 중국 어디를 가나 배우 '진옌'을 알아보고 열렬하게 환호했고 그의 사진을 사려는 젊은이들이 개봉관 앞에 장사진을 쳤다. 가히 '김염 신드롬'이라 할 만했다.

영화 〈들장미〉가 개봉되던 1932년 4월, 일본은 상하이 사변에서의 승리를 자축하기 위해 홍커우 공원에서 천황의 생일인 천장절 행사를 계획했다. 윤봉길 의사는 삼엄한 경비를 뚫고 천장절 행사장에 잠입해 준비해간 폭탄을 터뜨렸다. 윤봉길 의사의 의거는 한국인을 바라보는 중국인들의 시선을 바꾸어놓았다. 때마침 노골적인 일본의 중국 대륙 침략에도 미온하게 대응하던 국민당 정부에 대해 중국인들이 분노하고 있을 때였다.

중국 영화계는 윤봉길 의사의 의거에 박수를 보내면서 국민의 항일의식을 고취시킬 작품을 만들고자 했다. 이런 분위기 속에서 1934년 쑨위 감독은 〈대로〉라는 작품을 내놓았다. 주인공인 청년 노동자 역은 역시 김염이었다. 〈대로〉에서 선보인 그의 연기는 중국 젊은이들의 가슴을 항일의식으로 불타오르게 했다. 대한민국 임시정부가 세워진 상하이에서 김염은 영화라는 자신만의 방식으로 독립운동을 하고 있었다. 김염은 '자신의 예술이 사회에 이바지하도록 힘써야 하고, 일본제국주의를 반대하는 투쟁에 힘이 되어야 한다'고 굳게 믿었다.

김염이 주로 맡은 배역들은 대부분 당대의 시대정신을 그대로 담고 있었다. 〈대로〉의 청년 노동자 역 외에도 〈일전매〉에서는 의적이 되는 경비대장 역을 맡았고, 〈장지릉운〉에서는 도적을 물리치는 청년 지도자, 중년이 되어 찍은 〈폭풍 속의 매〉에서는 홍군과 힘을 합쳐 마을을 지키는 지도자 역할을 맡았다. 그가 연기했던 영화들이 다루었던 커다란 주제는 사회 변혁, 정의, 항일 같은 것이었다.

김염의 아버지 김필순은 도산 안창호와 친하게 지내며 신민회 활동에 참여했던 항일투사였다. YWCA 창설자였던 김필례와 여성 독립운동가 김순애는 고모였고, 독립운동가 김마리아는 사촌누이, 독립운동가 김규식 박사와 임시정부에서 대한적십자회를 창설한 서병호는 고모부였다. 그 밖에도 김덕홍, 김위, 김로 등 김염의 형제자매들도 대부분 항일운동에 뛰어들었다.

김염은 새로운 세상을 열기 위해 자신이 어떻게 살아야 할지를 언제나 고뇌하며 살았다. 김염은 수많은 여성 팬을 몰고 다닌 매력적인 배우였지만, 결코 상업적인 영화에는 출연하지 않았다. 그런 모습에 남녀노소 할 것 없이 수많은 이들이 호감을 표했다. 김염의 의식 있는 모습에 반한 대표적인 인물이 당대 최고의 여배우 왕런메이다. 영화 〈들장미〉를 찍으며 만난 왕런메이와 김염은 1934년 영화 같은 결혼식을 올렸다.

그해 가을은 결혼 말고도 김염에게 큰 의미가 있는 해였다. 김염이 중국인들에게 '영화 황제'로 자리매김한 해였기 때문이다. 1934년 상하이에서 발행되던 영화잡지 『전성』에서 인기투표를 실시했는데 가장 잘생긴 남자 배우, 가장 친구가 되고 싶은 배우, 가장 인기 있는 배우라는 세 개의 부문에서 김염이 모두 1위를 한 것이다.

무일푼으로 상하이에 상경했던 열일곱 살의 조선족 소년은 5년 만에 거대한 대륙을 뒤흔드는 우상이요, 영화 황제가 되어 쟁쟁한 배우들과 함께 스크린을 종횡무진했다. 식민지 시대를 관통하며 신음하던 대중에게 김염이란 존재는 그 이름처럼 한 줄기 불꽃이었다.

'영화 황제'에게 닥친 시련의 세월

1937년, 중일 전쟁이 발발하자 영화사들은 일제히 문을 닫았다. 더 이상 영화를 찍을 수 없는 상황이었다. 영화감독들은 메가폰 대신 총을 들고 전선으로 향했다. 김염은 직접 항일운동에 투신할 생각으로 공군 조종사가 되려고 시험을 봤지만 낙방하고 말았다.

그러던 와중에 김염은 중일합작 영화에 출연제안을 받는다. 그러나 김염은 "배우는 부자들의 심심풀이 노리개가 아니다. 자기의 예술이 사회에 유용하도록 힘써야 한다"며 제안을 단칼에 거절하고 만다. 이후 일제의 삼엄한 감시를 받은 김염은 부인 왕런메이와 홍콩으로 도피한다. 이후 구이린, 충칭, 쿤밍 등지를 전전하며 7~8년간 방랑생활을 한다. 그동안 김염은 건축사로 직업을 바꾸기도 하고, 장사를 하기도 했지만 매번 그 결과는 신통치 않았다. 경제적으로 풍요롭지 못하고 불안정한 생활이 이어지다보니 결혼생활이 순탄할 수 없었다. 김염과 왕런메이는 1944년, 결혼 10년 만에 각자의 길로 돌아섰다.

이듬해 1945년 8월 15일, 드디어 일본이 항복을 선언한다. 그것으로 기나긴 전쟁은 끝이 나는가 싶었다. 하지만 대륙 안에서 또다른 전쟁의 포성이 울렸다. 국민당의 장제스와 중국공산당의 마오쩌둥이 국공합작을 시도했지만 결국 실패했고, 이는 다시 대륙을 전쟁의 시대로 몰아갔다. 전쟁의 승리는 중국공산당에게 돌아갔다. 이후 장제스는 1949년 대만으로 내몰려 그곳에 새로운 정부를 세웠고, 마오쩌둥은 그해 10월 베이징 톈안먼 관망대에 서서 중화인민공화국 수립을 천명했다.

대륙의 역사가 역변하는 사이, 김염의 삶에도 적지 않은 변화가 찾아왔다. 상하이로 돌아온 김염은 우연히 영화배우 친이를 만나게 된다. 저우언라이 총리가 "중국에서 가장 아름다운 여인"이라고 찬탄했던 친이는 당시 이혼한 뒤 다섯 살 된 딸과 가난하게 살고 있었다. 우연한 만남을 계기로 김염과 친이는 가까워졌고 이윽고 결혼까지 하게 된다. 친이와의 사이에서 아들이 태어났으며 김염은 다시 예전의 안정된 생활로 돌아갔다.

김염의 사회적 위치도 달라졌다. 그간 중국영화에 기여한 공로로 일급배우로 임명됐다. 장관보다 더 높은 지위였다. 동시에 상하이 영화제작소의 극단장까지 맡게 되었다. 당시 대부분의 영화인, 예술가, 명망을 얻은 지식인들은 모두 공산당을 지지했고 마오쩌둥이 열어갈 새로운 중국에 희망을 걸고 있었다. 아내 친이 또한 열렬한 공산당원이었다.

하지만 김염은 공산당원이 되지 않았다. 마오쩌둥이 당에 들어오기를 권유했을 때에도 그의 신념은 흔들리지 않았다. 김염은 자유인이길 소망했고, 인간의 정신이나 영혼을 묶어둘 수 있는 것은 아무것도 없다고 믿었다.

1950년대에 이르러 중국영화는 재건기에 들어선다. 행정적인 일로 바빠진 김염의 영화 출연은 전성기 때에 비해 뜸해졌다. 중년의 김염은 1957년 왕이 감독의 역작 〈폭풍 속의 매〉에 출연했다. 청년들과 마을 사람들이 단합해 마을 사람들을 착취하는 이들을 몰아낸다는 사회주의적 사실주의 작품이었다. 나이가 들어서도 여전히 배우 김염, 인간 김염의 영원한 주제는 '정의'와 '자유'였고 그에게 있어서 영화는 불의와 싸우는 무기였다.

당시 마오쩌둥은 국가 재건에 나서고 있었다. 이른바 '대약진운동'이라 불리는 이 운동은 토지개혁과 협동농장식 농업을 통해 직업, 성, 교육의 차이를 없애 평등사회를 만들고자 했던 운동이다. 그러나 1960년부터 대기근이 전역을 휩쓸면서 대약진운동은 실패로 끝났다. 이후 류사오치와 덩샤오핑을 중심으로 한 실용수정주의 노선이 당의 주도권을 쥐었다가, 다시 마오쩌둥이 당권을 잡고 덩샤오핑을 축출하는 격동의 시간이 흘러갔다. 대륙에는 또다시 혁신운동이 펼쳐졌다. 이번에는 '문화대혁명'이라는 이름이 붙여졌다. 문화대혁명의 회오리바람은 김염도 피해가지 않았다. 마오쩌둥의 부인이자 김염과 함께 당대에 활약했던 배우인 장칭江靑은 김염을 '커피와 버터를 좋아한 반혁명 양파분자'라고 일컬으며 철저히 매도했다. 결국 김염과 친이는 상하이 교외에 있는 수용소에 끌려가게 된다. 이때 김염은 병을 얻게 되었고 그의 아내 친이는 4년 동안 독방에서 중노동을 해야 했다. 또한 그 충격으로 아들은 정신분열증을 앓았고 함께 살던 친이의 어머니는 세상을 떠났다.

폭풍 같던 혁명의 시대가 지나간 뒤에도 김염은 투병생활을 이어가다가 1983년 12월 27일, 73세의 나이로 눈을 감았다. 그의 추도식에는 수백 명의 사람들이 찾아와 그의 넋을 기렸다. 지금 김염은 상하이 용화혁명열사능원에 잠들어 있다. 우리나라의 국립묘지격인 이곳에 묻힌 이는 영화인으로서 김염이 유일하다.

지금도 꺼지지 않은 '상하이의 불꽃'

미국의 작가 님 웨일스는 김염을 가르켜 "극동에서 제일 잘생긴 조선인"이라고 칭했으며, 전설의 무용가 최승희는 "민족의 자랑"이라고 했다. 김염은 중국 영화 100년사에서 유일하게 '황제'라는 칭호를 부

여받은 배우다.

중국 영화계에 혜성처럼 나타나 톱스타가 된 전설의 한국인 김염. 하지만 쓸쓸했던 말년처럼 그의 존재는 사람들의 기억 너머로 사라졌다. 그를 망각의 저편에서 불러온 사람은 일본인 스즈키 쓰네카쓰다. 그가 추적한 김염의 흔적들은 상하이의 역사와 함께 한 권의 책으로 묶였고, 1996년 『상해의 조선인 영화 황제』라는 제목으로 번역돼 국내에 소개됐다.

김염의 일생에 관심을 기울인 여성도 있었다. 김염의 외손녀인 박규원 씨다. 대학에서 미술을 전공한 박규원 씨는 외증조할아버지 김필순과 작은 외할아버지 김염의 일생에 대해 알게 되었다. 그 후 8년에 걸쳐 중국, 미국, 캐나다에 흩어져 있는 가족들을 인터뷰해 2003년 『상하이 올드 데이스』를 출간했다. 그뒤 2004년에는 제4회 광주국제영화제에서 '김염 특별전'이 마련됐고, 부인 친이 여사가 영화제를 찾아 그를 회고했다. 2014년 여름에는 김염의 일생을 그린 뮤지컬이 〈상하이의 불꽃〉이란 이름으로 무대에 올라 관객들을 만났다.

"1930년대 중국 영화의 성장시대를 대표하는 스크린에 김염이란 태양이 나타나 화려한 빛을 뿌리지 않았더라면 중국 영화의 동년시대는 1930년대를 메우고도 끝나지 않았을지도 모른다. 김염의 진보적인 형상에 의해 중국 영화의 봉건성과 유치성은 더이상 머리를 들 수 없었다."

–『중국 영화 백년사』

현대 중국의 문학사를 제대로 알고 싶을 때 중국 민족의 영혼이라 평가받았던 루쉰을 떠올리듯, 중국의 영화사를 실감나게 이해하고 싶을 때 중국 사람들은 김염을 찾는다고 한다.

지금도 용화혁명열사능원 기념관에는 김염이 출연한 영화의 흑백 필름이 멈추지 않고 돌아가고 있다. 김염, 그의 불꽃 같았던 삶은 지금도 상하이에서 조용히 타오르고 있다.

冊

상하이 올드 데이스 박규원, 민음사, 2003

상해의 조선인 영화 황제 스즈키 쓰네카쓰 저, 이상 역, 실천문학사, 1996

중국 영화 황제 김염 김창석, 연변인민출판사, 2011

중국 영화의 서술과 기억 루홍스 저, 김정욱 역, 전남대학교출판부, 2014

1930**년대 중국 영화배우 김염 연구** 조복례, 상명대학교 예술디자인대학 영화학과 석사논문, 2005

06 어떤 나라의 기억

이곳은 동방의 작은 나라
일본이나 중국과 다른
독특함을 갖고 있다

– 조르주 뒤크로, 1910년 12월

끝없이 늘어선 초가들과
시가를 둘러싸고 있는 성곽,
웅장한 성문
여기가 바로 한양이다

얼굴 표정은 온화하며
눈은 꿈을 꾸는 듯하고
행동에는 무사태평과 관용이 엿보인다

향상 눈을 맞은 듯한
아름다운 의관을 고수하는 사람들

갓을 쓰지 않은 조선인은 상상할 수도 없다

결혼식 행렬은 마치
대낮에 빛의 자락이 지나가는 듯하다

한양에는 한가로이 거니는 사람들이 많고
활기가 넘친다
누군가 넘어지기라도 하면 즐거운 폭소가 터진다

아이들은 미래의 운을 띄워 연날리기를 한다

얼마나 재미있게 사는 민족인가

조선인이라면 누구나
자신의 집과 따뜻한 화로
자신만의 삶이 있다

소박한 일상 속 넘치는 행복
가진 것이 별로 없어도
조선 사람들은 행복하다

친절하고 우아한
가난하지만 꿈을 꾸는 이 민족에게
악한 점이라고는 없다

그저 조상들처럼
평화로운 삶을 살길 바라는
아이들의 머리 위로 구름이 지나간다

하지만

이방인이 본 또다른 조선의 모습

'황후는 침략자에 의해 죽임을 당했고
한 명의 궁녀도 살아남지 못했다.

주변나라에 의해 억압받는
조선의 신세를 한탄하는 속담도 있다.
고래 싸움에 새우등 터진다가 그것이며…'

조선을 위협하는 열강들
벼랑 끝에 선 나라

1904년
대한제국에서의 짧은 여정을 마치고
프랑스로 돌아간 그는
한 권의 책을 출간했다

『가련하고 정다운 나라 조선』
조르주 뒤크로Georges Ducrocq, 1874~1927

그로부터 6년 뒤
1910년 대한제국은
역사 속으로 사라지고 말았다

프랑스 청년의 기록

1901년 겨울, 한반도가 열강들의 발톱 아래 신음하던 무렵, 프랑스에서 온 두 명의 여행가가 동방의 한 나라에 찾아들었다. 시인이자 인류학자였던 조르주 뒤크로와 민속학자 루이 마랭Louis Marin이 그들이다. 시베리아, 만주, 베이징을 거쳐 제물포에 도착한 두 사람은 대한제국에 2주간 머물렀고 고국 프랑스로 돌아간 뒤 낯선 곳에서의 강렬했던 기억을 한 권의 책으로 엮었다. 뒤크로의 글과 마랭의 사진이 담긴 책의 제목은『가련하고 정다운 나라 조선』. 이십 대의 두 프랑스 청년은 100년 전 한양에 입성했을 당시 보았던 눈앞의 정경을 책 속에 이렇게 풀어놓았다.

"남산을 거쳐 한양에 도착하는 사람은 나뭇가지 사이로 초가지붕으로 잔뜩 덮인 큰 마을을 볼 수 있다. 처음에는 굴뚝 연기에 휩싸인 이 초가가 가득한 마을이 조선의 수도인 한양이라고 믿어지지가 않는다. 그러나 끝없이 늘어선 초가들과 시가를 둘러싸고 있는 성곽, 웅장한 성문들을 보게 되면, 더이상 의심의 여지는 없어진다. 여기가 바로 한양이며, 한양은 마치 겉보기가 볼품없는 농촌의 아낙 같아 보인다. 초가들은 꾸밈이 없어 보이며, 무척 가난해 보이기는 하지만 결코 처량하지는 않다."

작은 초가들이 모여 앉은 한양의 모습과 그곳에 모여 사는 사람들은 뒤크로의 눈에 가난하지만 행복해 보였다. 그 이미지가 소박한 흰옷과 잘 어울렸는지 그는 책에서 '한민족은 항상 눈을 맞은 듯한' 옷을 입고 있다면서 그것을 '아름다운 의관'이라고 적었다. 뒤크로의 글에는 짧은 체류기간 동안 낯선 사회를 탐구하고, 분석하려고 애쓴 흔적들이 곳곳에서 보인다. 그는 속담들을 인용해가며 조선 사람들에 대한 인상을 풀어내기도 한다.

"'순이'라는 이름이야말로 가장 조선에 잘 맞는 이름이다. 친절하고 우아한, 가난하지만 꿈을 꾸는 이 민족에게는 악한 점이라고는 없다. 운명이 고약해도 다음과 같은 속담으로 위로를 한다. '웃는 팔자로 태어난 자가 있는가 하면 울 팔자로 태어난 자도 있다'. 그저 조상들처럼 평화로운 삶을 살기는 바라는 이마가 튀어나온 이 아이들 머리 위로 구름이 바삐 지나간다."

프랑스에서 온 젊은 인류학자는 특히 여성들의 삶에 관심을 가졌다. 그런 그에게 '암탉이 운다'라는 표현은 다른 나라에서는 발견하기 어려운, 조선만의 독특한 문화를 엿볼 수 있는 표현이었다.

"조선 여인네들은 말없이 할 일을 하며 음성을 절대 높여서는 안 되는 온순한 몸종 같다. 그래서 조선 남정네들은 시끄럽게 구는 성마른 여자를 보면 기가 막혀 하며 '암탉이 운다'고 한다. 어쨌든 조선 여인네들은 여성스럽고 사랑스러우며 소설의 애독자이며 감수성이 예민한데, 이 모든 것이 자신의 주인인 남성만을 위한 것이다."

그러면서 조선에서 자신이 만난 여성들이 "인생의 고달픔을 겪으며 살면서도 위엄을 잃지 않는 행동거지를 보였다"고 덧붙였다. 뒤크로의 시선은 그 이전에 조선을 찾아왔던 프랑스의 민속학자 샤를 바라Charles Varat와는 커다란 차이가 있었다. 샤를 바라는 1888년 말 출간한 『조선기행』에서 조선 여인들을 "대체로 지저분하고 아주 못생긴 인상이었다"고 묘사한 바 있다. 뒤크로는 비슷한 시기에 조선을 찾아온 다른 서양 사람들보다 가난 속에서도 조용히 생활을 이어가는 조선 사람들에게 커다란 애정을 보였다.

"대부분의 사람들은 하릴없이 돌아다니는 사람들로 장죽을 물고 다니며 이웃에게 인사를 하기도 하고, 서로의 건강과 좋은 날씨에 흡족해하며 새옷을 뽐내기도 한다. (…) 이 무사태평한 사람들 사이로 근심 어린 표정으로 급히 지나가는 사람이 있을 때에는 업신여기는 웃음을 띠고는 길을 내준다. 불행하게도 그는 일을 해야 하는 관리이기 때문이다."

그는 혼란의 소용돌이 속에서도 소박하게 살아가는 조선 백성들의 애환에 주목했다. 명성황후 시해사건 등 구한말 한민족에게 엄습한 역사적 상황에 함께 가슴 아파했다. 왕가나 양반을 '명의 혈통'이라고 쓰는 등 잘못된 정보를 기술하기도 했지만, 뒤크로의 글과 마랭의 사진에는 조선에 대한 호감이 드러난다. 한 예로 뒤크로가 상투를 틀고 프랑스어를 열심히 배우고 있는 한국인들을 보며 친근감을 표현하는 대목을 꼽을 수 있다. 1876년 강화도조약으로 개항된 이후 조선의 외국어 학교에서는 법어, 즉 프랑스어도 가르치고 있었다. 낯선 이국땅에서, 그것도 머나먼 동양의 작은 나라에서 더듬더듬 프랑스 말을 익히는 사람들의 모습은 뒤크로에게 생소하면서도 신기하게 보였을 것이다.

탐험가부터 학자와 선교사까지, 한국을 찾은 세계인들

20세기 초반은 전 세계적으로 제국주의의 시대였다. 당시 서양 열강들은 저마다 새로운 땅을 찾아나서는 데에 혈안이 되었다. 미지의 세계에 대한 호기심과 정복의 야욕은 인류학, 고고학, 지리학 등의 발달로 이어졌다. 뒤크로나 마랭 같은 인류학자나 민속학자들의 발길은 자연스레 동양으로 향했다. 인류학자들은 다른 인종의 신체와 풍속을 관찰했고, 자신들의 문화와 비교했다.

당시 한국은 서방세계에 거의 알려지지 않은 오지였다. 동양은 그저 머나먼 곳이라고 여기던 서양인들에게 조선이란 나라에 대해 알려준 이는 17세기의 네덜란드인, 하멜이었다. 네덜란드 동인도회사의 선원이었던 하멜은 일본 나가사키를 목적지로 항해하다가 풍랑을 만나 제주도에 표류한 뒤 1653년까지 13년간 조선에 머무르게 된다. 하멜은 탈출한 뒤 13년간의 공백기 동안 밀린 임금을 받고자 조선에서 있었던 일들을 기록한 보고서를 회사에 제출했다. 이 보고서가 바로 우리가 알고 있는 『하멜 표류기』다. 표류기의 내용은 조선에서 보냈던 긴 세월만큼이나 극적인 내용으로 가득하다. 하멜은 책 속에서 이국에서 느꼈던 절망과 희망, 조선의 지리나 독특한 풍속을 세세하게 기록했다. 이 소책자가 출간되자 파장은 엄청났고 이후 독일어, 프랑스어, 영어 등 다양한 언어로 번역됐다.

10여 년이 넘는 긴 세월 동안 탈출할 기회만을 엿보던 하멜에게 자신을 억류한 나라와 그 나라 사람들이 고운 시선으로 보일 리 없었다. 하멜의 눈에 비친 조선은 "세계에 열두 개 나라만 있다고 생각할 만큼 무식하고, 더럽고, 풍속이 부패했고, 거짓말과 도둑질을 하며, 완고하고 까다롭고 신경질적인 사람들이 많고, 잔인한 고문이 자행되는 나라"였다. 조선과 조선인에 대해 부정과 긍정이 엇갈리는 서술도 있다. 예를 들면 "물건을 훔치고 거짓말하고 속이는 경향이 농후해서 지나치게 믿어서는 안 된다"라고 했다가도, 어느 대목에서는 "기독교도인 우리가 부끄러울 정도로 선한 사람들"이라고 이야기하는가 하면 "남에게 해를 끼치고도 부끄럽게 생각하지 않는다"고도 했다가, "성품이 착하고 곧이곧대로 말을 잘 듣는 사람들"이라고 쓰기도 했다.

하멜의 평가가 어찌 됐든 그가 쓴 『하멜표류기』의 내용은 사람들의 입에서 입으로 전해졌다. 19세기 후반 조선을 찾은 서구인들은 대폭 늘어, 조사에 의하면 19세기 중반부터 20세기 초까지 조선을 직접 방문한 외국인이 그 경험을 집필한 책이 약 190여 종에 이른다고 한다. 저자들의 직업도 외교관, 군인, 의사, 교육자, 상인, 기자, 선교사, 탐험가 등으로 다양했다.

1882년 미국과 조미수호통상조약을 맺으면서부터 은둔국이던 조선은 영국, 독일, 러시아, 프랑스 등 서양의 여러 나라에 그 존재를 드러냈다. 이는 달리 말하면 조선이 일본과 러시아, 청나라, 간접적으로는 미국, 영국, 프랑스 등이 벌이는 이권다툼의 한가운데에 놓이게 되었다는 뜻이기도 하다. 한반도를 둘러싸고 러시아와 일본 사이의 긴장이 고조될 즈음에는 더욱더 세계인의 이목이 집중됐다.

이즈음 한반도를 찾아온 이가 있으니 바로 『강철군화』로 세계적인 작가가 된 미국인 잭 런던이다. 러일 전쟁이 발발한 1904년, 〈허스트〉, 〈뉴욕 헤럴드〉 등 미국에서 발행되던 신문들의 연합특파원으로 파견된 잭 런던은 4개월이 채 안 되는 기간 동안 종군기자로 대한제국에 머물렀다. 그가 이 땅에 대해 내린 평가는 혹독했다. 잭 런던은 이 땅에 체류하는 동안 느꼈던 불쾌한 감정을 『조선사람 엿보기』 라는 여행기에 거침없이 토해놓았다.

"백인 여행자가 처음으로 한국에 체류할 경우 처음 몇 주 동안은 기분 좋은 것과는 영 거리가 멀다. 만약 그가 예민한 사람이라면 두 가지 강력한 욕구 사이에서 씨름하며 대부분의 시간을 보낼 것이다. 하나는 한국인들을 죽이고 싶은 욕구이며, 또하나는 자살하고 싶은 욕구이다. 개인적으로 나라면 첫번째 선택을 했을 것이다."

그가 보기에 대한제국은 제국주의의 먹잇감이 될 수밖에 없는 허약한 나라였다. 사람들도 비능률적이고 무능력했다. 지금으로부터 100여 년 전, 이방인의 눈에 비친 우리의 모습은 초라했다. 도읍인 한성의 도로는 사람과 짐수레가 서로 비켜가며 지나야 할 만큼 비좁았다. 길에는 쓰레기가 넘쳐났고, 웅덩이마다 썩은 구정물이 고여 있어 악취가 진동했다. 이런 한양의 길가에서 유독 잭 런던이 주목해 관찰한 사람들이 있었다. 묵묵히 지게를 지고 가는 짐꾼들이었다.

"이 행렬 중에서 가장 흥미로운 것은 색깔이라고 할 수 있는데, 짐꾼들이 조선 풍습에 따라 입은 옷은 엉뚱하게도 흰색이었다. 마치 커다란 눈덩이들이 시커먼 강 위를 떠다니는 것 같았다. 조선인들은 이미 그들을 점령해 지금은 주인의 눈으로 그들을 바라보는 그들의 상전인 '왜놈'들의 몸집을 훨씬 능가하는, 근육이 발달한 건장한 민족이다. 그러나 조선인들에게는 기개가 없다. 일본인을 훌륭한 군인으로 만들어주는 그러한 맹렬함이 조선인에게는 없다."

잭 런던이 보기에 조선 사람은 "겁이 많고 행동하는 것에 대한 두려움이 게으름으로 발전한" 사람들이었다. 그러면서도 한편 뭔가를 빨리 해야 한다는 압박감을 갖고 있어 '바삐' '얼른' '속히' '얼핏' '급히' '냉큼' '빨리' '어서' 등의 단어들을 많이 쓴다고 했다. 또 하나 잭 런던이 조선 사람에게서 발견한 두드러진 특징이 있었다. 호기심이었다. 그는 자신을 구경하기 위해 주막으로 하얗게 몰려나온 무리를 보고 어이없어 하면서 조선 사람들을 '구경하기'와 '기웃거리기'를 최고의 즐거움으로 여기는 사람들이라고 서술했다. 이런 호기심을 비능률적인 민족의 특성으로 파악했다.

조선 사람들의 특성을 '호기심'이라는 특징으로 집약했던 인물은 잭 런던뿐만이 아니다. 한반도를 네 차례 방문해 1897년 『조선과 그 이웃 나라들』이라는 기행문을 펴낸 영국의 지리학자 이자벨라 비숍도 그런 인물 중 한 명이다. 사람들이 숙소를 점령하는 바람에 하룻밤 사이에 네 번이나 쫓아내야 했고, 그렇게 쫓아내도 이내 몰려든 여자들은 비숍의 팔을 꼬집어보고 머리카락을 뽑아가고 심지어 손가방을 열어보기도 했다고 한다. 비숍 여사는 조선 사람들의 이런 행동을 학구적인 호기심으로 이해했다. 그러나 조선 사람에 대해 대체로 긍정적인 시선을 가졌던 비숍도 이해할 수 없던 것이 하나 있었다. 양반과 관료들의 착취였다. 『조선과 그 이웃 나라들』에는 이를 지적하는 구절이 자주 등장한다.

"서울 중앙 관청이 부정부패의 중심지이긴 했지만, 모든 지방 관청은 보다 작은 규모로 중앙 관청의 부정부패 행위를 그대로 답습했으며 부정직한 관군과 게으른 관리들의 횡포와 가렴주구는 세도가의 수입을 살찌게 만들었다."

이자벨라 비숍, 잭 런던을 포함해 조선을 찾았던 수많은 서양인들은 산업화를 이미 경험한 국가의 국민들이었다. 산업화는 곧 문명화였다. 그들의 눈에 무거운 지게를 지고 가는 남자들, 물동이를 머리에 이고 가는 소녀들, 젖가슴을 내놓은 아낙들의 모습은 낙후된 비문명국가의 표상으로 비춰졌다. 이들은 편견이 투영된 시선으로 조선과 조선 사람들의 모습을 카메라에 담았고, 이렇게 모인 사진과 기록들은 한 권의 여행기로 출판됐다. 그 책들은 서양에 조선을 소개하는 가이드북의 역할을 했지만, 정보들 가운데에는 왜곡된 것이 많았기 때문에 제대로 된 안내를 해줄 수는 없었다.

하지만 조선과 조선 사람들을 오래도록 지켜보며 우리의 고유한 삶의 방식을 이해하려 노력했던 이들도 있었다. 1901년 대한제국을 방문한 최초의 독일기자 지그프리트 겐테는 제대로된 경험을 해보지 않고 조선 사람에 대해 악의적인 편견을 쏟아내는 서양인들의 여행기에 대해 비판적이었다. 겐테는 조선 사람들을 "선량하고 관대하며 손님을 후대하는 민족이다. 그들은 자유분방하고 쾌활하며 때로는 술기운에 겨워 호탕하게 즐긴다"고 서술하는가 하면, 조선의 뾰족한 자갈길을 걷는 데 가죽신보다 짚신이 유용함을 알았고, 조선의 온돌이 어느 나라도 터득하지 못한 난방기술임을 발견해냈다. 무엇보다 그는 조선 사람들의 행동에서 여유를 보았다.

"이곳 먼 동양에서 유일하게 누구나 풍요롭게 누릴 수 있는 것은 시간이다. 이곳에서는 아무리 가난한 거지라도 여유롭게 시간을 즐길 줄 알았다. 나처럼 시간에 쫓기며 살아가는 서양의 미개인들은 돈의 개념으로 시간을 환산하고 시간에 인색하다. 그러나 시간에 관한 한 모든 조선인은 부자다."

독일의 신부 노르베르트 베버는 1911년 한국을 처음 방문한 뒤 이후 400쪽이 넘는 방대한 분량의 책 『고요한 아침의 나라』를 집필했다. 그로부터 14년 뒤인 1925년에는 한국을 다시 방문해 〈고요한 아침의 나라에서〉라는 영화도 제작한다. 그는 진심으로 한반도의 문화를 존경했다. 그가 감탄했던 한국의 고유한 문화 중 하나가 '효도'였다. 세계 어디에서도 찾아보기 힘든 가족에 대한 책임과 사랑은 그를 사로잡았다. 특히 한국의 품앗이에 매료되었다. 베버는 어디에서도 볼 수 없는 높은 수준의 공동체 문화가 품앗이라는 양식에 잘 보존되어 있다고 생각했고, 이를 가톨릭 공동체에 적용하려고도 했다. 그러나 때는 열강들이 식민지 쟁탈을 위해 각축을 벌이던 시기로 한반도는 일제의 식민지로 전락하기 직전의 격동기를 맞이할 때였다. 베버는 1911년 첫 방문을 마치고 부산항을 떠나며 이런 작별의 글을 남긴다.

"'대한 만세! 조선이여 만년 살아라!'를 이별의 인사로 크게 외치고 싶지만, 정작 그 말이 입에서 떨어지지 않았다. 이제 이 민족은 국가를 잃었다. 아마 그것을 찾기란 거의 불가능할 것이다. 침묵으로 순정한 조선 사람들에게 손을 젓는다. 아마도 같은 국민을 죽음으로 내몰았던 자기 나라 지배자들의 통치 아래에서보다는 다른 나라의 지배 아래서 행복하게 살 수 있을지 모른다. 나는 마치 한민족을 무덤에 옮겨놓는 장례식 행렬에서 집으로 돌아가는 듯하다."

우리 안의 오리엔탈리즘

프랑스의 비교문학자 프레데릭 불레스텍스는 16년 동안 한국에 살면서 한국의 정체성에 대해 연구한 결과를 '착한 미개인'과 '동양의 현자'로 나눠 정리했다. 이는 18세기에 정착된 이미지로 19세기에 이르러서는 '조용한 아침의 나라'로 구체화된다.

이와 같은 19세기 서양 제국주의의 시선을 세계적 석학 에드워드 사이드는 '오리엔탈리즘'이라는 개념으로 설명해냈다. 오리엔탈리즘이란 서양이 스스로 우월함을 확인하기 위해 만들어낸 동양의 이미지를 가리킨다.

그렇다면 오늘날의 우리는 어떠한가? 인도 연구자인 연세대학교 이옥순 교수는 서양이 동양을 지배하기 위해 사용한 이데올로기인 오리엔탈리즘이 오늘날의 우리 내면에도 내재되어 있다면서 이를 '우리 안의 오리엔탈리즘'이라고 명명했다. 서양이 왜곡한 동양의 이미지를 우리 스스로도 무의식 중에 복제해 내면화했다는 것이다.

경희대학교 언론정보학과의 이인희 교수 등은 2013년 「다문화 관련 미디어 보도 프레임 연구에 대한 메타분석」이라는 제목의 논문을 통해 방송매체에 나타나는 우리의 편견을 분석해낸 바 있다. 이 교수는 최근 방송 보도들이 다문화에 대해 다룰 때 지나친 '온정주의', 우리와 관계없다는 '타자화', '내재적 오리엔탈리즘' 등 세 가지 특징을 내보인다고 설명했다. 서양에서 동양을 얕잡아보는 것처럼 우리 역시 우월한 입장에서 동남아시아나 아프리카 등 약소국에서 온 이주민들을 바라본다는 것이다.

2014년 3월 발표된 법무부 통계에 따르면 국내 체류 외국인이 160만 명을 넘었다고 한다. 우리 안의 오리엔탈리즘을 극복하는 일, 이는 다문화 사회를 살아가기 위한 덕목이자 넘어서야 할 사회적 과제다.

冊

가련하고 정다운 나라 조선 조르주 뒤크로 저, 최미경 역, 눈빛, 2001
세상 사람의 조선여행 규장각한국학연구원, 글항아리, 2012
우리 안의 오리엔탈리즘 이옥순, 푸른역사, 2002
잭 런던의 조선사람 엿보기 잭 런던 저, 윤미기 역, 한울, 2011
조선과 그 이웃 나라들 I. B. 비숍 저, 신복룡 역, 집문당, 2013
착한 미개인 동양의 현자 프레데릭 불레스텍스 저, 이향·김정연 역, 청년사, 2007

07 크리스마스, 조선에 오다

요다음 토요일은…

세계 만국이 이날을 1년 중에

제일가는 명절로 여기며

모두 일을 멈추고 온종일 쉰다고 하니

우리 신문도 그날은 출근 아니라 터이

이십팔 일에 다시 출판할 터이니 그리들 아시오

—『독립신문』, 1897년 12월 23일

음력을 쇠던 조선인에게
한 해를 마무리하던 날, 동지

19세기 후반, 양력의 도입과 함께
동지를 대신해 새롭게 등장한
연말연시 풍경

이화학당의 당시 성탄축하식

"크리스마스 전날, 왕비(명성황후)는…
우리의 성대한 축제와 그 기원, 의미,
그리고 어떻게 거행하는지에 대해
얘기해달라고 요청했다.
크리스마스 직후에 나는 왕실을 위해
크리스마스트리를 장식했다."

– 『상투의 나라』, L. H. 언더우드

"크리스마스
저녁 일곱시에 학생들이
배재학당 회당 앞에 등불 수백 개를 켰는데
그중 제일 큰 십자 등 한 개를 만들어
금색으로 네 글자를 써서…
기쁜 날을 표하니라."

– 〈대한크리스도인 회보〉, 1897년 2월 29일

광조동방 光照東邦
빛이 동쪽 나라에 비치다

음력 4월 초파일 연등을 달던
한국의 전통이 서양의 종교와 만나 만들어진
조선만의 크리스마스 풍경

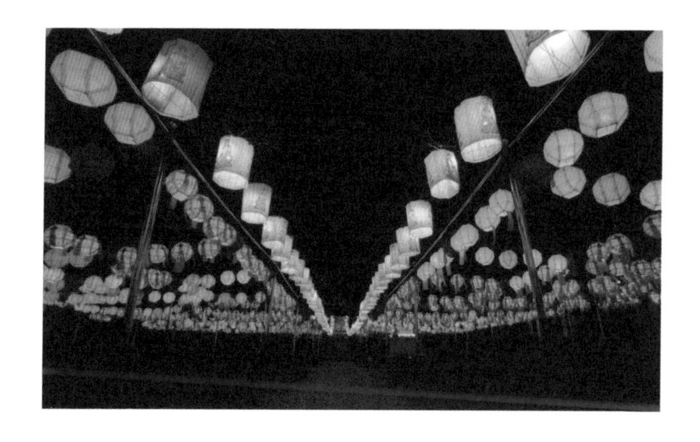

"아주 어린 아이들은 석판과
종이 껍질이 입혀진 석필을 주었고…
여성들이 선물 봉지를 나누어주었는데
거기에는 땅콩, 일본 사탕, 일본 과자 두 개,
오렌지 하나가 들어 있었다."
–『왕길지 목사의 선교 발자취』, 1900년 성탄절 풍경

"남녀 소학교 학도들을 위하여
크리스마스트리를 세우고
나뭇가지마다 과자 봉지를 걸고
예배를 본 후에
차례대로 나와 선물을 받아갔다."
– 〈예수교신보〉, 1907년 12월 25일

크리스마스는 기독교라는 낯선 종교를
한국에 소개할 수 있는 최적의 날이었다

그런데

1930년대 불어온 모던 열풍

"월급쟁이들 헛바람 내는
토산土産(한국만의) 크리스마스이브"

– 조선일보, 1936년 12월 25일

"회비 1원 50전
요리 두 가지, 술 한 병 증정
오십 명의 미녀가 서비스"

– 한 카페의 크리스마스 파티 광고

"간악한 상인들이
(연말) 보너스 덕분에 조금 무거워진
샐러리맨의 주머니를 노리는 상책으로 이용되고 있습니다."

– 매일신보, 1936년 12월 25일

크리스마스는 그 의미가
급속하게 퇴색하기 시작했다

"여성들이 관심을 갖는 건 크리스마스가
쇼핑을 위한 또하나의 핑계거리이자
기회라는 사실이다."

–『윤치호 일기』, 1933년 12월 24일

개신교의 유입과 함께
조선에 소개된 크리스마스는
종교적 의미를 넘어
연말을 맞아 불야성을 이루는
소비 축제로 변모했고
오늘날의 연말연시 풍경으로 자리잡았다

크리스마스, 조선에 오다

조선 땅에 상륙한 크리스마스

17세기경 한반도에 유입된 천주교는 처음에 학문의 형태로 받아들여졌다. 때문에 천주학이라 명명되다가 이후 신앙의 형태로 발전했다. 충효를 중시했던 조선에서 천주교의 교리는 환영받지 못했다. 조상에게 올리는 제사를 반대한다는 이유로 천주교는 임금과 아비도 모르는 근본 없는 종교로 인식됐다. 1866년 병인양요가 있기 전까지 약 100여 년 가까이 이어진 천주교 박해는 1800여 명을 순교자로 희생시킨 뒤에야 비로소 끝이 났다.

19세기 말엽, 미국 교회의 해외 선교 열의가 높아지면서 조선 땅에 하나님을 믿는 이가 없음을 안타깝게 여긴 이들은 개항 이후인 1884년 9월, 중국에 있던 의사이자 선교사 알렌을 조선으로 파견한다. 알렌이 제물포에 첫발을 디뎠던 당시에도 흥선대원군이 주도했던 통상수교 거부정책(쇄국정책)과 천주교 박해의 여파는 남아 있었다. 문호는 개방했지만 천주교 전파를 금지하고 있던 조정은 개신교의 선교 역시 허용하지 않았다.

이에 알렌은 복음 전파보다 문명 전파가 먼저라고 판단하고 의사로서의 직분에 충실했다. 생명을 구하는 일이 곧 복음을 전하는 것이라 여긴 것이다. 갑신정변 때 중상을 입었던 명성황후의 조카 민영익의 목숨을 살려내자 알렌의 위상은 단번에 달라졌다. 1884년 12월 26일자 알렌의 일기에는 한국에서 지낸 첫번째 성탄절에 대해 이렇게 적혀 있다.

"우리는 민영익을 잘 치료해준 대가로 이번주에 조선 국왕으로부터 멋진 선물을 받았다."

여기서 멋진 선물이란 비단 자수가 수놓인 병풍과 고려자기를 말한다. 조선 국왕의 선물은 이후에도 계속 이어졌다. 알렌의 공로를 인정해 이듬해 2월에 고종은 우리나라 최초의 서양식 병원인 광혜원(훗날 '제중원'으로 개칭) 설립도 허락했다. 제중원은 향후 선교사들이 거치는 관문이 됐고, 이듬해에는 아펜젤러와 언더우드가 입국해 본격적인 의료 활동과 교육 사업을 펼쳤다.

한반도에 복음을 전하고자 했던 개신교의 물결은 1880년대 후반부터 본격화되어 1945년까지 내한한 1500여 명의 선교사 열 명 중 일곱 명은 미국 국적의 선교사였다. 그들이 조선에 들어오면서 가지고 온 크리스마스는 당시 미국에서 거의 완성된 형태를 갖춘 '근대적인 크리스마스'였다.

성탄절은 예수그리스도의 탄생을 기리는 날이지만, 예수가 12월 25일 0시에 탄생했다는 역사적인 확증은 없다. 태양신을 숭배하는 전통을 갖고 있던 고대 로마와 이집트 등에서는 해가 길어지기 시작하는 동지 즈음에 축제를 벌였다. 이곳을 점령한 로마 황제였던 율

리우스 1세는 4세기 중반, 이 축제를 예수의 탄생일로 지키기 시작했다. 이교도의 태양신 축제일과 예수그리스도의 탄생일을 겹치게 한 것이다.

중세 유럽의 크리스마스는 카니발과 같았다. 냉장시설이 없었던 당시에는 날씨가 추워져야만 비로소 가축의 도살이 가능했다. 크리스마스는 마음껏 먹고 마시는 축제의 날이었다. 그런 크리스마스를 선물을 주고받고 가족들과 함께하는 날로 탈바꿈시킨 것은 19세기 미국이었다. 1822년 신학자 클레먼트 무어는 「성 니콜라스 방문」이라는 시에서 니콜라스를 난쟁이 요정 같은 모습으로 묘사했다. 이는 산타클로스 이미지의 표본이 되었다. 이 모습에 흰 수염을 붙이고 빨간 옷을 입힌 것은 음료 회사인 코카콜라였다. 겨울에 콜라 판매량이 급감하자 거품을 연상시키는 수염과 코카콜라 로고 색인 빨간색 옷을 입은 산타클로스 이미지를 활용해 마케팅을 펼친 것이다. 이를 계기로 산타클로스는 종교적 인물이 아닌 선물을 주러 다니는 할아버지로 변모했다. 예수그리스도가 활동한 사막 지역의 날씨와는 전혀 동떨어진 눈 내리는 날씨는 근대적인 크리스마스를 만들어 낸 19세기 미국, 그것도 소비의 중심지인 뉴욕의 전경이었다. 역사학자 에릭 홉스봄의 주장에 따른다면 오늘날의 크리스마스는 '만들어진 전통'인 셈이다.

이국의 땅에 온 미국 선교사들은 처음부터 성탄절에 대해 언급하지 않았다. 대신 조촐하게 가족과 성탄절을 보내면서 조선 사람들과 천천히 스킨십을 시도한다. 언더우드는 1887년부터 자신의 사랑방에서 조선 사람 몇몇과 함께 예배를 보기 시작했는데, 그해 겨울 성탄절에 그들을 초대한다. 선교사들과 초기 개신교 신자들이 함께 시작한 성탄절 행사에는 해가 갈수록 많은 이들이 참석했다. 진기한 풍경을 구경하기 위해 남녀노소 할 것 없이 몰려들었다. 소문은 금세 퍼져나갔고 임금이 있는 궁까지 닿았다. 명성황후는 어느 날 언더우드 목사의 부인을 초대해 성탄절에 대해 물었다. 훗날 『상투의 나라』라는 책에서 언더우드 여사는 이날을 다음과 같이 회고했다.

"황후는 크리스마스 전날에 나를 불러서 우리의 위대한 축제가 지니고 있는 기원과 의미, 축하하는 방법 등을 물었다. 누가 이보다 더 좋은 기회를 얻을 수 있다는 말인가? 이러한 상황에서 복음에 대해서 말하지 않는다는 것은 있을 수 없는 일일 것이다. 그래서 나는 천사들의 합창과 별들에 대하여, 그리고 말구유에 누운 어린아이에 대하여, 속죄 받아야 할 버림받은 세상에 대하여, 이 세상을 너무 사랑하시는 유일한 하나님에 대하여, 인간을 죄로부터 구원하러 오신 구세주에 대하여 이야기를 했다. 황후는 깊은 흥미를 느끼며 내 이야기를 열심히 들었다."

명성황후가 시해되기 1년 전 크리스마스 때의 일이었다. 조선에서의 선교는 교회보다 학교를 통해 주로 이뤄졌다. 언더우드와 아펜젤러는 교육 사업을 통한 선교 활동에 큰 비중을 두었다. 아펜젤러는 최초의 서양식 교육기관인 배재학당과 정동제일교회를 설립했다. 그와 함께 입국한 언더우드는 연세대학교의 전신인 연희전문학교를 설립했고 기독청년회(YMCA)를 조직했다. 배재학당과 이화학당을 필두로 경신학교, 정신여학교, 배화학당 등 개화기 조선에서 근대화 교육을 수행한 학교들은 모두 선교 사업의 일환으로 설립된 곳들이다. 사회적 지위가 낮고 문맹률이 높았던 여성들 역시 이곳에서 교육을 받을 수 있었다.

학교에 학생들이 하나둘 늘어갔고, 세례를 받는 교인도 하나둘 늘어갔다. 이와 더불어 크리스마스는 점점 조선 땅에서 중요한 축일로 자리잡아갔다. 누구나 교회 안으로 들어와 함께 파티를 즐겼다. 〈독립신문〉은 1896년 12월 24일자 기사에 크리스마스에 대한 논설을 싣기도 했다. 특이한 것은 논설에서 크리스마스를 '명절名節'이라고 표현한 것이다.

"내일은 예수그리스도의 탄일이라 셰계 만국에 큰 명졀이니 내일 죠션 인민들도 마음에 빌기를 죠션 대군쥬 폐하께와 왕태자 뎐하의 셩톄가 안강 하시고 나라 운슈가 영원하며 죠션 전국이 화평하고 인민들이 무병하고 부요하게 되기를 하나님께 졍셩으로 빌기를 우리는 바라노라."

이틀 후인 12월 26일자 기사에서는 배재학당 학생들이 여러 가지 색깔의 등과 조선 국기를 높이 달고 '예수 탄일 경축회'를 했다고 소식을 전할 만큼 크리스마스는 한반도에서 축일로 자리를 잡아갔다. 누구도 예상치 못한 빠른 속도였다.

연등이 내걸린 조선의 크리스마스 풍경

조선 땅에서 크리스마스는 '종교적 축일' 이상의 의미를 지녔다. 예수의 존재를 모르던 이들이 이날만은 거리낌 없이 교회로 들어가서 찬송가를 따라 부르고 기도를 했다. 1935년 발행된 선교 잡지 『The Korea Mission Field』에 실린 기사를 보면 당시의 성탄절 풍속에 대해 다음과 같이 적고 있다.

"모든 도시와 골짜기의 기독교회와 더불어, 크리스마스는 비기독교인들에게 있어서조차 일년 중 가장 잘 알려진 날이 되었다. (…) 크리스마스 프로그램은 한국적인 것이고 서구에서 즐기는 크리스마스에는 낯선 특징들이 있다. (…) 크리스마스 기간 동안 기독교회는 비기독교인 공동체에 영향을 끼친다."

특별히 종교를 갖지 않아도 크리스마스는 교회에 들어가기에 더없이 좋은 날이었다. 사람들은 호기심 어린 눈으로 예배당에 들어와 마치 여행하듯 낯선 세계를 경험했다. 누구나 교회에 부담 없이 들어가게 된 이유는 무엇이었을까? 그들의 발길을 이끈 가장 큰 요인은 누구나 받을 수 있었던 '선물'이었을 것이다. 매년 12월이면 미국에서 보낸 '크리스마스 상자'가 도착했다. 크리스마스가 가까워 오는 주일이면 바다를 건너온 이 특별한 상자를 기대하며, 교회로 오는 아이들은 폭발적으로 늘어났다. 해방 이후의 일이긴 하지만, 성탄절 때에만 교회를 찾는 사람이라는 뜻의 '성탄 교인'이라는 말이 나왔고 "오늘 예수 첨 믿는 날/좋은 선물 받았네/다음 성탄 또 와서/더 좋은 것 받겠네"라는 유행가까지 나올 정도였다.

흔히 크리스마스 하면 크리스마스 트리를 머릿속에 떠올리지만 당시 조선 땅에서는 등불이 성탄의 밤을 밝혔다. 배재학당의 학생들은 수십 일 전부터 만들고 준비한 수백 개의 등불을 회당 앞에 걸어두었다. 그리고 그중 가장 큰 십자등에 '우리나라에 복음의 빛이 비쳤다'는 글을 적어 걸었다. 이는 조선에서만 볼 수 있었던 독특한 성탄절 풍경이었다. 삼국시대부터 정월이나 석가탄신일에 연등을 달아두던 풍속이 있었기 때문일까. 4월 초파일에 불교도들이 연등을 달 듯 기독교인들은 등을 밝히며 예수그리스도의 탄생을 축하했다. 〈대한크리스도인 회보〉 1898년 12월 28일자 기사에는 성탄절을 경축하는 분위기가 잘 묘사되어 있다.

"기쁘다. 우리 주 예수 씨의 탄신이여. 새문안예배당에도 장로교 교우들이 모여 구세 교회의 적십자기와 대한 국기(태극기)를 달고 등

불을 밝혀 경축하는 예식을 행하였고, 천주교 교인들도 종현회당(명동성당)과 약현회당(약현성당)에 등불을 굉장하게 달았으니 우리 생각에는 대한 천지에도 성탄일에 기념하는 정성과 경축하는 풍속이 점점 흥왕할 줄로 믿노라."

크리스마스를 명절로 여겼던 사람들은 크리스마스 캐롤을 농악처럼 연주하기도 하고 태극기도 장식으로 사용했다. 아시아의 다른 나라들과 달리 조선은 자발적으로 성탄절을 받아들이고 명절처럼 여겼다.

단국대학교 동양학연구원 염원희 교수는 그 이유를 역법의 변화에서 찾고 있다. 고종의 칙령으로 1896년 1월 1일부터 태양력이 사용되기 전까지 우리는 전통적으로 음력을 사용했다. 그러다가 관청이나 학교 등을 중심으로 태양력을 쓰기 시작했고, 점차 음력으로 기억하는 '삼월삼짇날' '칠월칠석날' 같은 세시풍속은 사라져갔다. 특히 음력에서 한 해를 마무리하는 날로 여기던 동지도 함께 없어졌는데 그 자리를 대신한 것이 크리스마스였다는 것이다.

그러나 1910년 나라가 일본에 강제병합되고 일제강점기에 들어서면서 겨울이면 중요한 행사로 여겨지던 성탄절의 달뜬 분위기가 꺾여버렸다. 기독교 박해가 심해지면서 크리스마스 연등도 밝힐 수 없게 됐다. 태극기도 더이상 장식으로 쓸 수 없었다. 대신 일장기와 만국기를 천정에 달았지만 조선 사람들이 진짜 원하는 크리스마스의 분위기를 되찾을 수는 없었다.

크리스마스? 크레이지마스?

세월이 흘러 근대의 막이 열렸다. 짚신이 고무신과 구두로 바뀌었고, 달구지와 인력거 옆에는 어느새 전차가 달렸다. '쇠당나귀'라 불리던 자동차도 거리에 등장했다. 신세계백화점의 전신인 미쓰코시 경성점이 제일 먼저 문을 열자 이후 경성의 남촌을 중심으로 백화점과 고급상점들이 하나둘 들어섰다. 유럽풍의 화려한 건물에 엘리베이터를 갖춘 백화점들은 수학여행 코스로 인기를 끌었다. 당시 경성 인구의 3분의 1이 일본인이었다. 백화점의 주요 고객층은 돈 많은 일본인들이었지만 상류층 한국인들도 이곳에서 쇼핑을 즐기며 풍요를 만끽했다. 대다수 한국인은 도시 빈민으로 살고 있던 때였다.

이런 가운데 점차 크리스마스 풍속에도 변화가 싹텄다. 우리나라 최초로 크리스마스 캐럴송을 녹음한 레코드가 발매됐다. 1926년 〈사의 찬미〉를 발표한 가수 윤심덕은 그해 겨울, 우리나라 최초의 캐럴송인 〈싼타크로쓰〉를 발표한다. 백화점이 들어서면서 밤에도 낮처럼 전등으로 불을 밝혀 거리는 불야성을 이뤘다. 유행 좀 안다 하는 모던 걸과 모던 보이들이 뾰족구두를 또각거리면서 경성 거리를 활보했다.

광고들도 넘쳐나 소비의 시대를 자극하고 있었다. 이제 크리스마스는 교회가 아닌 교회 밖에서도 선물을 주고받는 날이 되었다. 1933년 잡지 『신여성』의 한 기사는 '크리스마스 푸레센트'라는 제목으로 추천 선물 리스트를 상세하게 설명하고 있다. "보이(boy)에게" "걸(girl)에게"라면서 성별에 따라 가격별로 어떤 선물이 적당한지 안내했다. "전에는 녀자가 남자에게는 아모것도 안 보내도 조타고 하엿습니다만은 남녀동권을 주장하시는 분이시면 먼저 크리스마스 푸레센트부터"라며 시대를 앞서가는 신여성이 되려면 먼저 선물을 건네라고 제안하기도 했다. 일각에서는 이러한 소비 풍조를 비판하기도 했다. 소설가 전영택은 1926년 잡지 『동광』에 이 땅에 퍼지고 있던 크리스마스의 유흥 분위기를 경계하는 글을 기고했다.

하지만 이런 훈풍도 잠시 1937년 중일 전쟁이 발발하면서 이런 소비적인 크리스마스 분위기는 사라졌다. 일제는 먹고 마시는 크리스마스 행사를 금지시켰고, 대신 일본군에게 크리스마스 위문품을 보내는 분위기를 조성했다. 1940년에 들어서 일제는 크리스마스 행사 금지뿐만 아니라, 결핵퇴치 비용을 마련하기 위해 발행되던 크리스마스 실seal의 판매까지 금지했다.

이리저리 부침을 겪었지만 오늘날 크리스마스는 우리나라에서 중요한 축일 가운데 하나이다. 중국과 일본 등 가까운 다른 나라들과는 다르게 국가가 지정한 공휴일이기도 하다. 1945년 10월 미군정은 크리스마스를 공휴일로 제정했고, 이승만 정권은 이를 그대로 이어받았다. 크리스마스가 이 땅에서 더 특별했던 것은 이날만은 자정부터 오전 4시까지 적용되던 통행금지가 해제됐기 때문이었다. 제일 처음 통금 해제의 자유가 주어졌던 것은 1953년 크리스마스 이브였다. 긴 전쟁으로 지치고 우울해진 사람들에게 밤새워 노래하고, 춤추고, 술 마실 수 있는 해방의 날이 주어진 것이다. 이날 이후로 크리스마스가 되면 종로나 명동 거리는 흥청거리는 젊은이들로 넘쳐났다. 고삐 풀린 젊음들은 삼삼오오 밤새 거리를 쏘다니며 해방감을 맛보았다. 최인훈의 소설 『크리스마스 캐럴 1』에는 당시 젊은이들의 풍기문란을 걱정하는 1960년대의 아버지가 등장한다.

"크리스마스면 예수가 난 날이라지. 예수교인이면 밤새 기도도 드리고 좀 즐겁게 오락도 섞어서 이 밤을 보내도 되련만 온 장안이 아니, 온 나라가 큰일이나 난 것처럼 야단이니 도대체 이게 어떻게 된 거니? 창피한 일 아니니?"

"글쎄요."

"창피한 일이다. 정신이 성한 사람이 보면 얼마나 우스꽝스럽겠느냐. 넌 남의 제사에 가서 곡을 해본 적이 있느냐?"

1960~1970년대에 들어서면서 신문 사회면에는 성탄절의 '거룩한 밤'이 '환락에 얼룩진 밤'으로 가고 있다는 우려 섞인 기사들이 나왔고, '크레이지마스' '크리스마스 베이비'라는 신조어가 등장했다. 결국 군사정권은 '크리스마스 바로 지내기' '연말연시 가족과 함께' 캠페인까지 벌이기에 이르렀다. 1982년 통행금지가 전면 해제되면서 크리스마스의 통금 해제 특수는 마침내 사라졌다. 20세기에 접어들면서 크리스마스는 인류를 구원할 구세주의 탄생을 기리는 날이라는 의미는 휘발되고, 오직 향락과 선물만 즐기는 축제가 되고 말았다. 2013년 취임한 교황 프란치스코는 취임 후 첫번째 크리스마스를 맞으며 진정한 성탄의 의미를 되물었다.

"당신의 마음속에 예수를 위한 빈자리가 있는지 들여다보라. 지금 크리스마스는 너무나 떠들썩하다. 예수의 목소리를 듣기 위해서는 좀 더 침묵을 지킬 필요가 있다."

만들어진 전통 에릭 홉스봄 등저, 박지향·장문석 역, 휴머니스트, 2004

상투의 나라 L. H. 언더우드 저, 신복룡·최수근 역, 집문당, 1999

서양인의 조선살이, 1882~1910 정성화·로버트 네프 저, 푸른역사, 2008

우리도 몰랐던 우리 문화 강준만 외, 인물과사상사, 2014

3부 나아가다

01 신라의 유리병

1970년대 경주

대규모 고분 발굴 작업중 발견된
얇은 유리 조각들

조각을 하나하나 맞추자 모습을 드러낸
놀라운 보물

5세기경 신라시대 유물이
5만 7천여 점 출토된
경주 지역 최대 규모의 고분 황남대총

황금의 나라로 불리던 신라의 유물 중
모두를 깜짝 놀라게 한 주인공

높이 25센티미터
지름 9.5센티미터

투명한 녹색을 띠는 아름다운 유리병

신라의 문화와 전혀 다른
이색적인 디자인

로마시대
지중해 연안에서 유행하던
로만 글라스Roman glass

신라의 유리병은
전형적인 로만 글라스 방식으로
제작된 것이었다

실크로드를 따라 유럽에서
몽골 초원을 거쳐
신라에까지 전해진 유럽의 문화

"유럽에서 중국을 통해 신라로 이어지는
사막길과 초원길, 해상 무역로를 통한
실크로드는 모두 경주로 이어졌다."

– 리 레이, 중국 화동사범대학교 교수

"중국 맨 끝에는 산과 왕국들이 많은데
그곳에 신라라 불리는 섬이 있다.
무슬림(이슬람교도)들이 그곳에 들어가면
그곳의 훌륭함 때문에 그곳에 정착하고 만다."
-『도로와 왕국총람』, 이븐 쿠르다지바

"공기가 깨끗하고 물이 맑으며,
토질이 비옥해서 불구자가 없다. (…)
다른 곳에서 질병에 걸려온 사람도
이곳에 오면 곧 완치된다."
-『제국유적과 인류소식』, 알 카즈위니

아랍인에게 이상향으로 알려졌던 나라, 신라

아랍의 상인들은
비단과 검, 그릇 등을 사기 위해
신라를 찾았다

그리고

신라 유물 속에 새겨진 서역인들의 모습

사막길을 따라
초원길을 따라
때로는 해상 무역로를 따라
세계와 교류하며
눈부신 문화를 꽃피웠던 나라

아랍 지역과의 교류는 삼국시대 이후
고려시대를 지나
조선 초기까지 이어졌다

그러나

1427년 4월 4일
세종에게 전해진 상소

"이슬람교도는 생활방식이 우리와 달라서
(우리 백성들이) 혼인하기를 꺼립니다.
이미 우리나라 사람이 되었으니
우리의 문화를 따르게 한다면
자연히 혼인하게 될 것입니다.
그리고 대조회 때 치러지는
이슬람교도의 기도 의식 또한
폐지함이 마땅합니다."

유교 사상의 발전과 함께
타국의 문화를 배척하게 된 조선

4세기부터 시작되었던
유라시아 대륙을 통한 교류는
조선 중기를 지나며
역사 속에서 사라진다

신라, 세계의 도시와 이어지다

1970년대는 '발굴의 시대'였다. 정부는 유적을 통한 '새로운 역사 만들기'에 나섰다. 호국 선열 추모, 문화재 보수 및 정화, 성역화가 대규모로 이뤄졌다. 그 중심에 경주가 있었다.

1973년 경주의 한 무덤이 1600년이라는 긴 침묵을 깨고 바깥세상과 조우했다. 황남동 제98호분이라고도 부르는 5세기경 무덤, 황남대총이었다. 왕과 왕비의 무덤이라는 사실 외에 누구를 모셨는지도 알 수 없는 무명의 무덤이었지만 그 규모는 엄청났다. 남북 길이 120미터에 봉분 높이만 23미터에 이르는, 한반도에 현존하는 고분 중 최대 규모였다.

2년 반 남짓 이어진 발굴 작업에 동원된 인원만 총 3만 3천여 명, 고분에서 출토된 유물은 6천여 점에 이르렀다. 황남대총은 그야말로 보물섬이나 다름없었다. 많은 사람들의 눈길은 왕과 왕비의 화려한 금관에 쏠렸지만, 정작 발굴단의 시선을 붙잡은 것은 작은 유리병이었다. 녹색 빛깔에 주둥이 부분이 봉황의 머리를 닮은 이국적인 유리병이었다. 전문가들은 황남대총에서 나온 유리병이 신라의 것이 아님을 한눈에 알아보았다.

유리공예는 한반도에서 한참 떨어진 지중해 지역에서 꽃피웠다. 특히 로마가 통치했던 이집트, 시리아, 이스라엘 등 지중해 동쪽 연안에서 제작된 유리병이나 유리그릇을 가리켜 '로만 글라스'라고 불렀다. 유리병은 유라시아 서쪽 끝 지중해에서 유라시아 동쪽 끝 신라의 경주까지 그 길고 험한 길을 어떻게 건너올 수 있었을까?

8~9세기경 비잔티움제국의 수도 콘스탄티노폴리스와 이슬람 세계를 지배한 아바스 왕조의 수도 바그다드, 당나라의 수도 장안長安과 신라의 수도 경주는 하나의 문화 벨트로 이어져 있었다. 당시의 문화 전파는 우리가 상상하는 것 이상으로 빠르고 광범위하게 이뤄졌다. 유행을 따르고자 하는 욕망은 예나 지금이나 크게 다르지 않았다. 물건을 팔고자 했던 상인들의 욕망은 가장 빠르고 효율적인 길을 찾아냈다. 콘스탄티노폴리스에서 경주까지 물건을 수송하는 데 걸리는 시간은 6개월이면 충분했다.

동양과 서양을 이으려는 시도는 가장 먼저 육지를 통해 이뤄졌다. 오늘날 '실크로드'라고 불리는 길을 따라 낙타로, 바닷길을 따라 배로 교류의 통로가 놓였다. 그 길을 따라 콘스탄티노폴리스의 왕족들이 사용하던 보석, 공예품, 여성 소품들과 장신구를 비롯해 바그다드에서 전해진 페르시아 카펫, 말 안장, 유향과 몰약, 금속 수공예품 등이 실려왔다. 그중 재질이나 디자인 등 여러 면에서 희귀했던 유리공예품들은 단연 인기가 높았다.

경주 황남대총에서 발굴된 녹색 유리병의 손잡이에는 특이하게도 금실이 감겨 있었다. 금실로 유리병 손잡이를 감아서 튼튼하게 만들었을 정도로 당시 신라의 지배층은 금이나 보석보다 유리그릇을 더욱 귀하게 여겼다. 유리는 깨지지만 않는다면 영원한 아름다움을 보여준다. 유리그릇은 신라 지배층의 권력과 부를 상징하는 물건이 되었다.

이슬람이 세계사에 등장한 것은 신라가 삼국통일을 이룩하기 60년 전의 일이다. 7세기 초 아라비아 반도에서는 이슬람이라는 종교가 탄생했고, 이슬람교를 바탕으로 하나의 새로운 문명권이 태동했다. 이슬람 문명의 확산 속도는 다른 문명권과 비교가 되지 않았다. 무슬림의 발길은 전 방위로 뻗어나갔다. 그중 동쪽으로 향했던 무슬림들이 당나라를 거쳐 신라에까지 닿았다. 바닷길이 결정적인 통로 역할을 했다.

해상 실크로드를 완성한 사람은 신라의 장수 장보고였다. 그는 일찍이 청해진(오늘날의 완도)을 거점으로 당나라와 일본을 잇는 동아시아 해상 무역을 장악함으로써 해상 실크로드를 완성했다. 당시 신라의 청해진에는 세계 각국의 온갖 물건들과 사람들이 몰려들었다. 아랍 상인들은 유리, 모직물, 진주, 발트 해의 호박, 상아, 향유 등을 싣고 온 뒤에 신라의 물건들을 싣고 떠났다. 신라의 주요 수출 품목은 비단과 사향, 인삼, 말 안장, 도자기 등이었는데 이 물건들은 왔던 길을 거슬러서 중국과 이슬람 세계를 거쳐 유럽의 스페인 등지로 흘러갔다.

아랍의 상인이었던 술라이만은 851년에 펴낸 『중국과 인도 소식』이라는 여행기에서 "중국 바다 건너에 신라가 있다"면서 신라의 지리적 위치를 처음으로 기록했다. 10세기 이후로 가면 신라에 대한 기록들은 한층 상세해지는데, 사막에서 온 이방인들은 하나같이 신라의 맑은 공기와 깨끗한 물을 부러워했다. 지리학자 마크디시는 『창세와 역사서』에서 '중국의 동쪽에 신라라는 나라가 있는데, 그곳에 들어간 사람은 공기가 맑고 부가 많으며 땅이 기름지고 물이 좋을 뿐만 아니라, 주민의 성격 또한 양순하기 때문에 떠나려 하지 않는다'라고 적고 있다. 아랍 상인들은 신라에 여러 가지 귀중한 보물, 특히 황금이 풍부하다고 한결같이 입을 모았다. 신라는 서역인들의 눈에 유토피아나 다름없었다.

이런 신라에 반해 정착한 사람도 생겼는데 『삼국유사』의 〈처용설화〉의 주인공인 처용도 그중 한 명으로 추측된다. 경주 괘릉(원성왕릉)이나 구정동 방형무덤에 가면 만날 수 있는 8척 무인상 역시 신라에 살았던 서역인의 모습을 담고 있다. 까무잡잡한 피부, 곱슬곱슬한 머리카락과 길게 드리운 구레나룻, 부리부리한 눈, 우람한 체격 등 이국적인 분위기가 물씬 풍기는 이런 석상을 신성한 묘역에 세운 까닭은 무엇일까? 아마도 신라인들은 서역인들이 무시무시한 외모로 무덤을 지켜주길 기대했던 것으로 추측된다.

'코리아'와 이슬람의 만남

태조 왕건이 고려를 건국한 뒤 정치와 경제의 중심지는 경주에서 개경으로 옮겨갔다. 고려의 수도인 개경에는 다양한 피부색의 사람들이 오갔다. 왕건은 무역을 통해 나라를 부강하게 만들어야 한다는 생각을 갖고 있었다. 개경에는 천지 사방에서 밀려들어온 상품들이 쌓였고 그 물건을 사고파는 사람들로 북적였다. 오죽하면 개경을 잇는 30리(10여 킬로미터) 길에 가게들이 꽉 들어차서 비오는 날 가게 처마 밑으로만 걸어도 비를 안 맞는다는 얘기가 나왔을까.

외국인들로 항상 북적였던 고려 초기의 개경에는 '대식大寔'이라 불리던 아랍 상인들이 수백 명씩 사절단을 이루어 드나들었다. 그러나 13세기 중엽 몽골제국, 원나라가 들어서면서 상인들의 왕래가 뜸해졌다가 이내 육상 실크로드라는 매력적인 문화전파로가 생겨났다. 경제적인 면으로 본다면 상인들에게는 육로보다 바닷길이 훨씬 효율적이었다. 특히 영토가 여러 나라로 분열되어 있는 경우에 육로를 건너오는 것은 위험한 일이었다. 또한 통행료와 세금도 늘어나게 되므로 경제적인 부담도 만만치 않았다. 광활한 중국 대륙을 통일한 원나라는 이 같은 장애물을 단번에 해결해주었다. 고려에서 헝가리까지 단 하나의 통행증으로 실크로드 교역로를 건널 수 있게 된 것이다.

고려 말, 원의 간섭이 심해지면서 이슬람 문화가 본격적으로 한반도에 상륙했다. 색깔이 있는 눈을 가진 이방인이라고 해서 '색목인色目人'이라고 불리던 서역의 무슬림을 통해서였다. 원나라에서 색목인들은 몽골인 버금가는 사회적 지위를 누렸다. 제국 안팎의 정치를 좌지우지했고, 역관, 근위병, 시종무관 등 여러 임무를 띠고 고려에 파견되었다. 고려를 왕래하던 이들 중에는 이런저런 이유로 고려에 눌러앉은 귀화인들도 적지 않았다. 그들은 수도 개경 인근에 마을을 이뤄 특유의 공동체를 형성했다. 이능화의 『조선불교통사』에 따르면 이들은 고려 개경에 예궁禮宮, 즉 이슬람사원인 모스크를 지었고 이곳에서 예배를 드렸다.

덕수 장씨의 시조가 된 삼가Samga는 고려에 정착해 귀화한 대표적인 색목인이다. 원나라 공주를 따라온 위구르 출신의 수행원이던 그는 고려의 충렬왕에게 장순룡張舜龍이라는 이름을 하사받고 덕수 장씨의 시조가 됐다. 경주 설씨의 시조인 설손 역시 귀화한 무슬림이다. 홍건적의 난이 일어나자 불안한 정세를 피해 위구르인 설손은 원나라를 탈출해 고려로 몸을 피했다. 설손이 고려에 오자 원나라에 인질로 잡혀갔을 당시 그와 친분을 쌓았던 공민왕은 옛 친구를 맞아들이며 관직과 함께 논밭을 하사했다.

사실 원나라가 고려 내정에 간섭하기 시작한 1270년 이전에도 고려인과 이슬람인의 교류는 활발히 이루어지고 있었다. 그 중심지는 고려의 수도 개경 가까이 있던 벽란도다. '코리아'라는 말은 당시 벽란도를 드나들던 이슬람 상인들이 고려를 부르던 말이다. 예성강 하류에 있던 벽란도를 찾아온 이국적인 외모의 상인들은 수은과 몰약, 소목 등을 공물로 바쳤고, 고려의 왕은 이 귀한 손님들을 위해 숙소를 마련해 극진히 맞이하는 한편 그들이 돌아갈 때에는 황금과 비단을 하사하기도 했다.

벽란도가 있던 예성강을 배경으로 쓰인 고려 옛 시가의 내용에 이슬람의 흔적이 남아 있기도 하다. 바로 「쌍화점」이라는 시다. 여기서 '쌍화'는 이슬람인들이 만들어 먹던 만두를 일컬었던 '상화霜花' 떡을 의미한다.

쌍화점에 쌍화를 사러 가니
회회回回 아비가 내 손목을 쥐더이다
이 말이 상점 밖에 나면
조그만 새끼광대 네 말이라 하리라

이 시는 고려시대 이슬람 상인과 고려 여인 사이의 스캔들을 담고 있다. 시 속에 등장하는 '회회 아비'란 이슬람 남자를 뜻하는데 『고려사』나 『고려사절요』 등을 보면 이슬람을 지칭하는 '회회'나 투르크계 위구르인 이슬람교도를 일컫는 '회회인'에 관한 대목이 간간히 눈에 띈다. 민간에서 널리 부르던 노래에 이슬람인이 등장할 만큼 이들은 고려인에게 낯선 이방인이 아니었다.

한반도가 고려시대를 맞이하고 있을 때, 이슬람에서는 아바스 왕조가 최전성기를 누리고 있었다. 이슬람은 아바스 왕조 때, 특히 830년 이후 100여 년 동안 지속된 번역운동을 통해 문명을 살찌워나갔다. 아랍인들은 비잔틴제국 동부와 근동 지역에서 손에 넣을 수 있는 거의 모든 그리스어 문헌들과 기독교 문명 이후 뿔뿔이 흩어졌던 그리스 문헌들을 아랍어로 옮기기 시작했다. 이를 통해서 서양의 고전문헌 중 사라진 자료들이 아랍어로 남아 훗날 유럽에 전해졌고,

이는 14~16세기 유럽 르네상스의 바탕이 되었다. 중국 또한 '회회사천감回回司天監'이라는 번역기관을 설치해 중국 문명의 자양분으로 삼았다. 그리스 원전들은 아랍어로, 이후 아랍어 번역본은 중국어로 번역돼 고려에 전해졌다. 고려인들은 이슬람을 통해 과학, 수학, 의학, 천문학, 지리학, 화학 등 다양한 학문의 세계를 맛보았다. 연금술로 대표되는 이슬람의 수준 높은 과학은 알코올 개념을 실용화했다. 소주는 고려시대에 '아라기'라 불렸는데, 이는 아랍의 증류주인 '알 아라끄'를 음역한 것이다. 술과 함께 이슬람의 음식, 노래, 춤도 전해졌고 비파, 나팔, 소 같은 이슬람 악기의 연주 또한 고려인들 사이에서 인기를 끌었다.

우리에게서 조금씩 멀어져간 이슬람

이슬람 문명의 황금기를 열었던 아바스 왕조의 번역운동은 200년 넘게 이어졌다. 고대 그리스가 축적해놓은 학문적 성과들은 이슬람을 거쳐 재탄생했고 더 나아가 서양뿐만 아니라 동양의 르네상스도 주도했다.

이슬람과 한반도의 인연은 조선 개국 후에도 변함없이 이어졌다. 『조선왕조실록』에는 태종이 "회회 사람인 승려와 가족을 귀화시켰다"는 내용이 나온다. 세종 즉위년인 1418년에는 "승도僧徒 및 회회인들이 뜰에 들어와 송축頌祝하였다"는 기록이 있다. 이처럼 궁중의 공식행사에 무슬림 대표나 종교지도자들이 초청되어 이슬람의 경전인 코란을 낭송하며 나라의 평안과 임금의 만수무강을 축원했다. 조선 초기까지만 해도 회교의 의식도 공식적인 행사였던 것으로 보인다. 그러나 이후의 기록을 보면 조금 다른 분위기가 감지된다.

"회회교도는 의관衣冠이 보통과 달라서, 사람들이 모두 보고 우리 백성이 아니라 하여 더불어 혼인하기를 부끄러워합니다. 이미 우리나라 사람인 바에는 마땅히 우리나라 의관을 좇아 별다르게 하지 않는다면 자연히 혼인하게 될 것입니다. 또 대조회大朝會 때 회회교도의 기도祈禱하는 의식儀式도 폐지함이 마땅합니다."

– 『세종실록』, 1427년(세종 9년) 4월 4일

세종은 곧 이 제안을 받아들였다. 이후 조선 초기까지만 해도 집단생활을 하며 고유한 복장과 종교의식을 유지해왔던 무슬림들은 약 150년 동안 누렸던 권리를 잃어버리게 된다. 이슬람 고유의 복장과 신앙은 조선에서 일체 허용되지 않았다.

더욱이 조선은 건국 초기부터 국가에서 관장하는 공무역을 제외한 사무역을 전면금지했다. 이런 분위기는 상업을 주업으로 했던 무슬림들에게는 압박을 줬다. 한 사람, 두 사람 한반도를 떠나기 시작했다. 하지만 사람은 떠났어도 조선에 깊게 뿌리내린 이슬람 문화는 여전했다. 도자기를 만들 때에 푸른색 회청回靑을 사용하는 것, 위구르 문자, 말의 교습에 이르기까지 생활 곳곳에 스민 이슬람의 영향은 쉬이 지워지지 않았다. 특히 고려 때부터 원나라를 통해 받아들였던 이슬람의 과학기술은 조선에 와서 맹위를 떨쳤다. 음력의 정비는 물론 각종 과학기기의 발명에도 커다란 공헌을 했다. 세종 때 편찬된『칠정산외편』은 이슬람 역법인 회회법의 원리를 도입해 우리 식으로 정착시킨 것으로 오늘날 우리가 사용하는 음력의 바탕이다. 세종 대에 맞이한 학문과 과학의 르네상스는 우연히 이루어진 것이 아니었다. 시간이 갈수록 조선 사회에 유교가 정착되면서 이슬람이 설 자리는 사라졌다. 조선을 지배하는 세계관은 온통 중국에 맞춰지고 말았다.

다시, 실크로드를 꿈꾸다

오랜 단절 끝에 우리가 다시 이슬람을 만나게 되는 시점은 구한말, 망국의 그림자가 가득하던 시기였다. 1898년 만주의 동청철도 부설과 함께 만주에 정착한 무슬림, 러시아 볼셰비키 혁명 이후 러시아에서 탈출한 소수민족인 투르크계 무슬림이 한반도를 다시 찾았다. 삶의 터전을 잃고 만주를 거쳐 당시 일제 치하에 놓여 있던 한반도에 망명해온 이들은 주로 국제무역을 통해 돈을 벌었고 서울 시내 요지에 이슬람 성원을 세워나갔다.

이들이 30여 년간 한반도에 심어놓은 이슬람의 씨앗은 1950년대 한국전쟁(6·25 전쟁) 때 터키군의 연합군 참전으로 새로운 계기를 맞는다. 1953년 종전 후 터키군을 통해 처음으로 조직적인 선교가 이루어졌고, 이는 현재 대한민국 이슬람 공동체의 바탕이 되었다. 터키군이 철수한 뒤에는 한국인 무슬림들에 의해 독자적으로 '한국이슬람재단'이 세워졌고, 이는 오늘날 '한국이슬람중앙회'의 모태가 되었다.

이슬람 문명은 1970년대 대한민국 경제를 살리는 돈줄이기도 했다. 오일쇼크로 경제가 휘청거리던 1970년대 중반 박정희 대통령이 던진 "원유를 사려면 달러가 필요하니 사우디아라비아에서 건설공사를 할 수 있는지 알아보라"는 말 한마디에 현대건설이 중동에 진출해 '중동 특수'를 이끌었다. 한해 100만 명 이상의 인력이 사막에서 흘린 구슬땀을 외화와 맞바꾸었다. 덕분에 1978년 후반 국민소득 1000달러라는 장밋빛 꿈을 달성할 수 있었다. 대한민국 경제발전에 있어 중동 시장은 중요한 견인차 역할을 했고, 이때 정부는 친아랍 정책의 일환으로 국내에 정착한 이슬람에 대한 전폭적인 지원을 약속했다. 1976년 5월에는 한남동 언덕에 사우디아라비아 왕의 재정 지원으로 지금의 이슬람 중앙 사원이 개원해 눈길을 끌었다. 그러나 1980년대 중반 이후, 중동발 특수가 사그라들고 이란–이라크 전쟁이 발발하면서 이슬람이라는 이름은 다시 기억 저편으로 사라지고 만다.

현재 한국인 이슬람교도는 약 3만 5천 명, 전체 무슬림 수는 10만 명에 달한다. 대부분이 파키스탄이나 방글라데시 등 동남아시아에서 온 이주노동자들로 '코리아 드림'을 꿈꾸며 이 땅을 찾아온 사람들이다. 최근 서울 이태원에는 아프리카 최대의 이슬람 국가인 나이지리아 근로자들이 늘어나면서 나이지리아 거리도 생겨났다.

다양한 가치가 공존하는 다원화 사회에서는 다른 문명, 다른 종교에 대한 지식과 이해가 곧 경쟁력이다. 이슬람 역사학의 권위자인 일베르 오르타일리 터키 갈라타사라이대 교수는 오늘날 실크로드의 의미에 대해 이렇게 대답한 바 있다.

"철의 장막과 죽의 장막으로 단절됐던 이념과 체제의 장애물을 제거하고 제한 없는 무한의 소통공간이었던 실크로드의 원래 기능을 되살려야 합니다. 이것은 글로벌 시대 진정한 소통과 상호 이해 채널을 구축한다는 의미를 갖습니다."

冊

이슬람 문명 정수일, 창비, 2002
이슬람과 한국문화 이희수, 청아출판사, 2012
이희수 교수의 이슬람 이희수, 청아출판사, 2011
한국 속의 세계 상, 하 정수일, 창비, 2005
한국 이슬람 60년 박정남, 신우, 2013

02 최초의 귀화인

그림 속 대원들이 들고 있는 무기
이 신식 소총은 1657년(효종 8년)
조선에서도 제작된다

일본으로 향하던 중 제주도로 휩쓸려온
네덜란드 무역선 우베르케르크

세 명의 네덜란드인은
물을 구하기 위해
육지에 발을 내딛는다

하지만

"그들을 붙잡아 왜관에 보냈으나
왜관인은 이들이 일본의 표류자가 아니라며
받아들이지 않았다."
–『접왜사목초록』

서양인이 표류할 경우
중국으로 송환하던 관례와 달리

정묘호란으로 어수선했던 조선은
선원들을 체류하도록 한다

대포 만드는 재능이 있던 이들은
한양으로 후송되어
훈련도감에서 일하게 되고
1636년(인조 14년) 병자호란에 참전해
두 명은 목숨을 잃는다

그리고

전쟁에서 목숨을 부지한 그는
박연이라는 이름으로
조선에서 살아간다

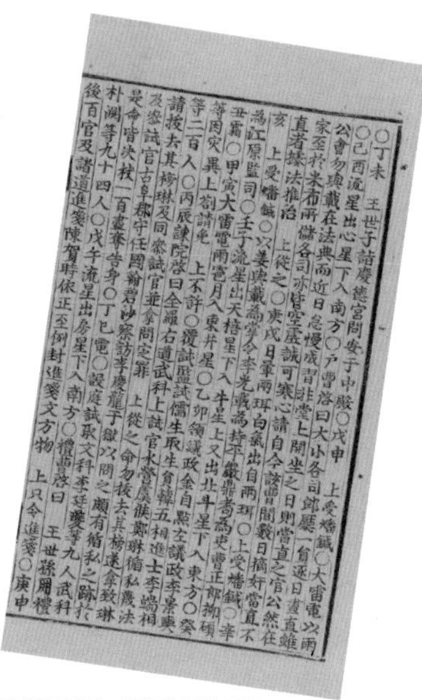

○丁未 王世子詣慶德宮問安于中殿○戊申 上受鍼○大雷電以雨
○己酉流星出心星下入南方○戶曹啓曰大小各司郞廳一員逐日晝直雖
公會勿與載在法典而近日怠慢成習非堂上開坐之日則當直之官公然在
家至於米布兩儲各司亦皆空虛誠可寒心請自今該曹間數日摘奸當直不
直者據法推治 上從之○庚戌日暈兩珥白氣出自兩珥○上受鍼○辛
亥 上受鍼○以姜與載爲掌令李光載爲持平徽毖者爲吏曹正郞柳碩
爲江原監司○壬子流星出天棓星下入牛星上又出北斗星下入東方○癸
丑霜○甲寅大雷電雨雹月入東井星○乙卯領議政金自點左議政李景輿
等因災異上箚請免 上不許○覆試監試儒生取生員韓五相進士李端相
等二百人○丙辰諫院啓曰全羅右道武科上試官水營虞候鄭琳循私廢法
請拔去其榜琳及同參試官並拿問定罪 上從之命勿拔去其榜逮拿致琳
及參試官古阜郡守任國翰君沙察訪李慶龍于獄以問之頗有循私之跡於
是命皆決杖一百罷職告身○丁巳雷○設庭試取文科李廷夔等九人武科
朴淵等九十四人○戊午流星出房星下入南方○禮曹啓曰 王世孫冊禮
後百官及諸道進箋陳賀時依正至例封進箋文方物 上只令進箋○庚申

「조선왕조실록」, 박연에 관한 기록

"정시를 실행하여 문과에 9인을,
무과에 박연 등 94인을 뽑았다."
–『인조실록』, 1648년(인조 26년) 8월 25일

무과에 장원급제한 네덜란드인 박연
그에게 주어진 특별한 임무
화포 개량, 조총 제조

박연은 효종이 추진한 북벌운동의 핵심이었던
신식 무기 개발을 위한
훈련도감의 중책을 맡는다

1653년

“난파한 선박이 한 척 있었는데
배 안에 있는 사람들의 옷과 모자가 괴이하고
코가 높으며 눈은 깊었다…”

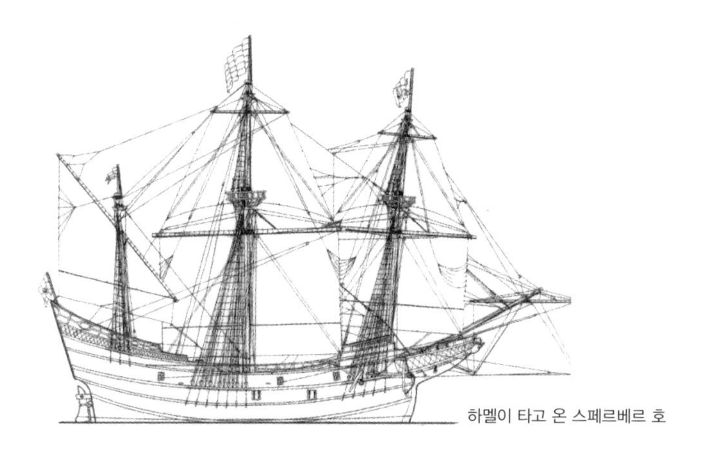

하멜이 타고 온 스페르베르 호

“언어가 통하지 않아 조정에서는
박연을 불러 심문하도록 했고
박연은 그들과 이야기를 나누었는데,
옷깃이 다 젖도록 울기에 이르렀다.”
–『석재고』, 조선 후기 문신 윤행임

고국을 떠난 지 26년 만에
제주도에 표류한 동족 헨드릭 하멜과 조우

박연은 하멜 일행의 통역을 맡으며
조선의 언어와 풍속을 가르친다

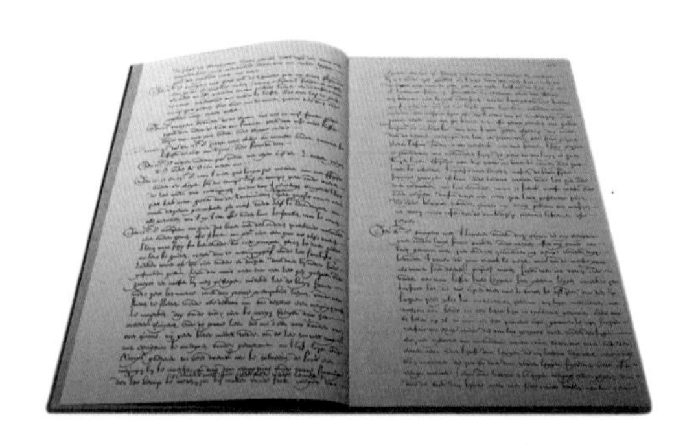

"고향을 떠난 지 5년, 이제 돌아갈 때가 되었다.
우리를 보내준다면 네덜란드 상선이 (일본으로) 올 것이므로
당신도 살아나갈 수 있을 것이다."

–『하멜표류기』, 하멜의 말

"일본 교역이 이전과 달라 자국인도
타국에 왕래하고자 하면 반드시 죽인다.
하물며 너희 같은 타국인은 당연하다.
차라리 조선에서 사는 것만 못할 것이다."

–『하멜표류기』, 박연의 말

그러나
표류 13년 후

하멜은 탈출에 성공해 고국으로 돌아갔고
대외적 위기인 조선의 핵심 관료였던
박연은 돌아갈 수 없었다

홍이포(대포) 제조 및 조작법 지도
신식 소총을 제작한

조선 최초의 서양 귀화인 박연

그는 조선 여성과 결혼해
1남 1녀의 자녀를 두고 조선에서 여생을 보냈지만
고향에 대한 그리움은 쉽게 씻을 수 없었다

"오랫동안 타향에서 지내는 중에
(탈출을 위해) 일본에 가보려고
여러 번 국왕에게 허가를 청하였으나
다만 날개가 돋아 거기로 날아가지 못하거든
그런 기대는 단념하라 하실 뿐이었다."
–『하멜표류기』, 박연의 말

최초의 귀화인

도깨비가 나타났다

서울 광진구에 위치한 어린이대공원 분수대 옆에는 독특한 동상이 하나 서 있다. 갓을 쓰고 두루마기를 입은 사람의 오른쪽 발은 자동차, 왼쪽 발은 배 모양이다. 게다가 등에는 오디오를, 가슴에는 카메라를 매달고 있다. 우리나라에서 보기 드문 추상적인 형태를 지닌 동상의 주인공은 네덜란드 출신의 얀 얀스 벨테브레이. 17세기 조선에서 박연이라는 이름으로 살았고, 이 땅에 뼈를 묻은 이 이방인은 우리나라에 최초로 귀화한 서양인으로 여겨진다. 그는 어떤 연유로 머나먼 한반도까지 오게 되었을까?

1627년, 네덜란드 동인도회사 소속의 벨테브레이는 우베르케르크호를 타고 일본 나가사키로 향하고 있었다. 당시 네덜란드는 1만 척이 넘는 자국의 대형 상선이 세계의 바다를 누비던 세계 최대의 부국이었고, 나가사키는 서방과 교류하던 일본의 무역 창구였다. 17세기 일본은 기독교를 탄압하면서 쇄국정책을 펴고 있었지만, 포교활동을 하지 않고 장사만 하는 네덜란드인들에게는 문호를 개방하고 있었다. 그들에게 전수받은 서양 의학, 천문학, 지리학 등을 일본인들은 난학蘭學이란 학문으로 꽃피워냈다.

바닷길은 험했다. 벨테브레이가 타고 가던 우베르케르크 호도 나가사키로 가던 중에 풍랑을 만나 표류했다. 벨테브레이는 마실 물과 먹을거리를 구하기 위해 두 명의 일행과 함께 본선을 떠나 작은 배를 타고 육지로 향했다. 그들의 발이 닿은 곳은 오늘날의 경주 일대였다(제주도였다는 설도 있다). 해안에 도착했을 때 그곳 주민들은 이상하게 생긴 낯선 남자들을 에워쌌다. 난데없이 바닷가에 나타난, 노란 머리에 붉은 털을 가진 그들을 괴물이라며 붙잡았다. 라이프 출신의 드리크 히아베르츠와 암스테르담 출신의 얀 피에테르츠 그리고 데리프 출신으로 일행 가운데 나이가 제일 많고 보스 역할을 했던 서른세 살의 얀 얀스 벨테브레이, 이 세 사람은 순식간에 '괴상한 도깨비'가 되고 말았다.

사실 벨테브레이 일행이 조선 땅을 밟은 최초의 서양인은 아니었다. 대항해시대에 조선인들은 표류하던 배를 통해 서양인들과 대면했고, 그때마다 조선은 이들을 중국으로 송환시켰다. 하지만 벨테브레이 일행은 조선 땅 바깥으로 나갈 수 없었다. 조선 사람들은 한반도에 표류한 이방인 셋을 관가로 보냈고, 관가에서는 이들을 왜관으로 보냈다. 표류자들이 원래 가고자 했던 나가사키로 인도하고자 한 것이다. 하지만 왜관은 이들이 일본인이 아니라는 이유로 인도 접수를 거부했다. 이후 벨테브레이 일행은 낯선 땅에서 4년 여의 시간을 무작정 기다려야만 했다. 이들을 한양으로 불러들인 이는 인조였다.

반정을 통해 왕위에 오르자마자 이괄의 난과 후금이 일으킨 정묘호란 등으로 궁지에 몰린 인조는 후금이 다시 침략해올 것에 대비해 군사력을 증강하고자 애썼다. 강력한 군사력의 필요성을 절감했던 인조에게 명나라를 통해 전래된 서양의 대포 홍이포는 매력적인 무기였다. 홍이포는 이름 그대로 풀이하면 '네덜란드 대포'를 뜻했다. 그렇지 않아도 병기개발을 위한 신기술이 필요했던 차에 서양인들이 조선에 와 있는 것을 본 인조는 이들이라면 홍이포에 대해 많은 지식을 갖고 있지 않을까 짐작했다. 벨테브레이 일행은 이내 훈련도감에 보내졌고 대포 제작을 담당하게 됐다. 인조의 추측은 틀리지 않았다. 홍이포의 제작과 작동 원리에 대해 소상히 알고 있던 벨테브레이는 훈련도감에서 그 솜씨를 발휘했다.

그러나 이들이 홍이포 제작 기술을 조선 사람들에게 전수하던 중에 전쟁이 터지고 만다. 국호를 청으로 바꾼 후금이 1636년, 12만 명의 대군을 이끌고 다시 조선으로 쳐들어온 것이다. 병자호란이었다. 세 명의 네덜란드 선원들은 대포를 끌고 전쟁터로 나가 조선군으로 참전해 싸웠다. 그러나 전쟁이 끝났을 때 살아서 돌아온 것은 벨테브레이뿐이었다. 두 명의 네덜란드인은 낯선 이국땅에서 벌어진 전쟁터에서 유명을 달리했다.

혼자가 된 벨테브레이는 고국으로 보내달라고 조정에 수없이 요청했다. 하지만 누구도 그의 말에 귀 기울이지 않았다. 대신 그에게는 새로운 한글 이름이 주어졌다. 인조가 내린 이름은 박연. 추측하건대 벨테브레이에서 '박'이라는 성을, 얀 얀스의 얀에서 '연'이라는 이름을 따왔을 것이다. 그의 이름은 문헌에 따라서 '朴淵' '朴延' '朴燕' 등 다양한 한자로 기록되어 있다.

박연은 훈련도감에서 '항왜'와 표류해온 중국인들을 거느렸다. 항왜란 조선에 투항한 일본인을 일컫는 말이다. 항왜의 중요성을 깨달은 조정이 항왜 수용정책을 펴자 수많은 일본군들이 투항해왔고 검술이 뛰어난 이들은 주로 훈련도감에 속해 조선 병사들에게 검술을 가르쳤다. 당시 훈련도감 내에는 이처럼 외국인들로 구성된 일종의 '외인부대'가 있었다.

정조 때 규장각에 재직했던 문신 윤행임이 집필한 시문집인 『석재고』의 기록을 보면 박연을 '호탄만'이라고 불렀다는 내용이 있다. 네덜란드 동료들이 그를 '호탄만'이라고 불렀다 하여 생긴 호칭인데, 아마도 대장을 뜻하는 네덜란드어 '호프만hopman'을 한글로 적은 표현으로 추측된다. 후세 학자들은 이 단어를 통해 박연이 선장이나 갑판장 혹은 항해사 정도의 고급 선원이었을 것으로 추정한다.

효종의 사위인 정재륜의 수필집 『한거만록』에도 박연에 대한 기록이 나온다. 정재륜은 박연이란 인물을 "위인이 뛰어나고 훌륭하며 깊이 헤아리는 바가 있다"고 평했다. 큰 키에 노란색 머리, 푸른색 눈동자를 지닌 그는 동양 각국의 풍물에 대해 이야기하기를 즐겼다고 한다.

이처럼 왕실과 조정의 대신들에게서 인품과 자질을 인정받고 있던 박연은 급기야 조선에 표류한 지 20년 만인 1648년, 과거의 무과에 장원급제하기에 이른다. 같은 해 8월 25일 『인조실록』의 기록을 살펴보면 "정시를 실행하여 문과에 이정기 등 9인을, 무과에 박연 등 94인을 뽑았다"는 내용이 적혀 있다.

하멜과 박연, 두 표류인의 만남

박연이 『조선왕조실록』에 다시 등장한 것은 5년 뒤의 일이다. 그사이 인조가 승하하고 뒤를 이어 효종이 즉위한다. 1653년 8월 6일, 제주목사 이원진은 조정에 이렇게 보고했다.

"배 한 척이 고을 남쪽에서 깨져 해안에 닿았기에 대정현감 권극중權克中과 판관判官 노정盧錠을 시켜 군사를 거느리고 가서 보게 하였더니, 어느 나라 사람인지 모르겠으나 배가 바다 가운데에서 뒤집

혀 살아남은 자는 38인이며 말이 통하지 않고 문자도 다릅니다."

이 보고를 듣고 조정은 박연을 보내 그들을 조사하게 했다. 직접 제주도로 내려가 그들과 대면한 박연은 몇 마디 이야기를 나눈 후 바닷가에 주저앉았다. 윤행임은 『석재고』에서 "박연은 그들과 이야기를 나누었는데, 눈물을 흘려 옷깃이 다 젖도록 울기에 이르렀다"고 묘사하며 이날의 풍경을 기록하고 있다.

박연을 하루종일 울게 한 이들은 박연의 고국인 네덜란드에서 온 선원들, 하멜 일행이었다. 조선 땅에서 26년이라는 긴 세월을 보내는 동안 가정도 꾸리고 슬하에 아들과 딸까지 둔 박연은 고국 사람을 만나자 그간 쌓였던 향수를 주체하지 못하고 끝내 울음을 터트리고 말았다. 하멜은 훗날 『하멜표류기』에서 벨테브레이가 쉰일곱 내지 쉰여덟 살 정도로 보였다면서 조선에 너무 오래 살아서인지 처음에는 더듬거리며 네덜란드 말을 제대로 하지 못했다고 전했다.

이역만리에서 고국 동포를 만난 셈이니 벨테브레이나 하멜이나 그 반가움이 이루 말할 수 없었을 것이다. 하멜은 우선 어떻게 하면 이 땅에서 떠날 수 있는지를 박연에게 물었다. 이에 박연은 고개를 절레절레 흔들며 하멜 일행에게 그런 계획을 포기하기를 권한다.

"난 여러 번 국왕(효종)에게 일본으로 보내달라고 부탁했지만 거절당했습니다. 조선 조정은 '당신이 새라도 된다면 날아갈 수 있겠지만 우리는 국법 때문에 당신을 보낼 수 없다'고 했습니다. 난 일생을 이 나라에서 보내야 합니다."

–『하멜표류기』

이미 조선 사람이 다 된 박연은 오래전 자신이 그랬듯이 하멜 일행을 데리고 한양으로 올라갔다. 그리고 하멜 일행을 훈련도감에 소속시키고 이들과 3년 동안 함께 지내며 조선어를 가르쳤다.

새로운 이방인이었던 이들은 어딜 가나 구경거리였다. 송환 요구는 매번 거절 당했고 탈출을 시도하다 실패하기도 했다. 그러다가 하멜 일행들이 청나라 사신에게 도움을 요청한 사실이 들통나면서 일행은 모두 전라도 강진의 병영으로 내쫓겼다. 그사이 십여 명이 세상을 떠났고, 스물두 명만이 살아남았다. 유배를 떠나는 하멜 일행을 박연은 한강변까지 나와 배웅했다. 이것이 박연과 하멜의 마지막 만남이었다.

하멜 일행은 강진에서 고달픈 억류 생활을 이어갔다. 매일 강진 병영에서 풀을 뽑고 청소를 했다. 수년째 흉년이 계속돼 음식을 구걸하러 나서는 경우도 많았다. 이런 가운데 또 몇몇이 목숨을 잃었다. 그렇게 몇 년이 흘렀을까. 마침내 하멜은 남은 일행 일곱 명과 함께 1666년 작은 배를 타고서 극적으로 조선을 탈출했다. 표류한 지 13년 만의 일이었다.

그후 이들은 나가사키를 경유하여 1668년 본국인 네덜란드로 귀국했다. 하멜은 그간의 이야기를 『1653년 바타비아발 일본행 스페르베르 호의 불행한 항해일지』라는 긴 제목의 책으로 엮어냈다. 우리가 하멜표류기라고 명명하는 책이 바로 이 책이다. 조선에서 13년 동안 억류되어 그간 받지 못한 월급을 회사에 청구하기 위해 하멜이 나가사키에서 작성한 보고서였다.

하멜이 쓴 표류기는 네덜란드를 비롯한 유럽 사회에서 큰 파장을 일으켰다. 이 책을 통해 조선을 알게 된 네덜란드 동인도회사는 '코레아'란 이름의 상선을 건조하는 등 조선과 통상을 시작하기 위해 노력했다. 일본이 조선에서 면포, 마포, 인삼, 호피 등을 가져다 큰 이익을 얻고 있다는 보고 때문이었다. 하지만 일본의 방해와 조선의 쇄국정책으로 인해 네덜란드 동인도회사는 그 뜻을 이루지 못했다. 네덜란드와 조선이 교류를 시작한 것은 그로부터 3백여 년이나 지난

1961년부터다.

박연은 또다시 혼자 조선에 남겨졌다. 그뒤로도 그는 변함없이 조총과 대포의 개발과 개량에 힘썼다. 하지만 북벌정책을 추진하던 효종이 1659년 5월, 갑작스레 세상을 떠나면서 박연의 입지는 좁아진다. 군사기술을 발전시켜나가려는 조정의 의지가 약해졌기 때문이었다. 서서히 박연은 잊힌 존재가 되고 말았다. 그의 자녀들도 훈련도감에서 활동했다고 전해지는데, 자세한 내용은 그 어디에서도 찾을 길이 없다. 그나마 『하멜표류기』의 내용 덕분에 벨테브레이, 아니 박연의 존재가 세상에 알려질 수 있었다.

세월이 흘러 300여 년 뒤인 1991년, 박연의 후손이라는 한 남자가 홀연 모습을 드러냈다. 노트르담 대학교의 철학교수 헹크 벨테브레이였다. 벨테브레이라는 성을 쓰는 그는 박연이 네덜란드에 두고 온 아내가 낳은 자녀의 후손이었다. 헹크 벨테브레이 교수는 17세기 무렵 조선에 살았던 13대 선조의 자취를 찾는다고 했다. 그는 네덜란드 데리프 시에는 현재 약 600여 명 정도 되는 박연의 후손이 살고 있다면서 대한민국 어디선가 살고 있을 벨테브레이의 후손들을 만나보고 싶다고 했다. 하지만 그는 선조 박연의 자취와 관련한 그 어떤 것도 발견하지 못한 채 출국해야 했다.

한민족의 역사를 바꾼 귀화인들

이방인과의 만남은 늘 오해를 불러일으켰다. 조선 사람들은 서양인들을 '야우기'라 하며 귀신처럼 대했다. 조선의 대표적인 실학자인 이덕무마저도 『편서잡고』에서 네덜란드인에 대해 "사람의 발 길이는 1척 2촌(약 36센티미터)이며, 오줌을 눌 때는 늘 한쪽 다리를 들고 눈다"면서 기묘하게 묘사를 하고 있다.

서양인들 역시 조선인은 '미개하고 야만적인 사람들'이라 깔보았다. 정재륜의 『공사견문록』에는 조선에 표류한 박연 일행이 조선인을 식인종이라 여겼다는 내용이 담겨 있다.

"박연은 '본국에 있을 때 고려인들은 인육을 구워먹는다는 이야기를 들었다'고 했다. 제주도에 표류했을 때, 조선 군사들이 날이 어두워지자 횃불을 준비했다. 배 안에 있던 네덜란드 사람들 모두 이 불을 보고 하늘이 사무치도록 통곡했다. '저 횃불로 자신들을 구워먹으려고 한다'고 생각했기 때문이다."

하멜이 쓴 표류기는 조선에 대한 부정적인 이미지를 만들어냈다. 하지만 세월이 흘러 도깨비 같던 낯선 생김새, 다른 피부색을 가진 이들의 후손들은 한반도에 정착해 뿌리를 내렸고 지금은 우리와 함께 어울려 살고 있다.

외국인이 한국에 귀화하기 시작한 것은 삼국시대 초기부터다. 대규모 귀화는 중국의 혼란기 즉, 위진남북조 시대와 당나라 때에 일어났다. 한반도 최초의 귀화인은 은나라가 망한 후 고조선에 망명한 기자箕子였다. 이후 신라의 처용을 비롯해 많은 중국인들이 귀화한 바 있다. 오늘날 영양 남씨의 시조도 본래는 여남 사람 김충으로 중국인 '김' 씨였는데, 일본으로 가다가 표류해 신라에 와서 경덕왕으로부터 '남' 씨 성을 하사받았다고 한다. 수원 '백' 씨의 시조도 당나라 사람으로 신라에 귀화한 인물이다.

특히 신라시대 석상에 서역인의 모습으로 등장하는 처용은 신라에 귀화한 이방인의 모습에 대해 많은 단서를 주는 인물이다. 여러 문헌에서 처용은 '조개 같은 이와 붉은 입술'을 가진 인물로 묘사되고 있는 것을 비롯해, '넓은 이마, 무성한 눈썹, 우묵한 코, 큰 입, 내민 턱, 늘어진 팔' 등 전형적인 서역인의 모습을 지닌 것으로 묘사되고 있다. 한국 성씨 280여 개 중에서 귀화 성씨는 무려 130개에 달한다. 이는 전체 인구의 20~50퍼센트를 차지하는 수치다.

고려시대 때는 그 어느 때보다 귀화인들이 많았다. 고려시대에 특히 귀화인들이 많았던 것은 고려가 그만큼 개방적인 사회였음을 보여준다. 고려는 '내자불거來者不拒', 즉 오는 사람은 거절하지 않는 개방 및 포용정책을 펼쳤다. 한반도의 지형적 특성상 귀화인은 주로 중국 대륙과 몽골, 위구르, 일본, 동남아시아 등지 출신이 압도적으로 많아 그 수가 수십만 명에 달했는데 실크로드를 거쳐서 온 아랍인들까지도 이 땅에 정착하길 원했다. 처음에는 언어도 다르고 문화와 풍속도 달랐지만 이들은 한반도에 천천히 자리잡아갔다. 송나라의 대도독大都督 하흠은 고려에 귀화해 달성 '하' 씨의 시조가 되었고, 고려 전기 개혁을 주도했던 한족 쌍기는 고려의 개방성을 확인시켜 주는 이방인이다.

이후에도 이성계의 오른팔이었던 여진족 이지란, 조선을 사랑한 일본 장수 김충선 등이 정치적인 망명, 투항, 피란, 정략결혼 등 다양한 이유로 귀화했다. 네덜란드인 벨테브레이 외에도 하멜 일행 중 요리사 얀 크리스젠은 나중에 송환되길 거부하고 조선에 남았다. 물론 이들 후손에 대한 기록이 없어 정확하게 전해지지는 않지만 서양인의 핏줄이 우리 안에 일부나마 들어온 것은 분명하다.

이들은 이방인이었지만 외부인으로 머무르지 않았다. 우리의 역사 속으로 들어와 함께 시대를 변화시켰다. 한족 쌍기가 귀화해 과거제도를 도입했고, 여진에서 온 이지란은 조선의 개국공신으로 청해 이씨의 조상이 되었다. 김충선은 임진왜란 때 일본군 선봉장에서 조선의 장군으로 변신했다. 그는 이괄의 난, 병자호란과 같은 국난의 시기에 혁혁한 전공을 쌓았다. 벨테브레이 역시 그랬다. 그가 없다면 조선의 병기개발은 그 발전이 더뎠을지도 모른다.

자신의 고국을 떠나 동방의 끝자락에 위치한 한반도에 정착했던 귀화인들은 한국사의 장면들을 바꿔놓았다. 그들이 있어 우리의 역사는 보다 다채로운 빛깔을 띄고, 새로운 문물을 받아들여 발전할 수 있었다.

冊

악령이 출몰하던 조선의 바다 박천홍, 현실문화연구, 2008

우리 역사를 바꾼 귀화 성씨 박기현, 역사의아침, 2007

이미 우리가 된 이방인들 사람으로 읽는 한국사 기획위원회, 동녘, 2007

항해와 표류의 역사 김영원 등저, 솔, 2003

03 독립운동가 조지 쇼

서해안을 통과할 때
경비선이 나팔을 불고 따라오며
배를 세우라고 명령했다
하지만 영국인 함장은 들은 체도 아니하고
전속력으로 경비구역을 지나
무사히 상하이 황푸 강 나루에 닻을 내렸다

–『백범일지』, 김구

1919년 5월 중국 상하이

대한민국 임시정부 교통국이 설치된
이륭양행怡隆洋行

조선의 독립운동가들은
단체 간의 비밀 통신업무
임시정부의 자금 모집 및 정보 수집 등
독립운동을 위한 비밀활동을 펼쳐갔다

의열단은 여덟 개의 전략적 건물을 파괴하고
대도시에 있는 일본인 관헌을
암살하기 위한 계획을 세웠다

"폭탄은 안둥(현 단둥)에 있는 영국 회사 앞으로 보내는
의류품 화물 상자에 넣어 보냈다. (…)
회사의 지배인은 아일랜드인 테러리스트였는데
우리 한국인들은 그를 '샤오'라고 불렀다."

–『아리랑』, 님 웨일즈

중국 푸젠성 푸저우에서
아일랜드계 영국인으로 태어나

1900년경 대한제국의 '은산금강' 회계로
처음 대한제국을 방문

1907년 중국 안둥에 무역회사 겸 선박회사
이륭양행을 설립한
조지 쇼George Lewis Shaw, 1880~1943

1919년 3·1 운동 발발 이후
한국의 독립운동을 돕기 시작한다

"그는 일본을 거의 영국인만큼이나 싫어하였다.
한국인 테러리스트들은
몇 년 동안 그의 배로 돌아다녔으며
위험할 때는 안둥에 있는 그의 집에 숨었다."
–『아리랑』, 님 웨일즈

1919년 1월

16세기부터 영국의 지배를 받던 아일랜드가
'부활절 봉기'를 시작으로
본격적인 독립전쟁을 전개했다

아일랜드계 영국인이었던 쇼는
독립의 열망을 가진 한국인을 돕는 일을
당연한 일로 생각했다

"아일랜드도 영국의 식민통치에 대항하여
오래도록 싸워온 나라이므로
조지 쇼는 자연스럽게
우리 민족운동에 깊은 동정을 가졌고
여러모로 우리 독립운동가를 도왔다."
– 『장강일기』, 정정화

英國議會에셔자問題된
「쇼우」氏의監獄生活
식사는역시양요리를먹고
매일산보와독서로지내어

1920년 7월 11일

"조선총독부는 계획적으로 쇼를 체포
내란죄 명목으로 서대문 형무소에 가뒀지만
영국 정부의 강력한 요구로
수감 4개월 만에 석방된다. (…)
감옥에서 풀려나자 그는 상해로 갔으며
임시정부는 대규모 집회를 열어 그를 환영하였다.
'샤오'는 한국의 독립을 위해 이런 희생을 한 것이
자랑스럽고 기쁘다고 말했다."
–『아리랑』, 님 웨일즈

2012년 8월 16일

한국 정부는 오랜 수소문 끝에
조지 쇼의 유족을 찾아 한국으로 초청

조지 쇼의 손녀와 증손녀에게
'건국훈장 독립장'을 수여한다

얼굴 없는 테러리스트, 조지 쇼

한국의 독립운동가들을 지켜준 든든한 수호자, 일제에 의해 '얼굴 없는 테러리스트'라 불렸던 조지 쇼는 1880년 중국 푸젠성 푸저우에서 태어났다. 조지 쇼의 부모님은 아일랜드계 영국인이었다. 동방에서 무역업을 하던 아버지는 중국에 정착했고, 조지 쇼 역시 아버지의 기질을 물려받아 장사를 시작했다. 20대 초반 그가 사업을 시작한 곳은 중국이 아닌 조선이었다.

1900년경 평안도 지역에 있는 은산금광 회계로 조선을 방문한 쇼는 은산금광의 채산성이 떨어지자 7년 뒤 중국 만주 안둥현으로 자리를 옮겨 선박업과 무역업을 하는 '이륭양행'이라는 회사를 세운다.

조지 쇼는 대한민국 임시정부와 만나기 전까지 평범한 외국인 사업가였다. 3·1 운동 이후 1919년 4월 상하이에는 대한민국 임시정부가 세워졌고, 국내와의 연락을 담당하던 기관으로 안둥교통지부가 설치됐다. 쇼가 운영했던 이륭양행 건물의 2층이었다. 1919년 10월 안둥교통사무국으로 명칭을 바꾼 이곳은 겉으로는 교통사무국 업무를 하고 있었지만 임시정부의 모든 일을 총괄하고 있는 곳이었다. 통신업무뿐만 아니라 임시정부 자금 모집, 정보 수집, 무기 수송 등 다양한 업무를 맡았다. 쇼는 사무국 사무실을 빌려주는 한편 독립운동가들을 숨겨줬고, 이들에게 상하이를 오가는 배편을 제공했다.

대동단 총재로 비밀결사조직을 만들어 독립운동을 펼쳤던 동농 김가진도 조지 쇼의 배를 타고 망명할 수 있었다. 한일합방의 부당성을 알리기 위해 계획된, 의친왕 망명 시도의 거점도 이륭양행이었다. 외국인이었던 그가 운영하던 회사와 선박은 치외법권 지역이었기 때문에 일본 경찰의 권한이 미치지 않아 가능했던 일이다.

조지 쇼는 의열단 활동에도 열심이었다. 당시 의열단이 폭탄테러를 목적으로 200여 개의 폭탄을 국내로 반입할 때에도 조지 쇼가 도움을 주었다. 미국 작가 님 웨일즈가 독립운동가 김산의 일대기를 쓴 책『아리랑』을 보면 김산이 당시 이 일과 관련해 쇼에 대해 회고하는 구절이 있다.

"안둥 회사의 지배인은 아일랜드인 테러리스트였는데, 우리 한국인들은 그를 '샤오'라고 불렀다. 그는 일본인을 거의 영국인만큼이나 싫어하였다. 그래서 커다란 위험을 무릅쓰고 한국 독립운동을 열렬히 지원해주었다. 샤오 자신이 상하이로 가서 '죽음의 화물' 선적을 감독하였다. 그는 돈은 한 푼도 받지 않고 오로지 동정심에 스스로 한국을 도와주었다. 한국인 테러리스트들은 몇 년 동안 그의 배로 돌아다녔으며, 위험할 때는 안둥에 있는 그의 집에 숨었다."

일본의 추격으로 의열단이 어려움에 빠지자 쇼는 검거되지 않은 의열단 단원을 태워 톈진과 상하이로 탈출하도록 도왔다. 일제는 이륭양행을 임시정부와 독립운동의 기지로 판단하고 감시의 눈길을 떼지 않았다. 1920년 7월에는 급기야 신의주행 열차를 타고 가던 쇼를 체포하기에 이른다. 여권을 소지하지 않았다는 이유였지만, 철저히 계획된 체포였다. 이후 서울로 압송된 쇼는 내란죄 명목으로 기소되었고 서대문 형무소에 수감되었다. 이 사실을 알고 영국은 크게 반발했다. 영국 정부로서는 아일랜드 출신이지만 영국인인 그를 보호해야 했던 것이다.

일본은 1902년 영일 동맹을 맺은 이후 영국과 호의적인 관계를 유지해왔다. 이 동맹의 만료일은 1921년 7월 13일. 따라서 쇼를 무조건 석방하라는 영국의 목소리를 일본은 무시할 수 없었다. 외교적 마찰로 비화되자 일본 내각은 쇼를 수감한 지 4개월 만인 1920년 11월 19일 보석으로 석방했다. 임시정부에서는 그를 위해 환영 연회를 베풀었으며, 도금한 공로장을 만들어주었다. 그는 이 공로장을 자랑스럽게 달고 다녔다.

석방 이후 쇼는 안둥으로 다시 돌아왔지만 더이상 이륭양행을 운영할 수 없었다. 일제의 탄압은 계속되었고, 쇼의 사업은 어려워졌다. 일본 외무성의 조선총독부 자료에 따르면, 일제는 군부까지 동원해 그의 사업을 방해했다. 1922년 8월 8일 김문규가 일제에 체포됨으로써 임시정부의 안둥교통사무국은 사실상 해체되고 말았다.

쇼는 1937년 안둥에 있던 이륭양행을 매각해 푸저우로 근거지를 옮겼다. 이륭양행이 사라진 후 임시정부 연락망은 큰 타격을 받았다. 안둥을 거점으로 한 독립운동의 지원활동 역시 막을 내렸다.

쇼가 상하이를 떠난 뒤의 소식은 전해지지 않는다, 단 중국 동남부 푸젠성에서 여생을 보냈다는 이야기가 전해질 뿐이다. 1943년 사망한 것으로 알려졌으나 무덤도 발견되지 않았다.

사실 쇼는 일본과 인연이 깊었다. 어머니도, 부인도 모두 일본인이었다. 그런데 쇼는 왜 조선의 항일운동을 도왔던 것일까? 아마도 자신의 조국, 아일랜드의 상황 때문이었을 것이다. 조지 쇼는 영국 국적을 갖고 있었으나, 그의 고향은 영국의 식민지였던 에이레(아일랜드의 옛 이름)였다. 아일랜드의 역사는 외세의 침입과 이에 대한 저항의 반복이었다. 기원전 4세기 무렵부터 켈트족이 정주한 아일랜드에 12세기 후반 앵글로색슨족이 세운 잉글랜드가 쳐들어왔다. 아일랜드 식민지 역사의 시작이다. 영국의 귀족과 영주들의 침입으로 아일랜드는 영국의 속국이 되었다. 16세기 아일랜드에 영국의 법과 행정제도가 도입됐고, 아일랜드 고유 언어의 사용도 금지됐다. 잉글랜드 대지주들은 영지 관리인을 두고 멀리 떨어진 아일랜드 농민들을 착취했다. 대기근이 몰아닥쳐 기아에 허덕이던 아일랜드 농민들은 토지동맹을 결성하고 소작료 인하 투쟁에 나섰다. 집단적이고 조직적인 거부운동을 일컫는 말인 '보이콧Boycott'이라는 말은 당시 영지 관리인인 찰스 보이콧을 상대로 한 소작인들의 투쟁에서 유래됐다.

종교적 차이도 갈등을 불러왔다. 아일랜드는 당시 가톨릭을 국교로 삼고 있었다. 영국 성공회는 아일랜드인들에게 구교인 가톨릭을 버리고 신교인 성공회를 받아들이도록 강요했다. 오랜 전통과 관습을 무시당하고 가혹한 차별을 견뎌왔던 아일랜드인들은 잉글랜드의 폭압적인 정책과 차별에 저항하였다. 엎친 데 덮친 격으로 19세기 중반에 번진 감자 전염병은 대기근으로 이어져 당시 아일랜드인들은 이중의 고통을 겪어야 했다.

700년 동안 영국의 지배를 받아온 아일랜드는 1919년부터 2년 6개월에 걸쳐 독립전쟁을 벌였고 아일랜드공화국군(IRA)의 게릴라전과 영국군의 잔인한 보복으로 두 나라에서 1400명 이상이 목숨을 잃었다. 그리고 1922년 아일랜드 독립전쟁 결과, 북부 신교 지역인 6개 주는 영국령 북아일랜드로 존속되고, 남부의 26개 주만 북아일랜드 공화국으로 독립하게 된다. 현재 영국의 공식명칭이 '그레이트브리튼 및 북아일랜드 연합왕국The United Kingdom of Great Britain and Northern Ireland'인 이유다. 결과적으로 아일랜드의 독립은 반쪽짜리 독립이었다. 영국으로부터 식민지 지배를 당하고 독립한 일, 그리고 동족상잔의 내전을 겪은 아일랜드의 비극적인 역사는 한반도의 그것과 다르지 않았다.

한국의 독립을 위해 누구보다 애썼지만 조지 쇼의 이름은 그저 몇몇 사람들의 기억에 있을 뿐이었다. 이 파란 눈의 독립운동가가 세간의 이목을 끈 것은 1963년 대한민국 정부가 그에게 건국훈장 독립장을 추서하고 유족을 찾으면서부터였다. 그후 50년 만에 쇼의 핏줄이 호주에 살고 있음이 밝혀졌고, 정부는 조지 쇼의 손녀 마조리 허칭스와 증손녀 레이첼 사씨를 국외 거주 독립유공자 후손 초청행사에 초대했다. 마침내 2012년, 조지 쇼의 이름이 적힌 훈장은 후손의 품으로 돌아가게 됐다.

한국의 독립운동을 도운 외국인들

한국의 독립운동은 우리 민족만의 외로운 투쟁이 아니었다. 인종과 민족은 달라도 수많은 세계인들이 우리의 독립을 지지했고 일제의 침략을 세계에 폭로했다. 누군가는 제국주의를 반대하는 신념에 따라 움직였고, 누군가는 동병상련의 아픔을 느끼며 힘을 보탰다.

'한국인보다 한국을 더 사랑한' 미국인이라고 불리는 호머 헐버트Homer Hulbert 박사가 대표적인 인물이다. 그는 교육자, 언론인, 한글학자, 독립운동가로서 다방면에서 활동을 펼쳤다. 헐버트가 한국과 인연을 맺은 것은 1886년, 스물세 살 때 선교사로 입국하면서부터다. 입국 초반 왕실에서 설립한 영어교육기관인 육영공원에서 영어를 가르쳤던 그는 동학농민운동 이후 청일 전쟁으로 이어지는 혼란스러운 정국을 경험하며 본격적으로 조선의 문제에 관심을 기울이기 시작했다. 고종의 밀서를 미국에 전달하는가 하면 1907년 네덜란드 헤이그에서 열린 만국평화회의에 이준 열사 일행이 참석하는 것을 지원했다. 서재필과 함께 〈독립신문〉 창간에 참여했고, 서양 지리서를 편찬해 조선의 청년들에게 세계에 눈뜰 수 있는 기회를 열어주었다.

이 같은 헐버트의 활동을 지켜보던 일제는 1909년 그를 미국으로 내쫓았다. 그뒤로 40년 동안 헐버트는 한국 땅을 밟지 못했다. 그럼에도 미국에서 일본제국주의를 비판하는 글을 쓰며 독립운동가들을 지원했다. 그가 다시 한국을 찾은 1949년, 헐버트는 귀국한 지 일주일 뒤 숨을 거두었고, 영원히 이곳에 잠들었다. 그의 유해는 "나는 웨스트민스터 사원보다 한국 땅에 묻히기를 원한다"는 유언에 따라 현재 서울시 마포구 양화진 절두산 성지에 묻혔다. 정부는 1950년, 외국인 최초로 헐버트 박사에게 건국훈장 독립장을 추서했다.

그는 우리 고유의 문화인 한글과 '아리랑'을 누구보다 사랑했다. "아리랑은 한국인에게 쌀과 같다"고 했던 헐버트 박사는 '아리랑'을 서양식 악보로 적어 세계에 소개하기도 했다. 경북 문경시 문경새재 입구에는 그를 기리는 문경새재 아리랑비가 세워져 있다.

우리나라의 독립운동사에서 잊을 수 없는 또 한 명의 외국인으로 '서른네번째 민족대표'로 불리는 프랭크 윌리엄 스코필드 박사도 빼놓을 수 없다. 스코필드는 1916년, 세균학 전문 의료선교사를 자원해서 한국에 들어왔다. 한국어를 배우면서 그는 석호필石虎弼이라는 한국 이름을 지었고 이상재, 이갑성 등과 같은 독립운동가들과 활발하게 교류했다. 이갑성의 부탁으로 외교부장을 맡으면서부터 독립운

한국의 독립을 도운 외국인. 왼쪽부터 호머 헐버트, 프랭크 윌리엄 스코필드, 후세 다쓰지.

동에 본격적으로 나선 스코필드는 만세 시위가 있는 현장마다 위험을 무릅쓰고 달려가 카메라 셔터를 눌렀고, 사진과 글을 영자신문에 기고해 일제의 폭력성을 국제사회에 알렸다. 일제에 저항했던 마을 주민 스물세 명이 무참히 살해된 제암리 학살사건을 해외에 타전한 것도 스코필드였다.

3·1 운동이 일어난 지 한 달 정도 지났을 무렵, 스코필드는 수원 제암리 주민들이 집단으로 학살당했다는 소식을 접하고, 다음날 바로 비극의 현장으로 향했다. 소아마비 증세로 다리가 불편했지만 그는 일본 군경의 눈을 속이기 위해 일부러 자전거를 타고 가서 생존자들을 만났다. 사람들은 일본 군인들이 마을 내의 성인 남자들을 교회당에 집합시켜 가둔 뒤 밖에서 불을 질렀다고 증언했다. 건물 밖으로 나오려는 사람과 구하려는 사람을 모두 총칼로 죽인 뒤 마을에 불까지 지르고 떠났다는 증언도 있었다. 스코필드 박사는 자신이 보고 들은 것들을 꼼꼼하게 기록해 보고서를 작성했고 얼마 뒤 해외 유수의 언론들을 통해 제암리 학살 사건의 진상을 알렸다.

일제는 스코필드를 눈엣가시로 여겼고 수시로 협박했다. 스코필드는 3·1 운동 목격담인 『끌 수 없는 불꽃』을 해외에서 출판하려다

암살 당할 위기에 처하기도 했다. 마침내 1920년 조선총독부에 의해 이 푸른 눈의 독립지사는 강제출국되는데, 캐나다로 돌아간 뒤에도 스코필드는 일제 식민 통치의 실상을 세계 만방에 알리려 애썼다.

해방이 되자 스코필드는 기다렸다는 듯 한국으로 아예 영구 귀국했다. 그뒤 1970년 82세의 나이로 세상을 떠나기 전까지 서울대학교 수의병리학에서 후학을 양성했고, 고아들을 돌봤고, 독재 정권에 항거했다. 그의 유해는 현재 "한국에 묻어달라"는 생전의 유언대로 국립묘지에 안장되었다. 그는 국립서울현충원 애국지사 묘역에 안장된 유일한 외국인이다.

법정에서도 한국의 독립을 위해 싸웠던 외국인이 있었다. 일본인 변호사 후세 다쓰지가 바로 그 주인공이다. 그는 2·8 독립선언 사건으로 붙잡힌 한국 유학생의 변론을 맡은 이후 일본 황궁에 폭탄을 던진 김지섭을 비롯해 조선공산당이나 의열단 등 한국인과 관련된 사건은 거의 다 도맡았다.

그는 국내외를 가리지 않고 전 방위로 활동했다. 일본 내에서는 농민과 노동자의 권리 보호를 위해 투신했고, 국외에서는 조선과 대만의 민중을 위해 싸웠다. 1923년 여름, 한국 유학생들이 주최한 강연장에 초청된 그는 청년들에게 '조선의 자유'에 대해 설파했다. 이날 행사장에는 일본 고등계 형사들이 감시의 눈초리를 번득이고 있었다. 동아일보는 8월 5일자 신문에 그의 강연 요지를 실었다.

"나는 사람이 사람을 지배할 수 없다는 것을 말하려고 한다. 조선 문제는 결코 조선만의 문제가 아니다. 세계 평화의 문제다. 이 강연을 압박하는 것은 조선 문제만을 압박하는 것이 아니라 세계 평화를 압박하는 것이다."

후세 변호사는 이후 네 차례나 순회강연과 무료변론을 했다. 일

왕과 왕족을 폭살하려다 사전에 발각돼 체포된 박열 선생의 변론을 맡아 무죄를 주장했다. 간토 대지진 때는 '조선인 학살을 사죄하며 책임을 통감한다'는 사죄문을 동아일보에 기고하기도 했다. 동양척식주식회사의 토지 몰수에 맞서 싸우는 전남 나주 농민들을 변호하고 현지조사를 벌인 것도 그였다. 그의 행동은 '조선인에 대한 마음으로부터의 사죄'에서 비롯됐다.

1930년대 일본의 군부 파시즘 물결이 거세지면서 일제의 폭압은 갈수록 가혹해졌고, 이에 후세는 직격탄을 맞았다. 일제는 후세의 변호사 자격을 세 번이나 박탈했고 그를 두 차례나 감옥에 가뒀다. 하지만 후세의 의지까지 묶어둘 수는 없었다. 그는 해방 후에도 재일 한국인의 인권 보호에 앞장섰다.

후세 변호사는 좌파 변호사라는 굴레와 반일감정 때문에 오랫동안 이렇다 할 조명을 받지 못했다. 그러나 2000년 국회에서 열린 국제학술대회는 '국제평화주의자, 조선 해방의 은인'이라는 주제로 후세 다쓰지를 오늘의 역사 속으로 다시 불러왔다. 2004년 정부는 후세 다쓰지에게 건국훈장을 추서했다. 지금까지 건국훈장을 받은 40여 명의 외국인 독립유공자 중 일본인은 후세 다쓰지뿐이다. 어떤 이들은 후세 변호사를 나치 독일 치하에서 수많은 유대인을 구한 오스카 쉰들러 같다고 해서 '일본판 쉰들러'라고 평가하기도 한다.

중국에서도 우리의 독립운동을 도운 이들이 적지 않다. 1932년 윤봉길 의거 직후 대한민국임시정부는 피신처를 찾는 일이 급선무였다. 이때 상하이 외국인 YMCA 간사인 미국인 목사 피치는 임시정부의 요인들에게 은신처를 마련해주었다. 그의 집은 프랑스 조계지로 비교적 안전이 보장됐는데 피치는 자신의 집 2층을 모두 내어 김구 일행이 피신할 수 있도록 도왔다. 이곳에서 김구와 김철, 안공근, 엄항섭 네 사람은 자싱嘉興으로 탈출하기까지 20여 일간 안전하게 몸을 숨길 수 있었다. 거사가 일어난 뒤 김구는 한인애국단의 이름으로 성명서를 발표했는데, 이 성명서를 작성한 곳도 피치 목사의 집이었다. 피치 목사의 부인은 성명서를 영문으로 번역해 로이터통신에 보내는 일까지 도왔다.

이후 김구 일행이 탈출한 자싱에서는 중국 신해혁명의 원로인 상하이대 법대 학장 추푸청과 그 가족들이 힘을 합쳐 이들을 도왔다. 훗날 김구는 "나라가 독립되면 나의 자손이나 나의 겨레는 누가 이러한 성의와 친절에 감동치 않을 수 있겠는가"고 술회한 바 있다.

그뿐만이 아니다. 러일 전쟁 취재를 위해 특파원 자격으로 조선을 찾았다가 대한매일신보와 영문판 코리아데일리뉴스를 발행하며 항일 언론 활동을 벌였던 영국 언론인 베델, 프랑스에서 '한국친우회'를 창립하고 일제의 인권 유린을 날카롭게 비판했던 루이 마랭이나 펠리시앵 로베르 샬레, 중국의 쑨원과 캉유웨이, 장제스 등 해방의 순간까지 우리 민족과 함께 인간다움, 정의, 인류의 보편적 가치를 공유하며 뜨겁게 손을 잡아준 이들이 있었다. 1945년 8월 15일, 우리가 그토록 가슴 뜨겁게 염원하던 독립은 세계가 한 목소리로 제국주의를 비판하고 연대해 이뤄낸 값진 열매였다.

冊

나는 양심을 믿는다 후세 간지 저, 황선희 역, 현암사, 2011

독립의 기억을 걷다 노성태, 한울, 2010

민족대표 34인 석호필 이장락, 바람, 2007

아일랜드의 역사 테오 W. 무디·프랭크 X. 마틴 저, 박일우 역, 한울아카데미, 2009

압록강 아리랑 최범산, 달과소, 2012

04 수학자 홍정하

1713년 조선,

중국에서 온 수학자 하국주가

조선의 수학자를 만났다

"360명이 한 사람마다 은 1냥 8전을 낸다면
그 합계는 얼마나 되겠소?"

360×18전 = 6480전

답은 648냥이옵니다

이어진 조선 수학자의 반격

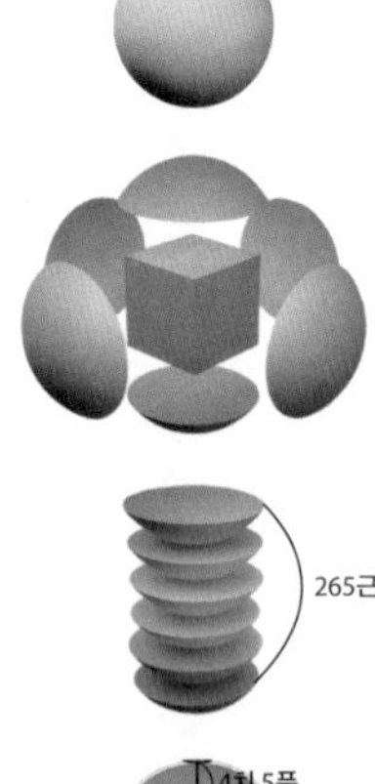

공 모양의 옥이 있습니다

이것에 내접한 정육면체의 옥을 빼놓았는데

껍질의 무게는 265근이고

껍질의 두께는 4치 5푼입니다

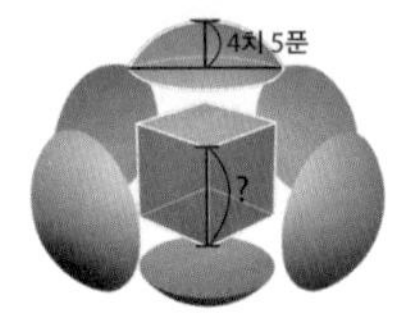

그렇다면 이 옥의 지름과 내접하는 정육면체
한 변의 길이는 얼마입니까?

"그것은 몹시 어려운 문제요.
당장 풀 수 없으니 내일 반드시 답을 주겠소."

중국의 수학자를 당황케 한
조선의 수학자

"산수를 배우는 것
이것도 성인이 제정한 것이므로
나는 이것을 알고자 한다."
–『세종실록』, 1430년(세종 12년) 10월 23일

"경상도 감사가 새로 인쇄한
송나라의 양휘산법(수학책) 100권을 진상하자
집현전과 호조, 서운관의 습산국에 이를 나누어 하사하시었다."
–『세종실록』, 1430년(세종 12년) 10월 23일

「양휘산법」

고위층 문관인 집현전 교리까지
수학을 배우게 했고
수학에 뛰어난 관리를 선별해
중국으로 유학을 보내는 등
수학을 장려하던 조선의 왕
세종

"산법(수학)이란 역법에만 쓰는 것이 아니다.
병력을 동원한다든가
토지를 측량하는 일이 있다면
이를 버리고는 달리 구할 방도가 없으니…
뛰어난 자를 선발하여 보고하게 하라."

–『세종실록』, 1431년(세종 13년) 3월 2일

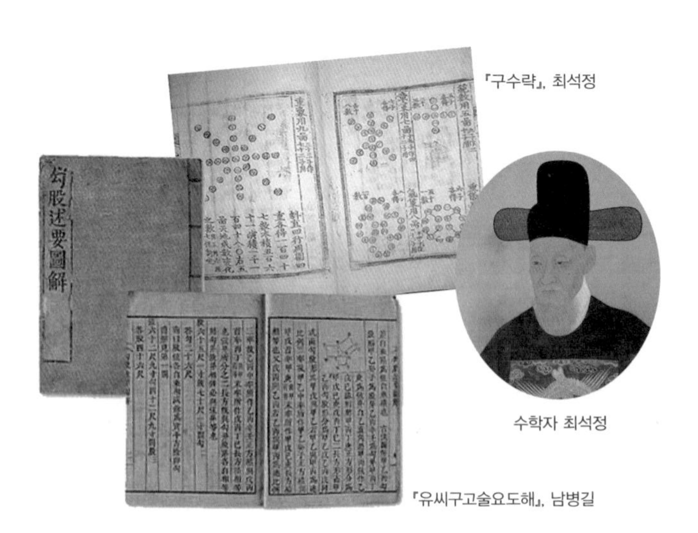

「구수략」, 최석정

수학자 최석정

「유씨구고술요도해」, 남병길

건설, 토지 측정 및 세금 등
행정과 백성의 생활에 필요한
실용적인 연구를 이어가던
조선의 수학자들, 그들의 저서들

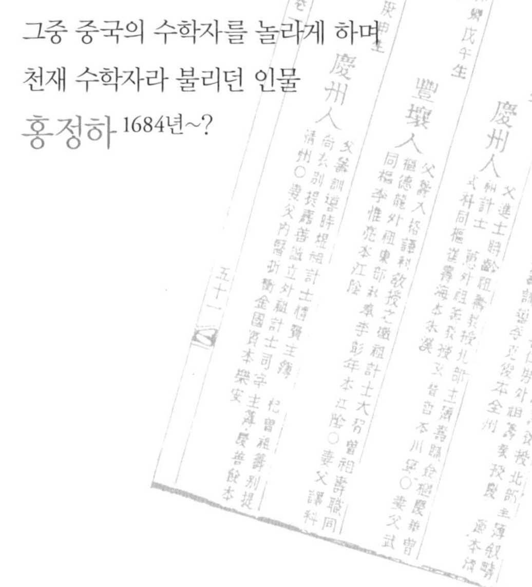

그중 중국의 수학자를 놀라게 하며
천재 수학자라 불리던 인물
홍정하 1684년~?

그의 저서 『구일집』에는
신비로운 수의 규칙을 정리한
파스칼의 삼각형
복잡한 이항계수의 정리뿐만 아니라
고차 방정식의 풀이까지 담겨 있었다

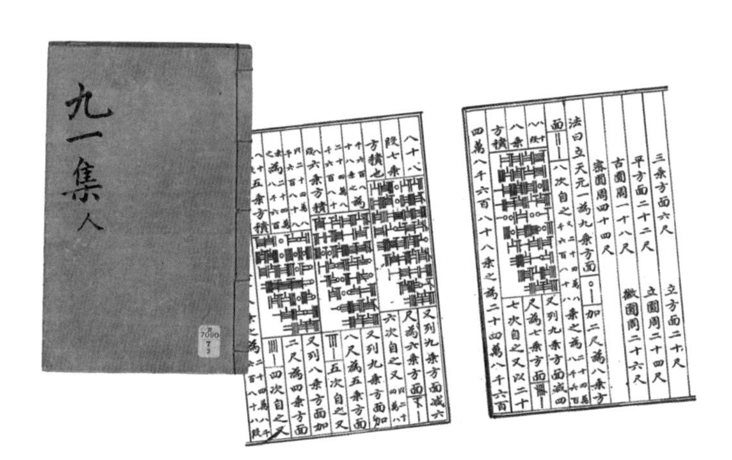

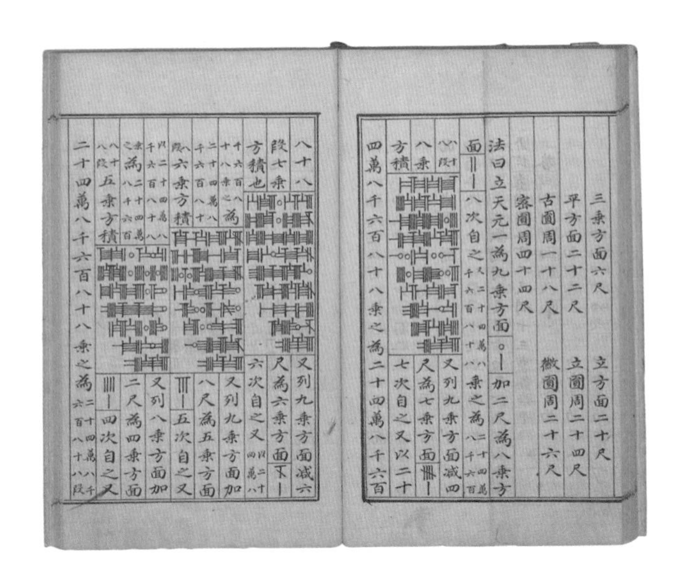

立天元一…

…을 미지수 x로 놓는다

天元

당시 중국에서는 사라진 방정식 표기법인

천원술을 발전시키고

나무로 만든 산가지를 이용해

쉽게 계산할 수 있는 산목셈을 활용

$-7x^3 + 243x^2 + 2187x + 6561$

10차 방정식의 풀이까지 담아
조선만의 방정식 이론을 발전시켰고
오랫동안 잘못 인용되어 왔던
10차 마방진의 오류를 바로잡았다

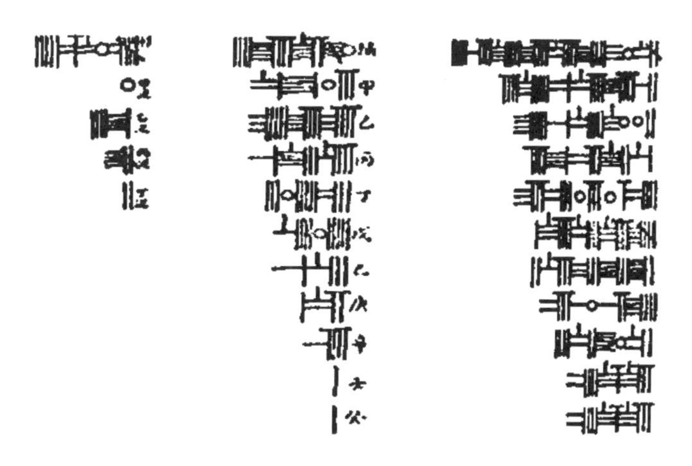

"수학자 홍정하는
두 수의 최대공약수와
최소공배수의 수학적 구조를 완벽하게 얻어낸
조선 최초의 수학자이며
이것은 조선 수학의 업적으로
가장 뛰어난 결과 중 하나이다."

–『한국수학사학회지』 제24권 제4호

청나라의 대수학자를 놀라게 한 조선의 산학자

홍정하는 1684년 대대로 수학을 공부하던 집안에서 태어났다. 홍정하의 아버지, 할아버지뿐만 아니라 외할아버지, 훗날 장인까지도 모두 산학자算學子였다. 어렸을 때부터 산학을 공부하는 분위기 속에서 자란 그는 자연스럽게 산원의 길을 걷게 됐다. 오늘날 수학자 집안이라고 하면 학자 집안을 떠올리겠지만, 당시 수학자는 양반이 아닌 중인 계급으로 기술직이었다. 수학을 일컫는 이름도 계산하는 학문이라 하여 '산학'이라 일컬었다. 당시 산학자들은 복잡한 문제를 빠른 시간 안에 정확히 푸는 특별한 시험을 거쳐 선발되었고, 선발된 산학자들은 복잡한 수학 문제를 해결하는 일을 담당했다. 당시의 산학자들은 오늘날의 계산기나 컴퓨터가 하는 역할을 했다.

어릴 때부터 실력이 출중해 어른들을 놀라게 했던 홍정하는 약관의 나이에 과거의 주과, 즉 산학시험에 합격했다. 나이는 어렸지만 실력이 남달랐기에 선배 관리들조차 그를 함부로 하대하지 못했다고 한다.

홍정하가 서른 살이 되던 1713년 5월 어느 날, 그는 청에서 온 대수학자 하국주를 만난다. 하국주는 청나라의 사력으로, 오늘날로 치자면 국립천문대 관장과 같은 직책이었다. 조선의 위도를 측량하기 위해 사신으로 온 하국주는 조선에 도착한 날 연회를 대신해 함께 수학 문제를 주고받을 조선의 수학자를 불러달라고 요청한다. 그

때 불려온 이가 말단 관리 홍정하와 유수석이다.

이들은 종이에 문제를 적고 풀이하지 않았다. 대신 양반들이 주거니 받거니 하면서 한시를 짓듯 대화를 통한 문답식으로 수학 문제를 풀어갔다. 대화와 토론을 통해 생각의 부족함을 채우고 새로운 것을 발견하며 어려운 문제를 풀어나가는 일종의 '수학 배틀'이었던 셈이다. 하국주는 조선의 두 젊은 수학자의 실력을 떠보는 의미에서 제일 먼저 이런 질문을 던졌다.

"360명이 한 사람마다 은 1냥 8전을 낸다면 그 합계는 얼마인가?"

홍정하가 당장 648냥이라는 답을 내놓자 하국주는 연달아 다음 문제를 제시한다.

"그렇다면 제곱한 넓이가 225척일 때 한 변의 길이는 얼마인가?"

홍정하는 이번에도 금방 15척이라고 답을 내놓았다. 계속되는 질문에도 홍정하가 막힘없이 정답을 내놓자 청에서 온 다른 사신은 홍정하에게 아무 문제나 한번 내보라고 제안한다. 하국주의 실력을 보라는 뜻이었다. 홍정하가 내놓은 문제는 다음과 같았다.

"지금 여기에 공 모양의 옥이 있습니다. 이것에 내접한 정육면체의 옥을 빼놓은 껍질의 무게는 265근이고 껍질의 두께는 4치 5푼입니다. 옥의 지름과 내접하는 정육면체의 한 변의 길이는 얼마입니까?"

이 문제를 들은 대수학자는 얼굴이 어두워졌다. 당황하는 눈치였다. 한참을 고민하다가 하국주는 결국 '내일 답을 주겠다'며 수학 배틀을 접는다. 홍정하가 하국주에게 낸 문제는 오늘날로 치면 삼차 방정식을 세워서 풀어야 하는 난이도 높은 문제였다. 다음날이 되었다. 역시 하국주는 말이 없었다. 문제를 푸는 것은 결국 홍정하의 몫이었다. 체면을 구긴 청의 수학자는 다시 홍정하에게 문제를 낸다.

"지름 10척의 원에 대한 정오각형 한 변의 길이는 얼마인가?"

조선 수학자들은 답하지 못했다. 유수석은 하국주에게 "조선에는 아직 이런 학문이 없는데 어떤 방법으로 하는 것입니까?" 물었다. 하국주는 유수석의 질문에 보충 설명을 해주었다.

"원은 360도이고 정오각형의 꼭지각의 하나는 72도가 되는데 그 반인 36도에서 정현수(오늘날의 사인sine)의 값을 구하게 되오."

이 외에도 하국주는 지름 10척인 원에 내접하는 정팔각형의 한 변의 길이와 그 넓이를 구하는 문제를 내고 정현수를 이용하여 풀어준다. 하국주는 홍정하와 유수석의 수학에 대한 열의에 놀랐다. 이들이 나눈 대화는 다음과 같다.

유수석 : 정현수는 어떤 방법으로 얻은 것입니까?
하국주 : 8선표(삼각함수표)가 있으면 그것으로 곧 값을 구할 수 있으나 일일이 계산한다면 극히 어렵기 때문에 여기서는

대답할 수 없소.

홍정하 : 이치가 아무리 심오하다 하여도 배울 수 있습니다.

하국주 : 『기하원본』『측량전의』 두 책을 읽으면 이해할 수 있소.

유수석 : 이 책들은 실로 중요한 산서입니다. 어떻게 하면 구독할 수 있겠습니까?

하국주 : 출발할 때 봉황성에 두고 왔소. 귀국하면 보내주겠소.

유수석 : 그중에서 중요한 대목을 한둘쯤 교시 받으면 우리나라에 길이 남도록 하겠습니다.

하국주 : 그 방법을 글로 써서 설명할 수 없기 때문에 도저히 가르치기는 힘드오.

홍정하 : 우리 두 사람의 수학 수준은 어느 정도입니까?

하국주 : 내가 낸 문제 열일곱 개 중에서 풀지 못한 것이 두세 개 뿐이니 군들의 수준은 상당하오.

가지고 온 책 중에 전해줄 것이 있느냐는 홍정하의 요청에 하국주는 자신이 쓴 『구고도설』이라는 책을 두 사람에게 보여주었다. 서양의 피타고라스 정리와 같은 구고현勾股弦(직각삼각형)의 정리를 이용한 문제들이었다. 이에 직각삼각형에 관한 문제들이 오고가는데 하국주가 직각삼각형과 관련된 문제가 240가지 있다고 하자, 홍정하는 400여 가지의 문제가 있다며 그 문제들의 답을 구하는 산법을 제시한다. 이를 보고 청에서 온 대수학자는 깜짝 놀란다. 홍정하와 유수석이 들고 있는 나뭇가지들, 즉 산목 때문이었다. 산목은 나뭇가지처럼 생긴 일종의 계산기였는데, 중국에서는 이미 명맥이 끊긴 도구였다. 하국주는 산목을 가지고 중국으로 돌아갔다. 이날의 수학 대결은 승패의 여부보다 조선과 중국 양국 사이에 학문적 교류가 이어졌다는 데에 더 큰 의미가 있었다.

위의 일화는 홍정하가 쓴 저서 『구일집』에 실려 있는 내용이다.

『구일집』은 아홉 개의 장에 470개가 넘는 문제를 담고 있는 조선시대 산학 입문서다. 특히 산대를 이용한 고차방정식 해법은 다른 어느 산학서에서도 보기 힘든 특징이다.

『구일집』에는 오늘날 수학 시간에 배우는 '파스칼의 삼각형'에 대한 내용도 실려 있다. 이는 1654년에 파스칼이 만든 것으로 알려져 있지만, 사실 1300년대에 중국에서 체계가 세워진 후 유럽에 전해진 내용이다. 『구일집』은 또한 문자를 사용해 방정식을 세우고 이를 풀이하는 '천원술'에 대해서도 자세히 다루고 있다. 원래 중국에서 시작된 천원술은 정작 중국에서는 사라지고 조선에서 발전된 형태로 남아 조선 수학의 발달에 중요한 역할을 했다.

조선 후기의 또다른 수학자들

홍정하가 쓴 『구일집』 외에도 조선시대에 간행된 수학책은 여러 권이다. 대표적인 책이 경선징의 『묵사집산법』, 최석정의 『구수략』, 황윤석의 『산학입문』, 홍대용의 『주해수용』 등이다. 이 책들에는 사칙연산 같은 단순한 계산법부터 천문에 관련된 수학계산, 연립방정식 등 여러 분야의 수학 원리들이 정리되어 있다.

여느 학문들과 마찬가지로 수학은 인간의 필요에 의해 발생했다. 농업이 가장 주요한 산업이자 세원이었던 과거에 땅의 넓이를 정확하게 구하는 일은 무엇보다도 중요했다. 평면 도형에 대한 연구는 토지의 넓이를 측량하려는 목적에서 시작되었다. 우리나라에 현존하는 가장 오래된 산학서인 『묵사집산법』에도 이와 관련한 여러 가지 평면 도형 그림이 나온다. 『묵사집산법』에는 이외에도 비례식, 수열, 고차방정식, 연립방정식, 연립합동식에 이르기까지 다양한 수학 문제와 풀이법이 실려 있다.

『묵사집산법』을 집필한 경선징은 당대 제일로 손꼽히던 수학자였다. 그는 특이하게 곱셈을 거꾸로 외웠다고 전해지는데, 구체적인 실력이나 활약이 기록으로 전해지지는 않는다. 『구수략』이라는 책에 "서양에서는 마테오 리치와 아담 샬이 있고, 우리나라에는 근세에 있어서 경선징이 가장 저명하다"라는 구절이 등장하는 정도다.

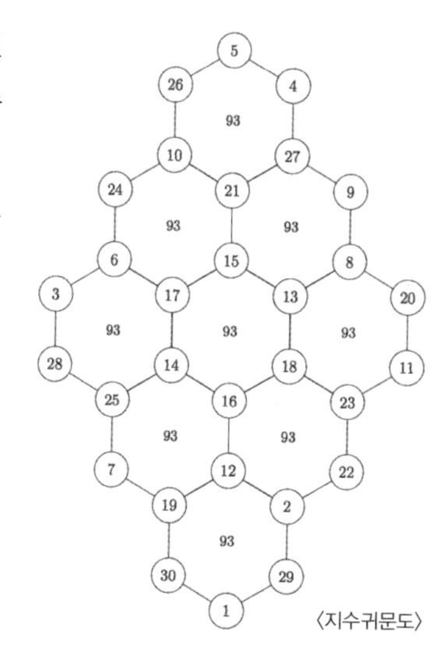

〈지수귀문도〉

『구수략』의 저자 최석정은 영의정까지 지낸 사대부 출신의 산학연구가였다. 홍정하가 실제 문제의 해결에 능했다면, 최석정은 무한대의 개념, 마법진과 같은 이론적인 규명에 능통했다. 오늘날로 치면 이론수학자였다. 특히 그가 고안한 '지수귀문도地數龜文圖'는 오늘날에도 많은 이들의 관심을 끌고 있다. 지수귀문도란 벌집 모양 육각형 9개의 각 꼭짓점에 1~30까지의 숫자를 중복되지 않게 써넣고, 각 육각형에 쓰인 숫자의 합이 93이 되도록 만든 방진이다. 지수귀문도와 함께 수학계의 관심을 끈 개념이 하나 더 있다. 9행 9열의 정사각형에 종횡으로 숫자가 겹치지 않게 배열하고 이러한 배열 두 쌍을 결합시켰을 때에도 겹치는 숫자 쌍이 없는 방진인 9차 직교 라틴방진이 그것이다. 최석정이 고안한 이 개념은 서양의 오일러가 만든 직교 라틴방진보다 60년 이상 앞선다.

유교경전을 읽고 논하는 공부를 주로 하던 사대부들에게 수학은 부끄러운 학문이었다. 그들이 공부하는 학문에 수학은 포함되지 않았다. 그러나 17세기 후반부터 19세기 전반에 실학이 부흥하면서 이런 분위기에도 변화가 일었다. 당시는 조선시대를 통틀어 수학에 대한 관심이 최고조에 달했을 때다. 실학자들을 비롯해 양반들도 과학기술에 관심을 가졌는데 최석정을 비롯해 홍대용, 황윤석, 남병길 등이 바로 양반 출신 수학자들이었다.

그 가운데 흥미로운 인물은 홍문관과 의정부에서 벼슬을 지낸 남병길이다. 천문학부터 수학에 이르기까지 남병길의 저술목록은 실로 방대하다. 더욱이 그의 행적 중 눈길을 끄는 것은 당시 양반이었던 그가 중인 산학자인 이상혁과 공동 연구를 했다는 사실이다. 두 사람은 서로의 수학적 안목이나 재주를 인정했을 뿐만 아니라 상대방이 집필한 책의 서문을 써줄 정도로 끈끈한 우정을 나누는 사이였다.

남병길의 공동연구자인 이상혁에 대한 기록은 거의 찾을 길이 없다. 산학고시에 급제한 다음 천문관리직에 있었으며, 남병길보다는 열 살 위였다는 정도밖에는 알려진 것이 없다. 그 역시 다수의 수학 저서를 남겼는데 현재까지 알려지는 것으로는 『산술관견』 『익산』 『차근방몽구』 등이 있다. 이중 『산술관견』은 일본의 수학자가 "조선에서 그야말로 전대미답의 경지를 개척하였다"고 칭찬할 정도로 탁월한 저서로 손꼽힌다. 이상혁은 중국식 수학에 얽매였던 종전의 산학자들과는 달리 자신만의 학문을 개척했다. 사대부 출신의 남병길이 갖고 있던 형이상학적 수리사상이 이상혁에게는 없었기 때문에 가능했던 일로 여겨진다. 이상혁의 연구는 조선 후기의 수학이 백과전서적인 교양의 일부로서가 아니라 전문적인 독립과학으로 자리잡아가는 계기가 되었다.

서양 수학에 가려 빛을 보지 못한 전통수학

수학을 일컫는 영단어인 'Mathematics'는 사람이 태어나서 '배워야 할 것'을 뜻하는 라틴어에서 유래됐다. 고대 그리스에서는 가르치고 배워야 할 과목으로 '산술, 기하, 천문, 음악'을 강조했다. 동양에서도 교양인의 필수 지식으로 육예, 즉 예禮, 악樂, 사射, 어御, 서書, 수數를 강조했다. 여기서 수數는 수학을 의미한다.

우리나라의 수학 연구는 삼국시대부터 형태를 갖추기 시작했는데 중국의 제도를 기본으로 천문 관측이나 역법 계산을 중심에 두었다. 정체되어 있던 수학 연구가 국가적인 관심사가 된 것은 세종 대에 이르러서다. 농업사회에서 하늘의 변화를 읽는 일은 매우 중요한 일이었던 만큼 세종은 칠정산(일곱 개의 움직이는 별) 즉 해, 달, 수성, 금성, 화성, 목성, 토성에 대한 계산을 기초로 우리만의 천문 역법을 만들었다. 독자적으로 천문 역법을 세우는 것은 천체 관측 능력뿐만 아니라 정확한 계산 기술이 따라야 했다. 수학은 하늘의 학문이었다.

수학은 땅의 학문이기도 했다. 세종은 고려의 멸망 원인 중 하나가 토지조사 내용을 근거로 조세를 거두는 양전量田 제도가 올바르게 시행되지 않았기 때문이라고 생각하고 철저한 토지 측량에 만전을 기했다.

세종은 수학의 중요성을 깨닫고 직접 수학 공부를 하기도 했다. 훈민정음 창제에 공을 세운 정인지를 수학 스승으로 두고 궁금한 것이 생길 때마다 물으며 공부했다. 세종의 수학 교과서는 원나라 사람 주세걸이 지은『산학계몽』으로 곱셈과 나눗셈, 무게단위 환산, 원주율, 분수, 제곱근 구하기 등 지금의 고등학교 1학년 수준에 해당하는 내용이 담겨 있었다. 세종은 집현전 학자들과 역법 부서인 서운관 관리들에게『양휘산법』을 나눠주며 수학공부 하기를 권했다. 수학적 재능이 있는 사람을 선발해 중국으로 유학을 보내기도 했다. 이렇게 발굴된 수학자들은 우리나라만의 독자적인 역법을 만드는 데 힘을 쏟았다.

정치적인 안정과 함께 과학과 산학에 쏟은 세종의 지대한 관심과 지원은 조선의 과학적 역량이 꽃피울 수 있는 환경을 조성했다. 수학을 전공하는 사람을 뽑기 위해 산학 전공의 국가관리시험이 만들어졌고, 중국의 수학책인 『상명산법』 『양휘산법』 『산학계몽』 등이 다시 인쇄되었다. 세종 이후 우리나라 수학은 중국 수학사의 황금기라고 할 수 있는 송·원 시대의 수학을 흡수하면서 독자적인 영역을 발전시켜나갔다.

그러나 안타깝게도 임진왜란을 거치면서 조선 전기 간행되었던 대다수의 수학 책들이 소실되는 아픔을 겪었다. 불에 타지 않은 것들은 일본에 넘어갔다. 이는 일본 수학이 급속도로 발달하는 계기가 되었고, 일본은 조선에서 대량 반출한 수학 책들을 기초로 '화산和算'이란 일본식 전통수학을 체계화했다. 17세기 조선 후기에는 실학의 영향으로 계층을 아우르며 독창적인 수학 연구가 활발하게 이뤄졌다. 하지만 갑오개혁 이후 근대식 학교가 설립되고 선교사들에 의해 서양 수학이 잇달아 도입되면서 수학 수업의 내용이 유럽식으로 전면 개편된다. 동시에 우리 고유의 수학인 산학은 모습을 감추어버린다.

서양 수학의 도입 전, 중국식 전통수학은 서양의 것보다 앞선 수준이었다. 중국에서는 오늘날 그 위상을 회복하려는 노력이 눈에 띈다. 17세기 이탈리아의 수학자 카발리에리에 의해 정립된, 입체도형의 부피와 관련한 정리인 '카발리에리의 원리'를 이미 5세기에 정리한 인물 조긍의 이름을 붙여 '조긍의 원리'라고 명명하는 것이 하나의 예다.

수학에 문외한일지라도 피타고라스, 유클리드, 가우스와 같은 이름은 한 번쯤 들어보았을 것이다. 그러나 홍정하, 이상혁, 경선징은 우리에게 낯선 이름이다. 전통수학의 가치에 대한 논의가 미흡했던 까닭이다.

2014년은 '한국 수학의 해'다. 교육부와 미래창조과학부는 창조경제 시대에 수학의 가치와 역할을 재조명하기 위해 수학의 해를 지정했다고 설명했다. 수학은 모든 과학 연구의 뿌리가 되는 기초 학문이다. 그 가치를 재조명하기 위한 출발점은 우리의 옛 선조들이 밝혀낸 수학의 원리를 제대로 살피고 그 맥을 짚어보는 데에 있을 것이다.

冊

수학 박물관 장혜원, 성안당, 2010

우리 겨레 수학 이야기 안소정, 산하, 2001

우리 역사 속 수학 이야기 이장주, 사람의무늬, 2012

05 낭독의 달인, 전기수

1790년 8월 10일

종로의 한 담배 가게

별안간 벌어진 끔찍한 사건

소설의 시대라 불리던
조선의 18, 19세기

사람이 많이 모인 곳이면
어김없이 나타나
관중을 쥐락펴락하는
신통한 재주로

실감나게 책을 읽어주던
전기수 傳奇叟

"전기수는 동문 밖에 살고 있다.
워낙 책 읽는 솜씨가 출중해서
많은 청중이 모여들어 주위를 빙 둘러쌌다.
책을 읽다가 가장 긴요한 대목에 이르면
문득 소리를 멈춘다.
그러면 청중이 그다음 대목이 궁금해
서로 다투어 돈을 던진다."

–『추재집』, 조수삼

소설의 인기가 높아진 만큼
전기수의 인기도 급상승

서울 곳곳을 돌며
정기 낭독을 하던 이도 있었고

여장을 하고 부잣집에 불려가
책을 읽어주는 이도 있었다

청중은 영웅의 활약상을 담은
소설을 가장 좋아했다

어느 날

담배 가게 앞에 모인 사람들에게
당시 인기 소설이던
『임경업전』을 읽어주던 전기수

소설 속 임경업 장군이
살해되는 대목에 이르자

"청중 중 하나가 갑자기 눈을 부릅뜨고
입에 거품을 물고서는 담배 써는 칼로
책 읽던 사람을 찔러 죽였다."

–『아정유고』, 이덕무

살인까지 부른
전기수의 탁월했던 낭독법

전기수의 책 읽기 비법

一 읊조리듯 노래하듯 읽어라
二 가슴으로 외워라
三 눈길, 표정, 자세를 청중에게 맞춰라
四 이야기가 고조되는 부분에서 잠시 멈춰라

영조와 정조의 선정으로 이뤄진
눈부신 발전과
서학의 확산, 실학사상의 대두로
변화와 성장이 일어나던
18~19세기

글을 모르던 평민에게도
문화 향유의 열망이 커지던 시대

전기수의 등장은
조선시대 소설의 보급과 문화발전에
큰 영향을 주게 된다

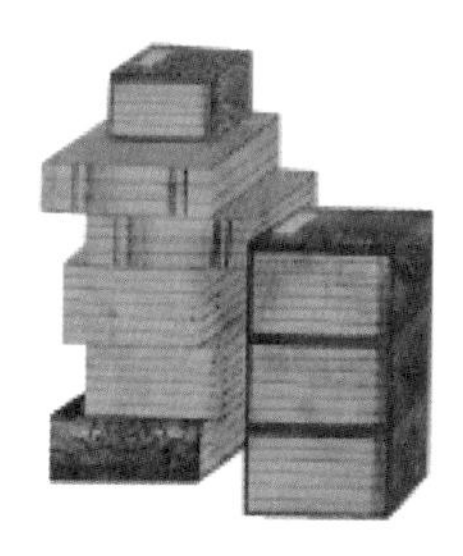

낭독의 달인, 전기수

책 읽어주는 남자

김홍도가 그린 풍속화를 들여다보면 시골 사랑방에서 목청 좋아 보이는 한 사람이 마을 사람들 앞에서 부채를 부치며 책을 읽는 장면이 있다. 전기수의 활약을 엿볼 수 있는 풍경이다. 전기수는 조선 후기에 나타난 이야기꾼으로 한자의 뜻을 풀이하면 '기이한 이야기를 전해주는 노인'이다. 전기수가 들려주는 이야기에는 경계가 없었다. 이들은 소설도 읽었고, 구전으로 전해오는 옛날이야기도 들려주었다. 사랑방에서만이 아니라 저잣거리나 시장 한복판에서 사람들을 모아놓고 소설을 낭독했기 때문에 이들을 다른 말로 강독사講讀師라고도 불렀다.

18세기 조선의 저잣거리 소문과 풍경을 담은 조수삼의 작품집 『추재기이』에는 당시 전기수들의 활약상이 자세히 소개되어 있다. 이야기꾼들의 주요 활동 무대는 종로 일대로 오늘날의 보신각에서 종로 6가 사이였다.

전기수는 매일 선비처럼 차려입고 거리로 나섰다. 흰 두루마기를 입고, 머리엔 검은색 정자관 쓰는 것을 잊지 않았다. 이층 혹은 삼층으로 올라간 '산山'자 모양의 정자관은 원래 선비들이 방 안에서 쓰는 모자였지만, 전기수들은 정자관을 집 밖에서 버젓이 쓰고 다녔다. '배운 사람'처럼 보이기 위한 나름의 연출이었다. 한 손에는 부채를, 다른 한 손에 책을 펼쳐들었다. 책을 읽기보다 달달 외워 들려줬지만 사람들의 이목을 끌기 위해 부채와 책을 소품으로 활용했다.

전기수는 번화가 모퉁이에 사람들을 모아놓고 이야기 속 인물들을 1인 다역으로 연기하면서 청중을 쥐락펴락했다. 문장에 가락을 붙여 노래 부르듯 이야기하는 전기수 앞에는 허름한 차림새의 청중이 모였다. 대개 양반댁 여종이나 머슴, 코흘리개 아이, 홀로 사는 노인들이었다. 어떤 이들은 앉은 채로, 어떤 이들은 선 채로 제각각 이야기꾼의 입담에 홀렸다. 청중은 자기도 모르게 훌쩍훌쩍 울거나 박수를 쳤다. 전기수는 순식간에 사람들의 넋을 빼놓는 놀라운 재주를 갖고 있었다. 청중의 호기심을 한껏 부풀려 나름대로 먹고사는 방법도 알고 있었다.

"노인이 전기소설을 잘 읽었기 때문에 몰려들어 구경하는 사람들이 노인 주변을 빙 둘러 에워쌌다. 소설을 읽어가다 몹시 들을 만한, 가장 긴장되고 중요한 대목에 이르면 갑자기 입을 다물고 아무 말도 하지 않는다. 그러면 사람들이 그다음 대목을 듣고 싶어서 앞다투어 돈을 던지면서 '이게 바로 돈을 긁어내는 방법이야!'라고 했다."

– 『추재지이』

돈을 불러오는 기법이라 해서 이른바 '요전법'이라고 불렸던 전기수들만의 노하우였다. 청중의 감정선을 읽을 줄 알았던 전기수는 당시 대중과 가깝게 교류했던 소통의 달인이었다. 그들은 주로 많은 사람들이 들락거리는 담배가게나 활터, 약국 같은 곳을 무대로 삼았다. 한 자리에서 소설 한 권을 다 읽어주는 데 보통 서너 시간이 걸렸기에 그들은 한 번에 읽기 편한 짧은 소설을 택해 들려줬다. 『심청전』『춘향전』『임경업전』 등은 누구나 좋아하는 단골 레퍼토리였다.

한양뿐만이 아니라 전국 각지 사람의 왕래가 많은 곳에는 전기수들이 자리를 펴고 입담을 풀었다. 경기 안산에 살았던 문사 유경종의 『해암고』에는 『서유기』를 듣고 지은 시 한 수가 실려 있다.

서유기 외우는 자 나타나
쉴 새 없이 말이 쏟아져나오네.
기이한 재능을 헛되이 쓰는 것은 아까우나
환상적 사연을 자세히도 말하네.
한 부部의 『수신기』 책과도 같고
천 가지 연극 마당인 듯하네
청아한 목소리에 곡절도 교묘하여
오래도록 귓전에 맴돌아 잊지를 못하겠네

거리에서 설을 풀기도 했지만 재상가의 부름을 받고 소설을 읽어주는 '방문형' 전기수도 있었다. 『이향견문록』에 등장하는 이자상은 기억력이 뛰어났고 독서량도 엄청나 읽지 않은 책이 없을 정도였다고 한다. 특히 그가 중국 통속소설 읽는 솜씨에 대해서는 소문이 자자했다. 이자상은 가진 것 없는 떠돌이였지만 책 잘 읽는 솜씨 덕에 재상가를 드나들며 생계를 꾸려갈 수 있었다.

실력 좋은 전기수들은 그야말로 '슈퍼스타' 대접을 받았고 돈벌이도 좋았다. 김호주 같은 인물은 10년간 전기수로 일해 모은 돈으로 집을 샀을 정도였다고 한다. 『청구야담』에는 이야기 잘 읽는 소년에 대한 사연이 실려 있는데 이 소년이 바로 이업복이다. 그는 어릴 적부터 언문소설을 잘 읽었는데 이업복의 낭독을 들은 이들에 따르면 음성이 호걸 같기도 하고 어떨 때는 교태가 있어 아름다운 미인을 보는 듯하기도 했다고 한다. 이업복은 본래 청지기라는 미천한 신분이었지만 전기수가 되면서부터 괜찮은 대접을 받으며 살았다. 한양의 부호들은 사람들의 귀에 쏙쏙 들어오는 낭랑한 목소리의 소유자였던 그를 앞다투어 자기 집으로 초청했다. 부잣집 마나님들은 남편 몰래 그를 불러 소설책 낭독을 부탁했다. 이들 역시 체면을 잊고 이야기에 흠뻑 빠져들어 울고 웃었다.

조선 후기, 소설 바람이 불다

조선 후기는 소설의 시대였다. 전기수가 맹활약을 펼칠 수 있었던 것도 이런 시대적 배경에 있었다. 궁중에서도 소설을 읽을 만큼 소설 읽는 문화가 유행처럼 퍼져 있었다. 『승정원일기』에는 영조가 『구운몽』을 누가 썼는지 궁금해하며 신하들에게 묻는 장면이 나온다. 왕에게도 소설은 색다른 오락거리였다. 임금이나 왕자들은 한문으로 된 소설이나 중국소설을, 왕비와 궁녀들은 한글소설을 주로 읽었다.

소설 바람은 임진왜란 즈음 『삼국지』 『수호전』 『서유기』 등 중국 통속소설이 흘러들어오면서부터 시작됐다. 중국소설을 한글로 번역하다가 나중에는 김만중의 『사씨남정기』 『장화홍련전』 『심청전』 같은 한글소설이 속속 나왔다. 알려진 작품만 해도 858종에 이른다.

소설의 인기가 날로 높아지면서 책과 관련된 새로운 업종도 등장했다. 목판인쇄로 값싼 방각본 소설이 제작됐고, 책을 베껴서 대여해주는 세책방貰冊房이 곳곳에 문을 열었다. 일제강점기에 최남선이 서울의 한 세책업소를 조사했더니 그곳에만 120종 3221책이 남아 있었다고 한다. 아마 18세기 당시 실제로 유통됐던 작품 수는 이보다 훨씬 더 많았을 것이다. 당시에 세책점이 생겼다는 소문이 동네에 퍼지면 그 주변에는 여성들의 발길이 부쩍 잦아졌다. 소설 삼매경에 일단 빠진 여인네들은 담보로 반지, 은비녀 등 장신구는 물론이고 대접, 놋그릇까지 맡길 정도였다.

책 보따리를 들고 집집을 드나들던 책장수도 있었다. 이들을 책쾌라 일컬었는데 '붉은 수염을 날리며 홑겹 삼베 옷의 품과 소매에 책을 잔뜩 넣어다녔다'는 기이한 전설을 가진 조생이란 인물이 대표적인 책쾌였다. 서울에서 활동한 책쾌가 조생 외에도 수백 명이 있었을 만큼 책을 찾는 이들은 급증했다. 이처럼 소설을 찾는 사람들이 늘어나고 이야기에 대한 호기심은 높아갔지만, 책은 여전히 보통 사람들이 가까이 하기엔 너무 비싼 물건이었다. 책을 읽고 싶어도 글을 모르는 문맹자도 많았다. 그 갈증을 채워준 사람이 다름 아닌 전기수였다.

그러나 조선 후기에 모두가 전기수와 소설을 좋아했던 것은 아니다. 정약용은 소설을 두고 "황당하고 괴이한 이야기가 사람의 교만한 기질을 고취시키고, 시들고 느른하며 조각조각 부스러지듯 조잡한 문장이 사람의 씩씩한 기운을 녹여낸다"고 했다. 소설에만 빠졌다 하면 사람들이 경전 읽는 것도 게을리 하고, 나랏일도 돌보지 않고, 부녀자들도 집안일을 제쳐둔다면서 아예 소설을 모두 모아 불태우자고 제안하기도 했다.

정조 때 영의정을 지낸 채제공도 여자들이 세책방에 들락거리는 세태를 불만 가득한 시선으로 바라보았다. 채제공은 저서 『여사서서』에서 "비녀나 팔찌를 팔고, 혹은 동전을 빚내어, 서로 다투어 빌려다가 긴 날을 소일하면서, 자신의 베 짜는 임무에 대해서도 알지 못하는 자가 왕왕 있었다"면서 '몹쓸 책'에 빠져 있는 여인들에 대해 쓴소리를 털어놓았다.

소설에 담긴 이야기는 위험해

17세기까지만 해도 소설에 대한 시선이 그리 부정적이지 않았다. 한문소설인 김시습의 『금오신화』, 신광한의 『기재기이』, 한글소설인 김만중의 『구운몽』과 『사씨남정기』 등은 사대부들도 좋아했던 이야기다. 하지만 그들이 의미 있다고 여긴 이야기는 '충효'의 메시지를 전달하는 데에 충실하고 격식을 갖춘 이야기였다. 특히 임진왜란이 끝나고 영·정조대에 들어서면서 중요하게 부각된 국가사업은 전후 혼란에 빠진 사회를 정비하는 일이었다. 조정은 가문 의식을 고취하고, 문중의 결속을 다지기 위해 충효를 더욱 강조했고, 유교 윤리를 가르치는 유효한 수단으로 『삼강행실도』 같은 책들을 대대적으로 간행해 배포했다.

같은 맥락에서 유교의 정통성에 누가 되는 책들은 곧바로 거둬들여 폐기처분했다. 정약용의 표현대로 "음탕하고, 사특하고, 황당하고, 괴이한" 문화가 판을 치게 된 것이다. 사대부가 보았을 때 중국의 통속소설은 음란하고 비현실적인 것들이어서 읽을 것이 못되었다. 국문소설까지 중국소설의 유행을 따르자 양반들은 이런 사회 분위기를 더욱 걱정했다.

정약용을 아꼈던 정조의 생각도 다르지 않았다. 어느 날 정조는 규장각에 있는 이덕무를 불러 어디선가 들었다면서 담배가게에서 있었던 살인사건에 대해 들려주었다. 종로의 담배가게 앞에서 어떤 전기수가 『임경업전』을 낭독하고 있었는데 간신 김자점이 임경업에게 누명을 씌워 죽이는 대목에 이르자, 한 남자가 갑자기 담배 써는 칼을 들고 뛰어나와서는 "네가 그 김자점이냐?" 하면서 전기수를 찔러 버렸다는 것이다.

정조는 백성들 사이에서 유행하던 소설이 얼마나 위험한 것인지 말하고 싶었던 것이다. 지독한 책벌레이자 규장각을 설치하는 등 학문으로 나라를 이끌겠다는 의지가 가득했던 정조도 소설만은 못마땅하게 여겼다. 정조는 『삼국지』 『수호전』 등의 소설류를 패관소품稗官小品이라 명명하고, 중국판 소설의 수입 금지령을 내린다.

정조는 글 쓰는 이들의 문체가 삐딱해지는 것 역시 못마땅했다. 글이란 모름지기 우주의 이치와 인륜에 대해 논해야 하는데, 어찌 비속하고 천박한 글로 세상을 타락시키느냐는 것이었다. 그는 당시 사람들이 환호하던 박지원의 글쓰기가 마음에 들지 않았다. 박지원은 전통적인 격식의 둔하고 무거운 글을 버리고, 소설 문체를 자유자재로 넘나들었다.

"가물거리는 등잔불에 제 그림자 위로하며 홀로 지내는 밤은 지새기도 어렵더라. 만약에 또 처마 끝에서 빗물이 똑똑 떨어지거나 창에 비친 달빛이 하얗게 흘러들며 낙엽 하나가 뜰에 지고 외기러기 하늘을 울고 가며 멀리서 닭 울음도 들리지 않고 어린 종년은 세상 모르고 코를 골면 이런저런 근심으로 잠 못 이루니 이 고충을 누구에게 호소하랴."

–『열녀함양박씨전 병서』

과부의 심정을 곡진하게 표현한 박지원의 문장에 많은 이들은 공감하며 눈물을 글썽였다. 하지만 정조는 '과부의 심사가 복잡하다'고 쓰면 될 것을 굳이 구구절절 늘어놓느냐며 불만을 표현했다. 정조는 그가 다스리는 세상이 정통주자학에 의해 완벽하게 작동하기를 원했다. 결국 정조는 문체반정文體反正(문체를 순정하게 되돌림)을 통해 자유로운 글쓰기를 탄압했다. 당대에 글 좀 쓴다 했던 이옥 같은 인물은 장원급제까지 취소됐고, 문체반정의 바람에 휩쓸려 주류 양반사회에서 밀려나기도 했다.

18세기에 접어들면서 시문학에 일대 변화가 찾아온다. 한문 대신 한글로 쓰인 문학작품이 다수 쏟아져나왔고, 양반부터 서리까지 다양한 사람들이 글을 쓰기 시작했다. 형식만 달라진 것이 아니다. 이야기에 담긴 메시지도 달라졌다. 허균이 집필한 최초의 한글소설 『홍길동전』은 서얼차별, 빈부차별 등 당시 만연했던 사회적 모순을 비판했다. 『장화홍련전』이나 『심청전』 『흥부전』에는 권선징악의 메시지가 담겼으며, 남녀 간의 애정표현이 깊이 묘사된 『옥루몽』 『숙향전』 『춘향전』 같은 소설들도 쓰였다. 신분 차별의 부당함, 양반들의 위선 등을 풍자한 소설들은 기득권을 가진 사대부들이 볼 때 가슴 뜨끔해지는, 위험한 이야기였다.

18세기 조선은 사회의 여러 부문에서 격동의 시기를 맞이했다. 상업의 규모도 커졌고, 도시가 성장했으며, 인구가 늘었다. 그런 가운데 신분 이동이 활발해졌다. 어떤 이들은 장사해서 돈을 모아 신분 상승을 꾀했고, 한편에서는 허울만 양반입네 하는 몰락한 가문들도 생겨났다.

당대를 살던 조선 사람들은 변화하는 세상을 향해 '할 말'이 많았다. 소설이란 것이 기득권층이 볼 때는 사회에 대한 불만이 담긴 몹쓸 것이었는지 모르겠지만, 오랜 세월 제도에 억눌리며 서럽게 살았던 이들에게는 답답한 심정을 뚫어주는 출구 역할을 했다. 이 시기에 전기수는 소설의 독자층을 확대하는 데 큰 기여를 했다. 까막눈이던 사람들은 전기수의 이야기를 들으면서 다른 세계를 상상했다. 연희거리가 별로 없던 시절에 전기수가 들려주는 이야기에 서민들은 귀를 쫑긋 세웠다. 전기수는 오늘로 치면 '거리의 교사'이자, '만능 엔터테이너'였다.

낭독의 전통을 잇다

"조선인은 천성적으로 돌아다니기와 이야기하기를 좋아한다". 19세기에 조선 땅을 밟았던 프랑스 신부 샤를 달레는 우리 민족의 특성을 한마디로 이렇게 요약했다. 이야기를 들려주던 전기수들은 현대까지도 존재했다. 개항과 근대화, 일제강점기를 지나며 수많은 직업들이 사라졌지만 전기수의 전통은 끝내 이어졌다. 책을 읽어주는 남자, 전기수는 일제강점기에는 극장의 재담꾼 변사로 혹은 소설책을 파는 장사꾼으로 변모했다. 1910년대에 들어서면서 소설은 계몽적인 방향에서 오락성이 짙은 쪽으로 그 내용이 변화한다. 이런 소설은 표지를 딱지처럼 울긋불긋하게 채색했다고 해서 이른바 '딱지본 소설'이라 불렸다. 대표 작품이 만주로 신혼여행을 가는 장면이 담겨 있던 『추월색』으로 당시 큰 인기를 모았다.

1960년대에는 집단 전기수가 나타났다. 경북 영주와 봉화, 영양 등에서 '글패'라는 무리가 함께 돌아다니며 소설 낭독을 했다. 물론 책을 팔기 위해서였다. 이들은 물건을 파는 장돌뱅이들과 함께 전국 곳곳의 오일장을 다니면서 장터에서 소설을 읽어주었다.

전기수는 우리나라에만 존재했던 것이 아니다. 중국과 일본, 유럽, 남미 등 전 세계적으로 이야기를 들려주던 직업이 있었다. 중국에서는 청나라 때 전기수를 '설서인說書人'이라 불렀다. 『삼국지연의』의 저자인 나관중은 대표적인 설서인이었다. 박지원은 중국에 갔을 때 어떤 사람이 거리에 앉아서 『수호전』을 읽는데 많은 사람들이 빙 둘러 앉아서 듣고 있더라고 자신의 저서에 적고 있다.

전기수의 인기는 라디오, 텔레비전, 영화 같은 매체들 앞에서 서서히 시들어갔다. 더 재미난 이야기, 풍부한 볼거리가 생기자 사람들은 그쪽으로 눈을 돌렸다. 문맹률이 낮아지고 책이 흔해진 시대적 배경도 한몫했다. 전기수의 역할이 끝난 것이다.

전기수들이 세월 저편으로 사라진 가운데 이 시대의 마지막 전기수가 딱 한 분 생존해 있다. 충청남도 무형문화재 제39호로 지정된 정규헌 선생이다. 1936년생으로 충남 청양에서 태어난 정규헌 선생은 일제강점기 시절이었던 여덟 살 때 한글을 몰래 배웠고, 해방이 된 뒤에는 전기수였던 아버지에게 낭독을 본격적으로 익혀서 여러 마을을 다니며 책을 읽었다고 한다. 그는 전기수의 전통을 두고 '이야기를 들려준 게 아니라 시대의 지혜를 들려준 것'이라면서 한 언론과의 인터뷰에서 이런 말을 남겼다.

"우리나라는 어느 지역이나 고전소설을 읽는 문화가 형성돼 있었습니다. 한 마을에 글을 읽을 줄 아는 사람 한두 명만 있어도 그들이 책을 읽어줌으로써 비록 글을 모르는 사람도 지식을 쌓고 인성을 갖추고 지혜를 터득할 수 있었지요. 요즘에는 눈과 귀를 황홀하게 현혹하는 기상천외한 오락물들이 많아 이 소중한 문화를 전수받고자 희망하는 사람이 없습니다. 지식인이나 관계 당국의 특별한 관심이 없으면 남을 위해 음악적으로 글을 읽는 세계 유일한 이 문화가 끊기게 될까봐 애석할 따름입니다."

冊

거리의 이야기꾼 전기수 정창권, 사계절, 2013

사라진 직업의 역사 이승원, 자음과모음, 2011

조선 전문가의 일생 규장각한국학연구원, 글항아리, 2010

조선직업실록 정명섭, 북로드, 2014

06 조선을 덮은 하얀 연기

이것은 가래를 치료하고
소화에 도움을 주며
가슴이 답답할 때 효과적이고
한겨울 추위를 막는 데 유익하다

탁월한 효능으로 유입 후
단시간에 조선 전역에 널리 퍼진
남만南蠻에서 온 신령스러운 약초
남령초南靈草

남령초의 또다른 이름
'연기나는 풀 煙草'

임진왜란 후 17세기 초
일본으로부터 전해진 담배는

의약품이 발달하지 못했던 조선에서
만병통치약으로 인식

뛰어난 약초로 알려지며
민생 속으로 빠르게 확산된다

"1616~1617년부터 들어와…
1621~1622년 이후 많은 사람들이 피우니
차와 술 대신 담배로 손님을 대한다."
–『조선왕조실록』, 1638년(인조 16년) 8월 4일

○甲午我國人潛
以南靈草入送瀋陽爲淸將所覺大肆詰責南靈草日本國所産之草也其葉
大者可七八寸許細截而盛之竹筒或以銀錫作筒火以吸之味辛烈謂之治
痰消食而久服往往傷肝氣令人目翳此草自丙辰丁巳年間越海來人有服
之者而不至於盛行辛酉壬戌以來無人不服對客輒代茶飮或謂之烟茶或
謂之烟酒至種採相交易久服者知其有害無利欲罷而終不能焉世稱妖草

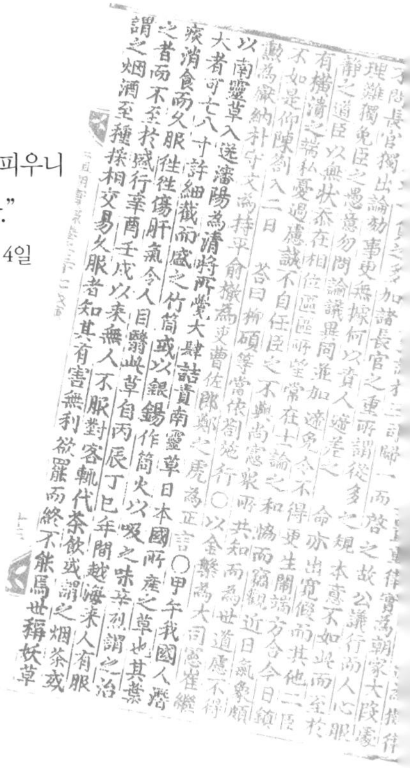

논농사가 어려운
산간 지역에서도 재배가 쉽고

담배 한 근은 은 한 냥의 가치로
막대한 이익을 주며

병자호란 당시 청나라로 끌려간
포로의 몸값으로 쓰이는 등

담배는 고부가가치 상품으로
조선의 경제근간을 장악한다

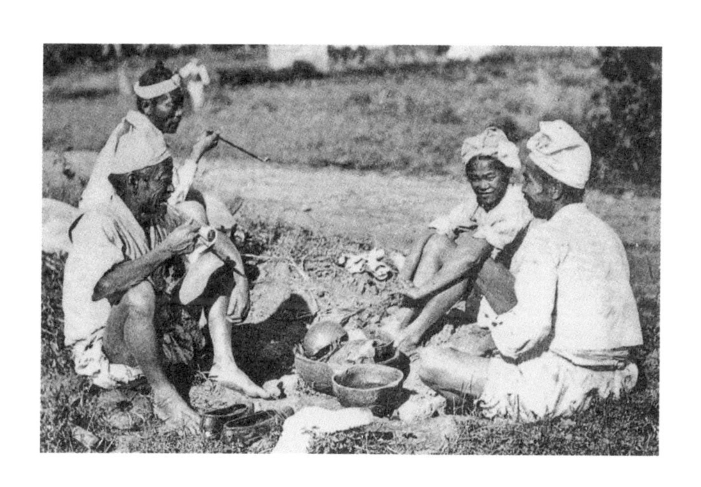

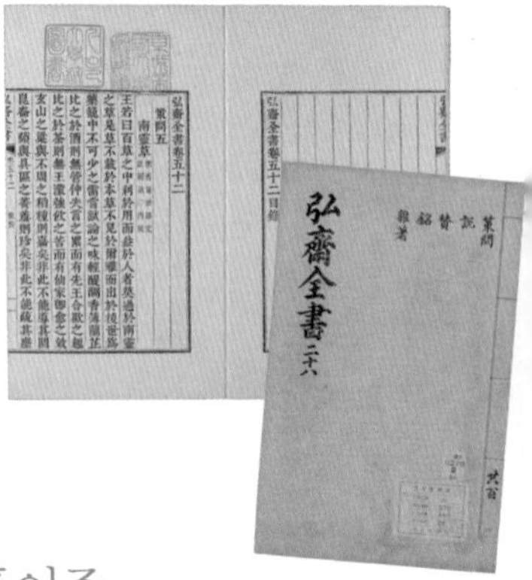

조선의 르네상스라 불리는

18세기 말(정조 집권기)

"사람에게 유익한 것은

남령초(담배)만한 것이 없다…

그 효과를 확산시켜 담배를 베풀어준

천지의 마음에 조금이라도 보답하고자 한다."

–「정조의 시문집」, 『홍재전서』 제52권 책문5

평민 기생 양반 궁녀 임금에 이르기까지

모두가 흡연을 즐기기에 이른다

당시 총인구 약 1500만 명 중

조선 시대의 흡연률 최소 25퍼센트

– 안대회 교수 추정

2013년 대한민국의 흡연율 25퍼센트

– 통계청

"조선 사람들은 담배를 좋아하며

어린아이들까지 4~5세가 되면 담배를 피운다."

–『하멜표류기』, 헨드릭 하멜

약초에서 전 국민의 기호품이 된 담배는
조선을 중독시킨 '요망한 풀妖草'이었다

흉년에 받은 쌀로 담배를 사 피워
오히려 죽는 백성이 늘고
기름진 땅이 담배와 차를 심는 밭이 되어
백성의 어려움이 심해지며

담배를 뇌물 삼아 벼슬을 사는
엽관獵官 현상이 생기고

1623년 동래 왜관 건물 80칸 소실
1717년 덕산의 병부兵符 소실 등
담배로 인한 화재가 끊이지 않았다

결국 27명의 신하가 조선을 위협하는
담배의 경작 금지를 요청한다

그러나
애연가 정조는 이를 나라 차원이 아닌
각 지방 감사의 역할로 정리한다

비교적 자유롭게 허용되던 담배는
유교 사상과 충돌하면서

조선 특유의 흡연 예절을 만들고
어린아이와 여성의 흡연은
미풍과 해로움으로 더욱 엄격하게 제재한다

"아이가 담배 피우는 것은 아름다운 품행이 아니다. (…)
손님과 맞담배를 피우는 아이도 있는데
어찌 그리도 오만불손한가?"
–『청장관전서』 제31권, 이덕무

"담배는 안으로 정신을 해치고
밖으로 귀와 눈을 해치며 (…)
이가 빠지며 살이 깎이고 사람을 늙게 한다."
–『성호사설』, 이익

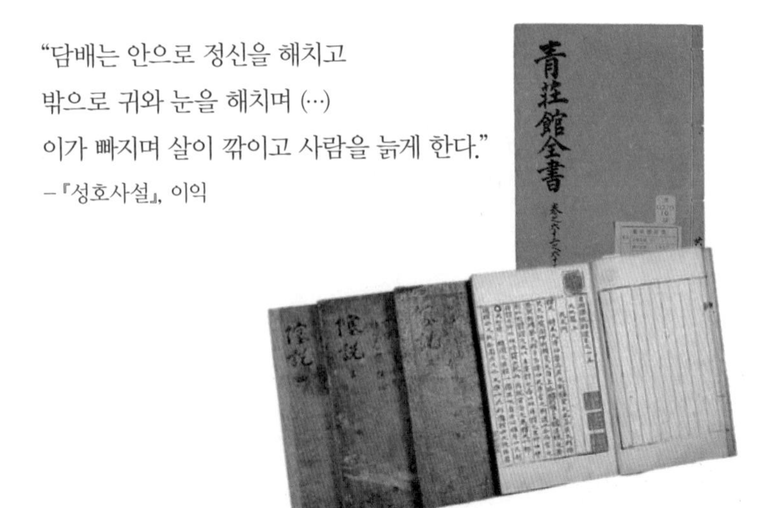

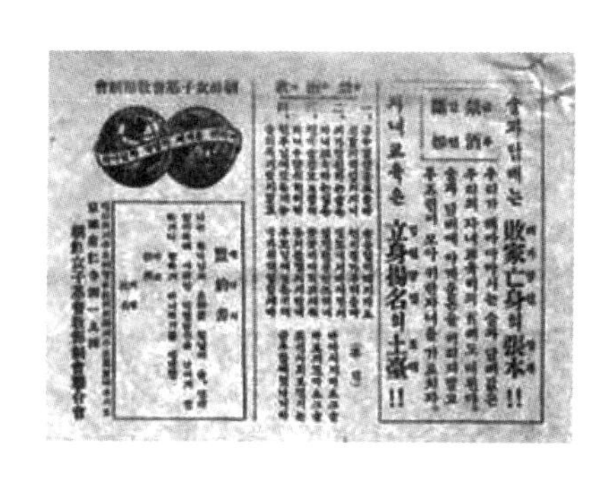

18세기 이후

담배의 해악을 강조한 위정척사 세력에 의해
어린아이와 여성의 금연은 더욱 부각

20세기

일제에 빌린 차관을 국민의 의연금으로 상환하기 위한
구국 금연운동

담배를 죄악시한
선교사들의 금연운동을 거쳐

약 300년 동안 조선인의 사랑을 받았던 담배는
새로운 시대를 맞이한다

요망한 풀, 한반도에 상륙하다

1492년 콜럼버스와 함께 신대륙에 내린 선원들은 이상한 풍경을 보았다. 원주민들이 풀을 태워 연기를 들이마시는 모습이었다. 이후 이 잎사귀는 '타바코tabacco'라는 이름을 얻어 식민지 쟁탈전의 파도를 타고 인도, 아프리카, 유럽을 거쳐 아시아의 여러 나라에 상륙했다. 아시아에서는 포르투갈, 네덜란드 등 유럽과 활발히 교역했던 일본에 우선 들어왔고 이후 현해탄을 건너 조선으로 전파되었다. 우리나라에 처음 담배가 전해졌을 때에 담배는 약초로 여겨졌다. 담배에 대한 최초의 기록은 『인조실록』에서 살펴볼 수 있다.

"담배는 일본에서 생산되는 풀인데 그 잎이 큰 것은 7, 8촌寸쯤 된다. 가늘게 썰어 대나무 통에 담거나 혹은 은이나 주석으로 통을 만들어 담아서 불을 붙여 빨아들이는데 맛은 쓰고 맵다. 가래를 치료하고 소화를 시킨다고 하는데, 오래 피우면 가끔 간의 기운을 손상시켜 눈을 어둡게 한다.

이 풀은 병진(1616년), 정사(1617년)년부터 바다를 건너 들어와 피우는 자가 있었으나 많지 않았는데, 신유(1621년), 임술(1622년)년 이래로는 피우지 않는 사람이 없어 손님을 대하면 번번이 차와 술을 담배로 대신하기 때문에 혹은 연다煙茶라고 하고 혹은 연주煙酒라고도 하였고, 심지어는 종자를 받아서 서로 교역까지 하였다."

임진왜란 때 일본 군인들이 담배 피우는 것을 보고 우리나라 사람들도 하나둘씩 담배를 피우기 시작했다는 설도 있다. 정확한 시기는 알 수 없지만 담배는 대략 1600년 즈음 해서 조선에 그 존재를 알렸다. 얼마 지나지 않아 차나 술 대신 담배로 손님 대접을 하는 문화도 생겨났다. 담배를 약이라 여긴 사람들은 담이나 기침, 콧병을 치료했다. 특히 회충으로 인한 횟배앓이에는 담배가 특효약으로 통했다. 조선 전역은 이 요망한 풀에 홀리고 말았다.

담배를 가리키는 별칭은 여러 가지였다. 타바코라는 말을 한자로 만들어 담바고라고도 불렀고, 남쪽에서 왔다 하여 남초南草 혹은 남쪽의 신비한 약초라해서 남령초라 불리기도 했다. 근심을 잊게 한다 하여 망우초忘憂草, 잊으려고 해도 잊을 수 없어 상사초相思草라고도 했다. 동아시아에 막대한 영향을 끼친 고추, 감자, 고구마, 옥수수 등도 이즈음에 조선 땅으로 흘러들어왔지만 담배만큼 사람들을 단번에 사로잡지는 못했다. 17세기 중엽에 이르러 서울의 시전에는 쌀, 면포, 어물 다음으로 담배의 거래가 활발하게 이루어졌다.

조선 농민들은 담배를 재배해 청나라에 팔기도 했다. 담배는 청나라와의 밀무역 인기 품목이었다. 경상도 지방에서 불붙은 담배 재배 열풍은 전라도의 진안, 장수 등 산악지대로 번져나갔다. 담배 재배로 짭짤한 재미를 본 사람들은 더 많은 물량 확보를 위해 보리나 콩 대신 담배를 심었다. 식량 생산에 차질이 생기자 급기야 조정은 비옥한 삼남 땅에는 담배를 심지 말라고 금지령을 내렸고 밀수출하다 적발되면 참수형을 시킨다고 으름장을 내놓았다. 하지만 소용없었다. 담배 피는 맛과 담배 파는 맛에 길들여진 사람들은 그 유혹을 쉬이 떨칠 수가 없었다.

조선은 소문난 '골초 국가'였다. 조선의 르네상스기인 18세기 말 정조 때 조선의 흡연 인구는 전체의 25퍼센트에 달했다. 전체 인구 1500만 명 중 360만 명 이상이 담배를 피웠다는 것이다. 사대부들은 긴 담뱃대에 불을 붙여주는 연동煙童을 데리고 다녔다. 양가집 마님들은 나들이를 할 때에 담배와 담배 쌈지를 든 담배 전담 여종과 함께 길을 나섰다. 남녀노소 모두 담배를 피워대는 것은 사실 양반들에게 못마땅한 일이었다. 그래서 양반들은 담뱃대 길이로 신분을 구별하게끔 했다. 지체 높은 분들은 긴 장죽을, 서민은 짧은 곰방대를 사용하게 한 것이다. 어린아이들도 흡연 열풍 가운데 예외는 아니었다. 사랑방, 안방, 우물가, 돌담 옆 할 것 없이 조선 전역에서 담배 연기가 모락모락 피어올랐다. 서당에서 훈장과 학동이 맞담배를 피우는가 하면 임금과 신하가 조회를 하는 정전正殿도 담배 연기로 가득했다.

담배 논쟁

우리나라의 담배 역사를 논할 때 빼놓을 수 없는 인물이 있다. 인조 때 우의정을 지낸 장유다. 고려에 귀화한 위구르족 출신인 장순룡의 12대손인 그는 조선 중엽 4대 문장가로 명성을 떨치기도 했지만, 그보다도 조선 최초의 애연가로 손꼽힌다. 장유는 어전회의에서도 담뱃대를 놓지 않을 만큼 골초였는데 "담배를 피우면 취한 사람은 술이 깨고 배고픈 사람은 배가 부르게 된다"면서 담배를 극찬했다.

정조 또한 둘째가라면 서러워할 애연가였다. 정조는 장유를 담배

선배로 깍듯하게 모셨는데, 『홍재전서』에는 금연을 해야 한다는 신하들의 주장을 반박하며 장유를 인용하는 정조의 모습이 담겨 있다.

"담배는 더위를 씻어주고 기氣를 평안히 하며 추위를 막아주고 음식을 소화시키며 변을 볼 때 악취를 쫓아낸다. 잠을 청할 때나 시를 짓고 문장을 엮을 때 피워도 좋다. 사람에게 유익하지 않은 점이 없다. 옛사람으로는 오로지 장유만이 이런 담배 맛을 조금 알았다."

정조는 금연을 주장하는 상소가 줄을 잇자 담배를 피우고 재배하는 일은 마치 술을 빚는 것을 금지하는 것 같다면서 흡연을 끝까지 옹호했다. 또한 "최근에 위구르에서 들어온 수박은 맛있다고 먹고 제사상에까지 올리면서 왜 담배만 배척하느냐"며 반문했다. 정조는 어릴 때 아버지가 비참하게 돌아가셨고 이후에는 나랏일을 보면서 심신이 고달팠는데, 이를 위로하는 데에 그 어떤 약보다 담배가 효과가 있었다고 고백했다. 급기야 재위 20년인 1796년 과거시험에서는 '어떻게 하면 담배를 백성들에게 널리 베풀어줌으로써 그 혜택을 함께할 수 있는지' 그 방법을 찾아보라며 이른바 '남령초 책문策問'을 내린다. 책문은 국정 현안에 대한 대책을 물어 답하게 하는 과거시험이었다. 오늘날로 말하자면 수험생들에게 담배의 유용성을 논하라고 한 것이다.

정조와 같은 시대를 살았던 정약용, 이옥 같은 유배객들도 담배로 심사를 달랬다. 정약용이 귀양살이하던 시절에 지은 「연煙」이라는 시에는 담배를 피면서 느꼈던 어느 봄날의 서정을 이렇게 적고 있다.

담바고가 지금 새로 나와서
귀양살이하는 자에겐 제일이라네
가만히 빨아들이면 향기가 물씬하고

슬그머니 내뿜으면 실이 되어 간들간들
나그네 잠자리가 늘 편치 못하여
봄날이 지루하기만 하다

정조의 심사를 불편하게 해 귀양을 떠났던 이옥도 '담배 하면 껌뻑 죽는' 인물이었다. '담배 경전'이라는 뜻의 『연경烟經』을 쓸 정도로 흡연 예찬론자였던 그는 『연경』에서 "때로 입안에 연기를 머금은 채 토해내지 않고 진기를 묵묵히 움직이다가 콧구멍으로 분출하면 머리가 상쾌해진다. 그 오묘한 기분은 말로 표현할 수 없다"면서 담배를 맛있게 피는 법을 소개하기도 했다.

담배는 조선에 그 존재가 알려진 17세기 이후로 없어서는 안 되는 기호품이 되었다. 이와 동시에 담배의 해악에 대한 비판들도 쏟아졌다. 유학자들 사이에서도 흡연론과 금연론이 맞붙었다. 이익은 담배의 양면성을 파악했던 인물이었다. 그는 『성호사설』에서 "담배는 가래가 목구멍에 걸려 떨어지지 않을 때, 비위가 거슬려 침이 흐를 때, 소화가 되지 않아 눕기 불편할 때, 가슴에 먹은 것이 걸려 신물을 토할 때, 한겨울에 찬기를 막는 데 유익하다"며 담배의 이로움을 열거했다. 그러나 한편으로는 "담배는 머리를 나쁘게 만들고, 눈과 귀를 해치며, 머리카락을 희게 하고, 안색이 창백해지게 하며, 치아가 빨리 빠지게 하고, 피부를 거칠게 하며 일찍 늙게 한다"면서 담배의 해악을 정리하기도 했다. 결과적으로 그는 흡연의 득보다 실이 많다고 보았다.

담배에 대한 부정적 시선은 특히 곰방대를 물고 있는 아이들의 모습에 대한 비판에서 드러났다. 이덕무는 어린이들이 담배 피우는 것에 대해 지극한 우려를 내보였다.

"손님을 대하여 긴 담뱃대를 빼물고 함께 불을 붙이는 어린이도 있는데, 어찌 그리도 오만불손한가? 또는 어른이 매까지 때리며 엄하게 금하는데도 숨어서 몰래 피우고 끝내 고치지 않는 어린이가 있는가 하면, 혹은 어린이에게 담배 피우기를 권하는 부형도 있으니, 어찌 그리도 비루한가? 담배가 성행하는 것은 특히 아름다운 일이 아니다."

–『청장관전서』

영·정조 때의 인물인 이덕리는 '기연다記烟茶'라는 글에서 담배 해악론을 주장했다. 그는 담배의 해로움으로 기운이 떨어지고, 시력이 저하되며, 책이 더러워지고, 화재가 날 수 있다는 등 열 가지 이유를 들었다. 이외에도 실학자 박지원, 대동법을 만들었던 명재상 김육, 송시열 역시 담배를 싫어했던 금연론자였다. 송시열은 제자들에게도 강력하게 금연을 권했다.

제국주의 물결과 담배 연기

조선의 성리학자들은 금욕과 절제를 신조로 생활했다. 이들은 대개 서양 물건을 사용하지 않았고 담배를 피우지 않음을 자랑스럽게 여겼다. 그들이 볼 때 담배는 오랑캐의 땅에서 들어온 것으로 근본을 알 수 없는 사악한 풀이었다. 선비들의 머릿속에 흡연은 서양에서 유래한 삿된 물건에 신체와 정신을 모두 빼앗기는 행위였다.

성리학자들의 맥을 이어나갔던 19세기의 위정척사 세력은 금연 운동을 통해 조선의 전통을 지켜나가려 했다. 문신 임헌회는 시집가는 딸에게 '계녀서誡女書'라는 글을 써주면서 서양 옷감을 쓰지 말고 담배를 피우지 말 것을 강조했다. 외세와 외국 문물을 거부했던 위정척사파가 일본에서 넘어온 담배를 피우지 말자고 주장한 것은 너무나 당연했다. 위정척사 세력에게 금연은 애국의 실천이었다.

한편에서는 다른 이유로 금연의 메시지가 퍼져나갔다. 개신교 선교사들은 담배를 악으로 규정하고 금연을 독려했다. 1907년 국채보상운동이 일어나던 시기에 금연은 다시 한번 애국활동으로 여겨지게 된다. "2000만 동포가 석 달만 연초를 끊고 한 달에 20전씩 모은다면 1300만 원이 될 터이니 국채 갚는 것이 어찌 걱정이랴" 하면서 온 백성이 자발적으로 금연에 나선 것이다. 담배를 끊어서 나라 빚을 갚자며 백성이 나서자 고종도 금연을 선언했다. 동경 유학생들도 총회를 열어 단연동맹을 맺고 이 운동에 동참했다.

일제강점기의 한국 땅에서 담배는 일본의 경제적 침투를 상징하는 제품이었다. 담배와 관련해 가장 널리 불리던 노래 〈담바고 타령〉에는 당시 백성의 고뇌가 서려 있다.

담백고야 담백고야
동래 울산 물에 올라 이 나라에 건너온 담백고야
너는 어이 사시 따슨 좋은 땅 버리고 이 나라에 왔느냐
팔도강산 유람하러 왔느냐
그렇다면 돈이나 뿌리고 가겠구나
빨리 돈주머니 풀어 금은전을 던져라
돈은 주지 않고 담배씨만을 던져주는도다
이 풀잎 말려 잘게 썰어놓고 길다란 담뱃대에 채워
한 모금 빨면 오색구름이 연기 끝에 놀고
두 모금 빨면 청룡황룡 뛰어나와 눈앞에 논다 하네
어이구 어이구 이 담백고야

이 노래는 일제가 한국인들을 경제적으로 착취하기 위한 도구로 담배를 이용했다는 점을 신랄하게 지적한다. 일본인들이 한국인들

의 토지와 노동력을 정신을 마비시키는 담배와 교환한 점을 간파한 것이다.

개항 직후 얇은 종이로 가늘게 말아놓은 담배인 궐련이 확산되면서 조선이 수입해오는 담배의 규모는 9만 달러에 달했다. 궐련 가격이 저렴하지 않았던 시절이지만 사람들은 줄창 담배를 피워댔다. 독일인 에손 시드는 1902년 『조선왕국 이야기』라는 책에서 "대한제국의 남자들이 50여 년 일생 동안 피우는 담배 연기만으로 베를린의 국립보건소 인원 전체를 그 자리에서 쓰러져 죽게 할 만하다. 그런데도 조선 남자들은 모두가 괄괄하고 건강하게만 보인다"라고 당시의 풍경을 묘사했다.

조선의 담배 열풍을 일제는 재원 조달 방안으로 악용했다. 1914년에 '연초세령'을 공포하면서 제조된 연초에 소비세를 부과했고, 1921년에는 조선연초전매국을 만들어 담배 사업을 독점하며 값과 세금을 매겼다. 일제는 홍삼, 담배, 소금에 대해 전면적 전매제를 실시했는데 담배를 팔아 거둔 세금만 해도 전체 세입의 20퍼센트에 이를 정도였다고 한다. 해방이 되었지만 일본의 전매제는 그대로 이어졌다.

담배 이름에 담긴 시대상

국내에 출시된 담배의 이름에는 우리 역사의 풍경들이 그대로 배어 있다. 지금과 같은 원통형 담배가 만들어진 것은 1945년 9월의 일인데 광복을 기념해 출시된 이 담배의 이름은 '승리'였다. 당시 담배 한 갑의 가격이 3원, 쌀 한 가마니가 45원이었던 것을 감안하면 담배는 고가의 사치품이었지만 '승리'는 늘 공급량이 부족했다. 일주일에 한 번 담배가 판매되는 날이면 담배 소매점 앞에는 사람들이 길게 줄

을 서 있었다.

'승리'에 이어서 1946년에는 독립과 민족의 자존심을 고취한다는 의미에서 '백두산'과 '무궁화'가 나왔다. 1949년 국군 창설 기념으로 만들어진 군용 담배로 유명한 '화랑'이 나왔고, 1950년에는 전쟁으로 폐허가 된 조국을 재건하자는 의미에서 '건설'이란 담배가 판매됐다.

1960년대 이후에 나온 담배 이름은 정부 시책을 홍보하려는 경향이 두드러졌다. 대표적인 것들로 '새마을' '새나라' '희망' '상록수' '환희' '한산도' '거북선' 등이다. '새마을'은 박정희 전 대통령이 직접 글씨를 써 담뱃갑을 디자인했으며, '협동'이란 문구를 포장에 써 넣었다. '한산도'와 '거북선'은 충무공 이순신의 애국충정을 본받자는 의미로 나온 담배였고, 수출주도 정책이 시작된 1970년대에는 관광객을 겨냥한 '태양'이 출시됐다.

1989년 해외여행 자유화 조치와 더불어 '배낭여행' '세계화' '해외유학'이라는 말이 일상적으로 사용되던 1990년대 이후부터는 '글로리' '디스' 등 영어 이름이 등장했다. 남북 화해 분위기를 반영하듯 남북한이 공동생산 및 판매하는 '한마음'이 나온 것은 2000년이었다.

담배를 둘러싼 유해 논쟁은 지금도 변함없이 진행중이다. 미국 공중위생국이 1964년 "흡연은 암을 유발한다"는 보고서를 발표한 이후, 담배 소비량은 점차 줄었고 지금도 전 세계적으로 금연이 대세이긴 하지만 한국은 여전히 '골초 국가'다.

『담배의 사회문화사』를 집필한 강준만 교수는 국민을 골초로 만든 주범은 다름 아닌 정부라면서 세계 각국의 금연 운동가들이 싸워야 할 대상은 흡연자가 아니라 자국 정부라고 지적한다. 실제로 담배로 가장 많은 돈을 번 곳은 세금을 거둬들이는 정부였다. 세계보건기구는 전 세계 정부에서 담뱃세로 거두는 돈이 연간 2천억 달러에 달하나 흡연을 막는 데 쓰는 돈은 그중 0.2퍼센트도 안 된다고 밝힌 바 있다.

冊

담배와 문명 이언 게이틀리 저, 정성묵·이종찬 역, 몸과마음, 2003

담배의 사회문화사 강준만, 인물과사상사, 2011

담배 이야기 김정화, 지호, 2000

연경, 담배의 모든 것 이옥 저, 안대회 역, 휴머니스트, 2008

흡연의 문화사 샌더 L. 길먼, 저우 쉰 등저, 이수영 역, 이마고, 2006

07 조선 무예 종합교본

慈宮駕轎引馬

慈宮駕轎引馬

御甲冑馬

御甲冑馬

이것은

문文 무武 예술藝術이 결합된 것이었다

1785년

왕실호위부대

장용영을 설치한 정조

"장용영에서 군사들이 훈련할 수 있는
실용적인 무예서를 만들라!
왕을 호위함은 물론 일본과 중국 등
적이 침입했을 때 실제 전투에서
적군을 상대할 수 있도록 해야 한다."

–『일성록』

이덕무, 박제가 = 이론 담당
백동수 = 실무 담당
도화서 화공 = 이해를 돕는 무예동작 그림
정조 = 총지휘

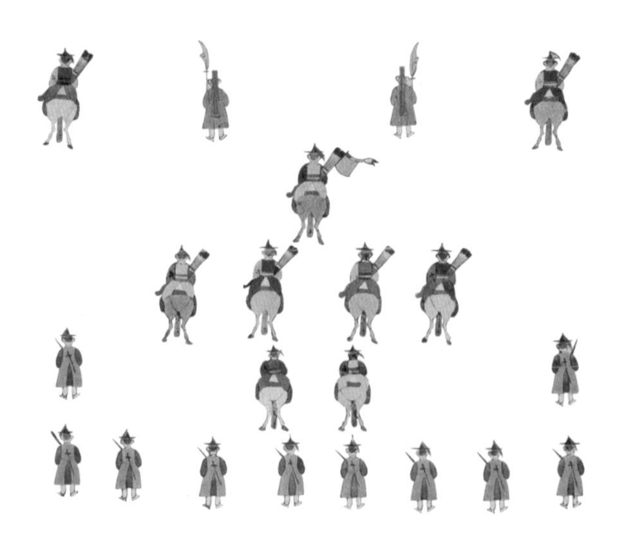

그리고 5년 뒤 탄생한 책

무예도보통지武藝圖譜通志

무예武藝를 그림圖과 설명譜으로 집대성한 종합서通志

문인(이덕무 박제가)과
무인(백동수)
그리고 도화서 화공들이 집대성한

문文 무武 예술藝術이 결합된 역작

선조시대 무예서『무예제보武藝諸譜』
사도세자가 남긴『무예신보武藝新譜』
병자호란 후 절실히 필요했던 기병무예騎兵武藝
마상무예馬上武藝는 물론
중국과 일본 무예까지 포함해 총 24항목으로 구성된
『무예도보통지』

조선 최초 무武의 통일

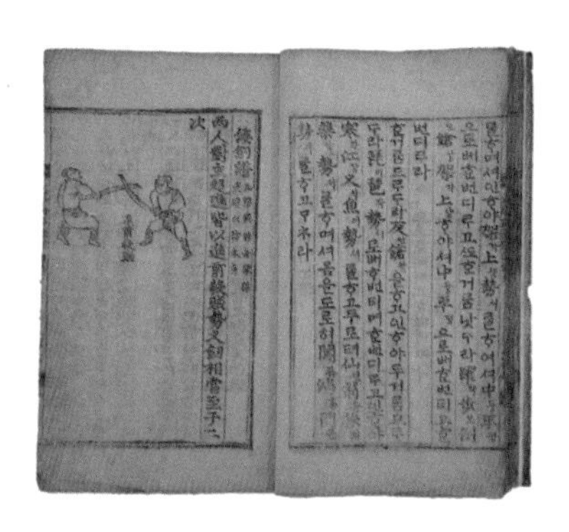

한·중·일 3국 무예를 총망라하여
문의 나라 조선에서 탄생한

동북아 최고의 무예서

"무예도보통지는 군대에서 군사들이 재현했을 때
무예를 익히는 교과서로 써도 손색이 없을 정도로
내용이 풍부하고 완벽합니다."

– 양청룽, 대만무예전문가

그렇다면 왜 중국과 일본 무예까지 포함했던 걸까?

"지피지기면 백전백승이라.
적을 알기 위해서는
적국의 무예를 알아야 한다."

–『일성록』, 정조의 말

이어서 출간된 언해본

"무예 연결동작 하나하나를
알기 쉽게 그린 그림에 언문으로 제작하여
일반 백성도 볼 수 있게 하라."

무예지식을 널리 알린 뒤
신분에 상관없이 무과 등용의 길을 열었던 정조

조선 무예서 '무예도보통지'에는
왕의 신변 보호
정국 안정
왕권 확립은 물론
정조의 시대정신이 녹아 있었다

문무가 어우러진 무예도서의 결정판

정조 14년 어느 날, 규장각 검서관 이덕무와 박제가는 한 서책을 어전에 바쳤다. 왕명에 따라 그동안 심혈을 기울여 만든 책이었다. 정조는 기다렸다는 듯이 만족스러운 표정으로 그 책에 제목을 하사했다. 책의 제목은 '무예도보통지'. 무예에 대해 그림과 글로 설명해놓은 백과사전이라는 뜻이다.

『무예도보통지』는 정조의 뜻에 따라 특별히 제작된, 문무가 어우러진 무예서였다. 정조는 『무예도보통지』 편찬을 위해 당시 규장각에서 가장 총애하던 실학자 이덕무와 박제가, 그리고 왕의 친위부대인 장용영의 지휘관이자 뛰어난 무관이던 백동수를 불러들인다. 박제가, 이덕무, 백동수 이 세 사람은 함께 『무예도보통지』 편찬 작업을 하기 이전부터 이미 서로 끈끈한 우정을 나누던 관계였다. 박제가는 조선 후기 실학자를 대표하던 인물이었고, 이덕무는 정조가 유난히 아끼던 신하로 '서치書癡'라는 별명이 있을 정도로 책에 미친 사람이었다. 그는 서얼 출신이라는 한계를 뛰어넘어 모르는 내용이 없다고 할 정도로 당대 최고의 학자로 인정받았다. 백동수는 같은 서얼 출신인 이덕무의 처남이 되면서 학자들과 교류하기 시작했다. 그는 당대 최고의 무사이자 김홍도와 그림에 대해 깊은 대화를 나눌 정도로 학식이 깊었던, 문무를 겸비한 인물이었다. 백동수와 가까웠던 박제가는 그를 가리켜 "『경서』와 『사기』를 논할 만하다"고 평가했다.

백동수가 무예를 시연하고 이덕무와 박제가가 그 내용을 정리하는 과정을 거쳐 집필된 『무예도보통지』는 국왕의 명령으로 조선과 중국, 일본의 전통 무예를 고증하고 총정리해 펴낸 전 세계에서 유일한 기록이다. 정조는 조선 무예에 대해 "조선의 백성들이 이 기술을 익혀 '날쌘 짐승'과 같은 무사가 되길 바란다"고 말하며 그 자부심을 드러내기도 했다.

조선시대에 편찬된 무예 서적들

우리 역사 최초의 무예서가 편찬된 시기는 임진왜란 직후였다. 임진왜란은 일본군의 대대적인 침략으로 임금이 압록강까지 피난을 갔던 국가적 위기였다. 활과 화포를 이용한 전술에만 익숙했던 조선의 병사들은 칼과 창을 제대로 휘둘러보지도 못한 채 왜군의 칼날 앞에서 맥없이 쓰러졌다. 상황이 바뀌기 시작한 것은 명나라 지원군이 도착하면서부터였다. 이때 조선의 군사들은 놀라운 광경을 목격한다. 명의 병사들이 쓸모없어 보이는 나무 방패와 짧은 삼지창으로 일본군을 일거에 무너뜨리는 모습이었다.

이를 보고 조정은 군사전략을 전면적으로 수정하게 된다. 백병전白兵戰을 위해 창검무예가 중요하다는 사실을 깨달은 것이다. 기존의 군사전략은 대규모로 진영을 짜고 움직이는 진법에 우선순위를 두었다. 때문에 전투에서 중심이 된 것은 말타기와 활쏘기 능력이었다. 무과 또한 말타기와 활쏘기 능력을 심사하는 것을 위주로 운용했다. 그러나 임진왜란을 겪은 뒤부터 창검무예에도 관심을 기울이는 방향으로 전환된다. 선조는 훈련도감의 실무자인 한교를 시켜 조선 군사를 위한 훈련서 『무예제보』를 편찬한다. 『무예제보』는 중국의 기예인 장창 등을 조선의 군사들이 쉽게 익힐 수 있도록 풀이한 책이다.

임진왜란 이후 조선은 일본과 화친을 맺고 관계회복을 시도하는 한편, 북방민족의 침략에 촉각을 곤두세웠다. 기병 전술을 주로 사용하는 북방민족이었던 후금과의 전쟁에 대비하면서 동시에 조총과 칼을 들고 보병 전술을 구사하는 일본의 침략에도 대비해야 하는 상황에 놓이게 된 것이다. 이런 시대적 요구를 담은 책이 1610년 광해군 때에 발간된 『무예제보번역속집』이었다.

임진왜란의 상흔이 가시기도 전에 조선은 병자호란을 겪는다. 인조는 청에 무릎을 꿇는 치욕을 겪었고, 훗날 효종이 되는 세자는 인질로 끌려가 8년간 볼모 생활을 하게 된다. 청에서 돌아온 뒤 효종은 은밀히 북벌을 준비했다. 하지만 그 꿈은 이뤄지지 않았다. 효종의 소망은 이로부터 약 100년 뒤 사도세자에 의해 현실화되었다. 영조에 의해 세자로 책봉되어 대리청정을 맡게 된 사도세자는 측근인 무관에게 각 군영의 무예를 비교, 검토한 종합 무예이론서 『무예신보』를 만들도록 명한다. 무인의 기질이 다분했던 사도세자는 조선의 무예를 '십팔기十八技'로 정리해냈다. 십팔기란 권법, 창, 봉, 검, 도 등 땅 위에서 행하는 열여덟 개의 기술이었다. 하지만 이후 사도세자는 뒤주 안에서 비운의 삶을 마감하게 된다.

사도세자의 업적이 빛을 발하게 된 것은 정조가 왕위에 오르면서부터다. 정조는 아버지가 정리한 십팔기의 모든 종목을 정식 무과 과목으로 채택했다. 이에 그치지 않고 전투 동작 하나하나를 그림과 글로 풀이해준 실전 훈련서 『무예도보통지』를 제작한다. 『무예도보통지』에는 지상무예 18기와 격구擊毬(둥근 채로 공을 치는 놀이이자 훈련)는 물론 마상편곤, 마상재 등 말 위에서 행하는 마상무예 6기를 포함해 총 24기의 무예가 실렸다. 천 종류가 넘는 『무예도보통지』에 실린 동작들은 변화무쌍하고 호쾌한 멋을 지니고 있었다.

『무예도보통지』는 중국의 『기효신서』와 일본의 『삼재도보』를 집대성한 동양 무예의 결정판이다. 특히 중국과 일본의 무예를 무작정 베낀 것이 아니라 우리의 현실에 맞게 새롭게 창조해낸 데에 더욱 큰 의미가 있다. 조선의 손꼽히는 화원들이 전투 동작을 하나하나 그렸고 글로 해설을 더했다. 이 책은 장용영을 비롯한 훈련도감, 어영청 등 중앙 군영은 물론이고 지방의 군영까지 보급되어 군사들의 훈련 교재로 사용되었다.

『무예도보통지』에 담긴 시대의 소망

문과와 무과가 본격적으로 시행된 것은 조선시대 양반 관료체제가 갖추어지면서부터였다. 태종은 1408년 무과를 설치하고 '용호방龍虎榜'이라고 명명했다. 양반, 즉 문반과 무반이 양대 권력을 이루는 바탕을 마련한 것이다. 시험은 무예武藝와 강서講書, 두 가지를 봤다. 무관이라 할지라도 병법서와 유교경전을 함께 읽어 문무를 고루 갖춰야 한다고 생각했기 때문이다.

무인 출신이었던 이성계가 건국한 조선은 겉으로는 '문무양용文武竝用'을 내세웠으나 실제로는 문관을 우대하고 무관이 차별받는 문치주의 국가였다. 하지만 점차 이런 시대에 회의를 갖는 이들이 나타났다. 실학자였던 이익도 그런 이들 중 한 명이었다.

"나는 언제나 '요즘 세상의 문예는 무예만 못하다'고 하였다. 활을 쏘고 칼을 차는 임무는 오히려 새나 짐승을 잡고 도적놈들을 막을 수 있는데, 나는 아무리 하루종일 생각하여보아도 문장을 사용할 만한 곳이 생각나지 않는다. 이렇게 따져볼 때 무武가 어찌 문文만 못하겠는가?"

이익의 눈에 비친 조선의 현실은 참담했다. 왜란과 호란을 겪으면서 왕권은 땅에 떨어졌고, 신료들이 하늘 높을 줄 모르고 득세하기 시작했다. 사대부들은 저마다 패거리를 지어 명분 없는 정쟁을 되풀이했다. 그 틈에서 고생하는 것은 백성들이었다. 백성의 곤궁한 삶을 조정에서 돌보지 않자 여기저기서 원성들이 터져나왔고, 이런 현실을 타개하자는 배경에서 실학이 태동했다. 실학은 부국강병과 새로운 사회의 건설을 목표로 삼은 새 시대의 학문이었다.

하지만 나라에 털끝만치도 도움이 안 되는 자들이 여전히 책상 앞에 앉아서 자기의 권세를 지키기에 바빴다. 이익은 무인을 천시하고 무예를 소홀히 하는 풍속을 바꿔야 한다고 강조했다. 무과에 합격한 자에게도 공정하게 벼슬을 내려야 한다고 주장했고, 매년 임금에게 주요한 행사에서 활을 쏘는 모습을 보여 달라고 제안했다.

그의 주장에 귀 기울인 왕이 바로 정조였다. 정조는 신궁이라 불릴 정도로 활쏘기에 특출한 재능을 보였다. 활쏘기 성적을 기록해 놓은 『어사고풍첩』에 따르면 50발을 쏘아 49발을 맞추었고, 100번을 쏘아 99번을 맞춘 경우도 있다고 한다. 명궁으로 손꼽히던 그는 수원 화성을 찾을 때마다 몸소 활쏘기 시범을 보였다.

후대는 정조의 학자다운 면모를 주목했지만, 정조는 나라의 개혁을 위해 스스로 무인이 되려 했던 임금이었다. 즉위 초부터 정조를 시해하려는 노론 세력의 끊임없는 위협을 받았던 그는 스스로 힘을 키워가며 계획을 세워나갔다. 우선 사도세자가 억울하게 희생된 지

20여년 뒤인 1784년에 사도세자라는 존호를 '장헌莊獻'으로 바꾸고 이를 경축하는 과거시험을 열어 많은 무사를 뽑았다. 이듬해에는 전국에서 몰려온 실력 있는 무사들을 따로 선발해 '장용위壯勇衛'라는 국왕 경호부대도 창설한다. 30명으로 시작한 부대는 200명으로, 나중에는 한 개의 단독 군영인 장용영으로 확대됐다.

당시 서울의 북촌지역을 거점으로 한양을 지배하고 있던 노론은 군부대인 훈련도감, 금위영, 어영청을 기반으로 국정을 좌우하고 있었다. 이에 정조는 수원 화성 건설을 명했고 화성에 친위부대 장용영과 외영부대를 설치했다. 무사 양성에 적극적이던 정조는 실력 있는 무사를 선발하기 위해서 서른일곱 번의 무과시험을 열었고, 매 시험마다 많은 무인을 등용했다. 무술 실력만 있다면 집안이나 신분에 관계없이 누구나 무사시험에 응시해 등용될 수 있는 시대가 정조대에 열렸다.

그 시대의 수혜를 받은 사람 중 한 명이 백동수다. 서얼 출신의 백동수는 전설적인 무사였다. '굶주린 야수'라는 뜻의 '야뇌也餒'라는 호가 괜히 생긴 게 아니었다. 이덕무는 그를 '딴 세상에서 노니는 사람과 같았다'고 평가했다.

정조의 주도로 창설된 장용영은 주요 훈련과목으로 『무예도보통지』의 무예24기를 채택하여 전투력 극대화에 최선을 다했다. 병사들은 수시로 진법을 익히고 활쏘기와 조총사격, 창검무예인 24기를 연마했다.

『무예도보통지』에는 당시 시대정신인 실학정신이 담겨 있다. 『무예도보통지』를 제작한 세 사람이 정조에게 올린 글에는 그런 뜻이 역력히 드러난다.

"조정은 실용 있는 정책을 강론하고, 백성은 실용 있는 직업을 지키고, 학자들은 실용 있는 책을 펴내고, 무사들은 실용 있는 기예를 익히고, 상인들은 실용 있는 상품을 유통시키고, 장인들은 실용 있는 기구를 만든다면, 어찌 나라를 지키는 일을 염려하며 어찌 백성을 보호하는 일에 걱정이 있겠습니까?”

훈련은 대부분 이 책에 실린 무예 24기를 중심으로 이뤄졌다. 한자를 모르는 병사들을 위해서는 언해본을 따로 제작해 보급했다. 장용영의 병사들은『무예도보통지』를 옆구리에 끼고 수련을 게을리 하지 않았다. 기존의 5군영 병사들보다 훨씬 혹독한 훈련을 받으며 특수부대로서의 위용을 갖춰나갔다.

그러나 정조가 갑작스럽게 세상을 떠나면서 무를 중시하는 쪽으로 흘러가던 시대정신은 역류한다. 장용영은 해체되었고, 백동수를 비롯해 무사들이 대거 숙청되었다. 다만『무예도보통지』에 수록된 무예24기는 임오군란을 계기로 일제에 의해 구식군대가 해체되기 전까지 전승되었다. 구한말 해체된 구식군대 출신의 무인들은 이후 항일의병투쟁과 해외무장투쟁에 대거 가담해 몸으로 익힌 무예를 나라 구하는 데에 아낌없이 사용했다.

1945년 10월 3일 해방 후 처음으로 맞은 개천절 경축식이 열린 동대문운동장에서는 특별한 행사가 진행됐다. 활쏘기와 함께 무예 18기 시범이 선보인 것이다. 민속놀이인 씨름과 택견도 금지됐던 일제치하에서 18기라는 무예가 전승되기는 불가능한 상황이었다. 무예 시범에 나선 이들은 조국이 해방되자 귀국한 독립군 출신들이었다.

일제강점기를 거치면서 조선총독부에 의해 강제로 사라진 우리의 전통무예는 전통무예의 대부라 불리는 해범 김광석과 민속학자 심우성이 1987년 처음으로『무예도보통지 실기해제』라는 책을 펴냄으로써 세상의 빛을 보게 됐다. 오늘날 전통무예는 ‘민족무예 24반 경당’과 김광석 선생이 이끄는 ‘무예 18기’ 등의 문파로 나뉜다. 그 명칭도 여러 가지로 혼용되고 있고 정통성을 두고 논란이 많지만 그 원류는 하나, 바로 『무예도보통지』를 근간으로 한 조선의 군사무예다.

정조는 보다 강한 나라, 백성들이 행복한 나라를 소망했다. 200여 년 세월을 건너 2007년, 수원은 정조가 탄생시킨 무예 24기를 수원의 무형문화재로 지정했다.

冊

조선무사 최형국, 인물과사상사, 2009
조선의 무와 전쟁 박금수, 지식채널, 2011
조선의 칼과 무예 곽낙현, 학고방, 2014
조선의 협객 백동수 김영호, 푸른역사, 2011

이미지 출처

1부 피어나다

01 호랑이 나라

p.12 〈근역강산 맹호기상도〉, 김태희, 고려대학교박물관
p.14 〈맹호도〉, 국립중앙박물관
p.16 〈극채호렵도〉, 경기대학교박물관
p.17, p.18, p.20 정호군의 모습, 『정호기』, 에이도스, (사)한국범보전기금 제공
p.19 야마모토 다다사부로가 집필한 『정호기』의 표지, 『정호기』, 에이도스, (사)한국범보전기금 제공
p.21 제국호텔에서 열린 호랑이 고기 시식회 모습, 『정호기』, 에이도스, (사)한국범보전기금 제공
p.22 일본 도시샤 고등학교 표본관에서 소장하고 있는 한국 호랑이 박제, 『정호기』, 에이도스, (사)한국범보전기금 제공
p.23 〈운포필호도〉, 국립중앙박물관

02 청자 기와의 전설

p.34 청자기와, 국립중앙박물관
p.35 청자암키와, 국립중앙박물관
p.36 왼쪽 청자양각넝쿨무늬암막새, 국립중앙박물관
오른쪽 위 청자양각넝쿨무늬암막새, 국립중앙박물관
오른쪽 가운데 청자양각모란무늬수막새, 국립중앙박물관
오른쪽 아래 청자원와, 국립중앙박물관
p.37 최순우 선생 생전 모습, 혜곡최순우기념관

03 종묘사직을 생각하소서

p.48 〈사직단국왕친향도병풍〉, 국립중앙박물관
p.51 〈한성도〉, 국립중앙박물관
p.52 사직단의 옛날 모습, 『조선고적도보 11』
p.53 사직대제 모습, 문화재청
p.59 『사직서의궤』, 서울대학교 규장각한국학연구원

04 유생의 반란

p.64 〈작헌도〉, 《왕세자입학도첩》, 고려대학교도서관
p.67 〈성균관친림강론도〉, 고려대학교박물관

p.68 〈황희 초상〉, 국립중앙박물관
p.72 〈반궁도〉, 『태학계첩』, 서울역사박물관
p.73 〈입학도〉, 《왕세자입학도첩》, 고려대학교도서관

05 소송 천하

p.80 〈노상송사〉, 《행려풍속도》, 프랑스 국립기메박물관 소장품 국립민속박물관 모사
p.82 『나주결송입안』, 학봉종택
p.84 〈형정도첩〉, 김윤보, 『계간미술』 39호
p.85 위 『사송유취』, 서울대학교 규장각한국학연구원
아래 『경국대전』, 국립중앙박물관

06 어떤 시험

p.96 〈소과응시〉, 《평생도》, 국립중앙박물관
p.98 위 오른쪽 어사화관모, 국립중앙박물관
위 왼쪽 『조기영 문과 합격증』, 국립중앙박물관
아래 이면헌의 경과 시험 답안지, 국립중앙박물관
p.99 『문과방목성책』, 국립중앙박물관
p.100 〈평생도〉, 국립중앙박물관
p.101 왼쪽부터 시계방향으로
〈황희 초상〉, 국립중앙박물관
〈다산 정약용 초상〉, 강진다산기념관
〈강세황 초상〉, 국립중앙박물관
〈이재 초상〉, 국립중앙박물관
〈율곡 이이 초상〉, 오죽헌시립박물관
보물 제613호, 〈보한재영정〉, 고령신씨문중
〈허목 초상〉, 국립중앙박물관
〈남구만 초상〉, 국립중앙박물관

07 인류 최초의 암각화

p.112 ⓒ연합뉴스, 국보로 지정된 울산 반구대 암각화
p.118 ⓒ연합뉴스, 무늬가 점차 지워지고 있는 반구대 암각화 모습

2부 교류하다

01 돌아오지 못한 황손

p.132 왼쪽 〈흥영군 이우 초상〉, 서울역사박물관
오른쪽 열 살 무렵 이우, 1922
p.133 이은과 이건, 이우, 1938
p.134 이우와 박찬주, 1935
p.144 덕수궁 석조전에서 대한제국 황실 가족, 1918

02 조선의 영어교육

p.148 보빙사 일행
p.151 아래 육영공원 수업 모습
p.153 아래 이화학당 졸업생 모습, 1911

03 호열자의 습격

p.166 1919년 감염지역지도, 연세대학교 동은의학박물관
p.169 샤를 루이 바라·샤이에 롱, 『조선기행』, 돌베개
p.170 『신찬벽온방』, 서울대학교 규장각한국학연구원
p.171 예방주사 맞는 사진, 연세대학교 동은의학박물관
p.172 제중원(광혜원) 사진, 연세대학교 동은의학박물관
p.173 인천 세균 검사 상황, 연세대학교 동은의학박물관
p.180 군산항 선박 검역 장면, 연세대학교 동은의학박물관

04 조선시대 표류기

p.184 〈풍랑을 만나 표류하는 배〉, 유숙, 국립중앙박물관
p.187 〈노하독운도권〉, 중국국가박물관
p.188 『금남표해록』, 국립중앙박물관

05 영화 황제

p.200, p.203, p.206, p.207 『상하이 올드 데이스』, 박규원 지음, 민음사

06 어떤 나라의 기억

p.218 남대문 성벽 사진, 『1904 Korea through Australian eyes』, 조지 로즈 지음
p.221 『가련하고 정다운 나라 조선』, 조르주 뒤크로 지음, 눈빛
p.222 〈년날니고〉, 〈적견사〉, 김준근, 숭실대학교 한국기독교박물관
p.223 〈장터길〉, 김홍도, 국립중앙박물관

07 크리스마스, 조선에 오다

p.236 〈동지〉, 이억영, 국립민속박물관
p.238 이화학당 성탄축하식 신문기사

3부 나아가다

01 신라의 유리병

p.258 위 황남대총, 1975
아래 경주 98호 남분 유리병 및 잔, 국립중앙박물관
p.259 왼쪽 위부터 시계방향으로
천마총 유리잔, 국립중앙박물관
경주 98호 남분 유리병 및 잔, 국립중앙박물관
옥전 M1호분 유리잔, 합천박물관 다라문화실
경주 98호 남분 유리병 및 잔, 국립중앙박물관

p.260 아드리시 세계지도
p.261 왼쪽 황남대총 북분 은잔, 국립중앙박물관
가운데 황남대총 북분 유리잔, 국립중앙박물관
오른쪽 신라 검, 국립중앙박물관
p.262 왼쪽 무인상, 경주 구정동 고분
오른쪽 문관의 모습을 한 토제인물상(문관토용), 경주 용강동 고분
p.263 이슬람인에 대한 기록이 담긴 『세종장헌대왕실록』(왼쪽) 과 『태종실록』(오른쪽),
서울대학교 규장각한국학연구원

02 최초의 귀화인

p.274 〈야간순찰〉, 램브란트
p.276 18세기 네덜란드 배
p.277 『조선왕조실록』, 국사편찬위원회
p.278 홍이포, 수원 화성
p.279 하멜의 스페르베르 호
p.280 『하멜표류기』, 헨드릭 하멜
p.281 박연 동상, 서울어린이대공원

03 독립운동가 조지 쇼

p.292 1920년대 상해 난징루와 복건루 모습, 중앙일보 중국연구소
p.294 이륭양행, 유병호 중국 다롄대 교수
p.295 대한민국 임시정부 청사
p.296 위 아일랜드 독립전쟁
아래 대한민국 임시의정원(대한민국 임시정부의 사전조직)
p.297 조지 쇼의 수감생활 기사, 동아일보, 1920년 8월 28일

04 수학자 홍정하

p.308 〈봉사도奉使圖〉, 아극돈, 중국민족도서관
p.311 『양휘산법』, 문화재청
p.312 『구수략』, 연세대학교 도서관
『유씨구고술요도해』, 서울대학교 규장각한국학연구원
p.313, p.314 『구일집』, 서울대학교 규장각한국학연구원

05 낭독의 달인, 전기수

p.326 〈담배썰기〉 중 일부, 김홍도, 국립중앙박물관
〈수선전도〉, 연세대학교박물관
p.328 〈운종가의 이야기꾼 전기수〉, 중학교 역사 1, 비상교육
p.330 〈임경업 장군 초상화〉, 국립중앙박물관

06 조선을 덮은 하얀 연기

p.342 〈기방의 풍경〉 중 일부, 김홍도, 국립중앙박물관
p.344 〈담배썰기〉 중 일부, 김홍도, 국립중앙박물관
p.345 위 『조선왕조실록』, 국사편찬위원회
아래 점심참 후 담배, 1910

p.346 위 『홍재전서』, 한국학중앙연구원
아래 〈휴식〉, 《송석화집》, 이교익, 국립중앙박물관

07 조선 무예 종합교본

p.360, p.362 〈정조대왕 화성원행반차도〉, 서울대학교 규장각한국학연구원
p.363 『무예제보번역속집』, 계명대학교 동산도서관
p.365 『무예도보통지』, 국립중앙박물관

역사 ⓔ 3

1판 1쇄 2014년 12월 8일
1판 9쇄 2023년 5월 10일

제작 방송 EBS
지은이 EBS 역사채널ⓔ 제작팀
출판주관 EBS 미디어

펴낸이 김정순
기획 김소영 형소진
책임편집 한아름 김소영 형소진
해설원고 글 이제이
감수 강승호(과천여고 역사 교사) 방대광(고대사대부고 역사 교사)
디자인 김진영 모희정
마케팅 이보민 양혜림 정지수

펴낸곳 (주)북하우스 퍼블리셔스
출판 등록 1997년 9월 23일 제406-2003-055호
주소 04043 서울시 마포구 양화로 12길 16-9 (서교동 북앤빌딩)
전자우편 editor@bookhouse.co.kr
홈페이지 www.bookhouse.co.kr
전화번호 02-3144-3123
팩스 02-3144-3121

ISBN 978-89-5605-809-2 04900

* 이 책은 EBS 미디어와 출판권 설정을 통해 〈역사채널ⓔ〉를 단행본으로 엮었습니다.
* 본문에 포함된 사진 및 통계, 인용문 등은 가능한 한 저작권과 출처 확인 과정을 거쳤습니다.
그 외 저작권에 관한 사항은 편집부로 문의해주시기 바랍니다.